U0444899

千古兴亡多少事？悠悠。不尽长江滚滚流。

辛弃疾《南乡子·登京口北固亭有怀》

大江东去，浪淘尽，千古风流人物。

苏轼《念奴娇·赤壁怀古》

星垂平野阔，月涌大江流。

杜甫《旅夜书怀》

我住长江头，君住长江尾。日日思君不见君，共饮长江水。

李之仪《卜算子·我住长江头》

孤帆远影碧空尽，唯见长江天际流。

李白《黄鹤楼送孟浩然之广陵》

锦公子 —— 著

万里长江这一年

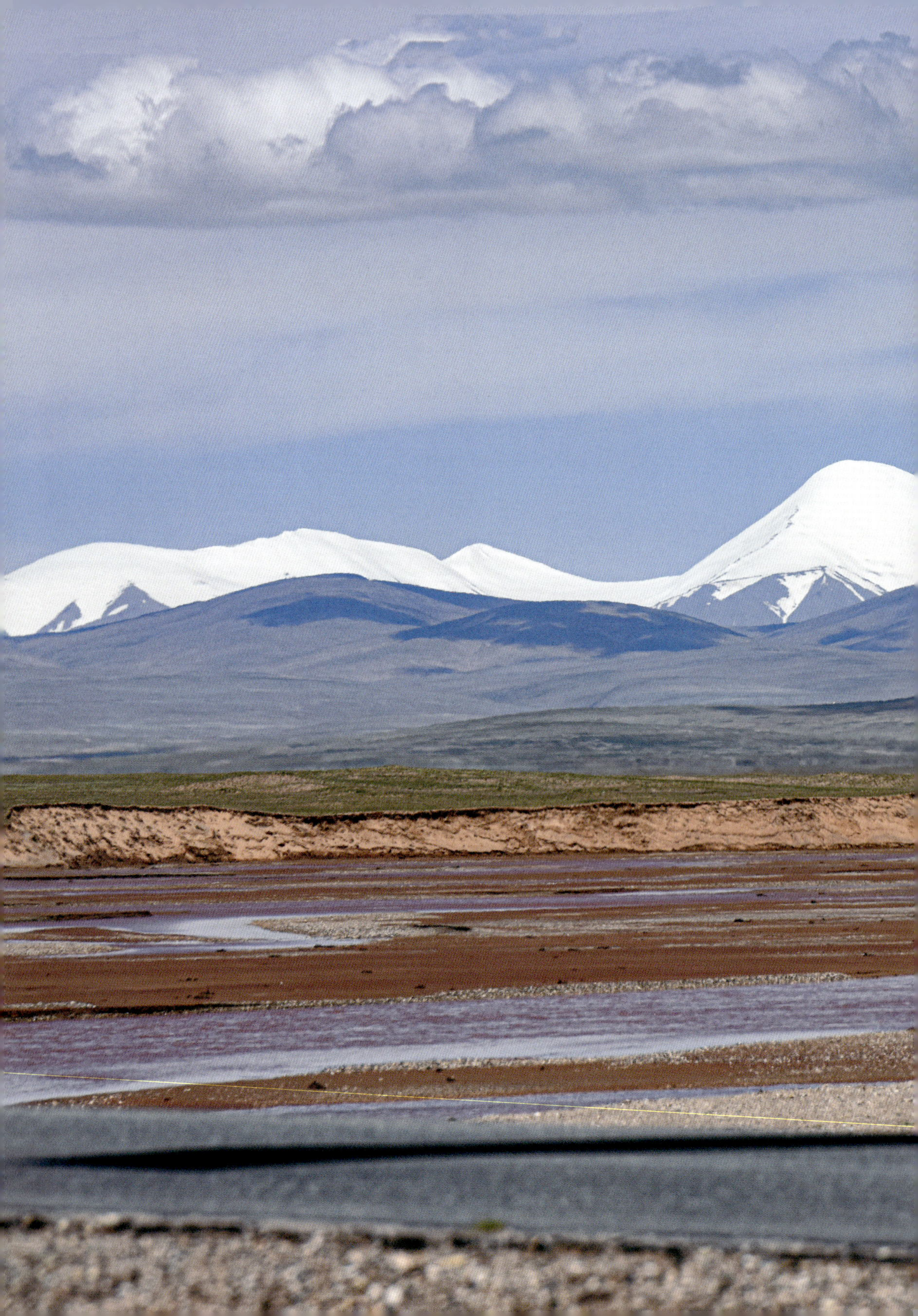

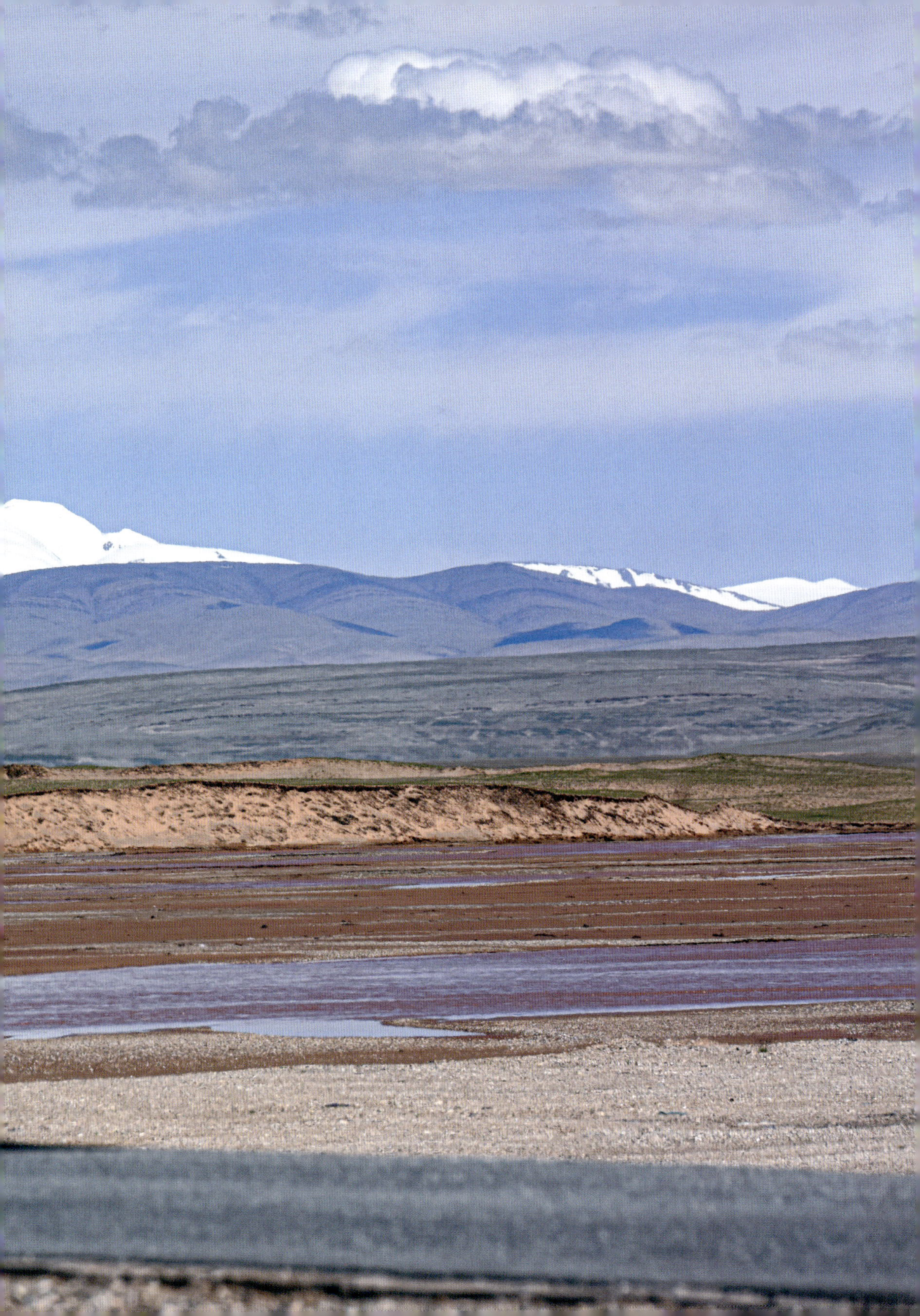

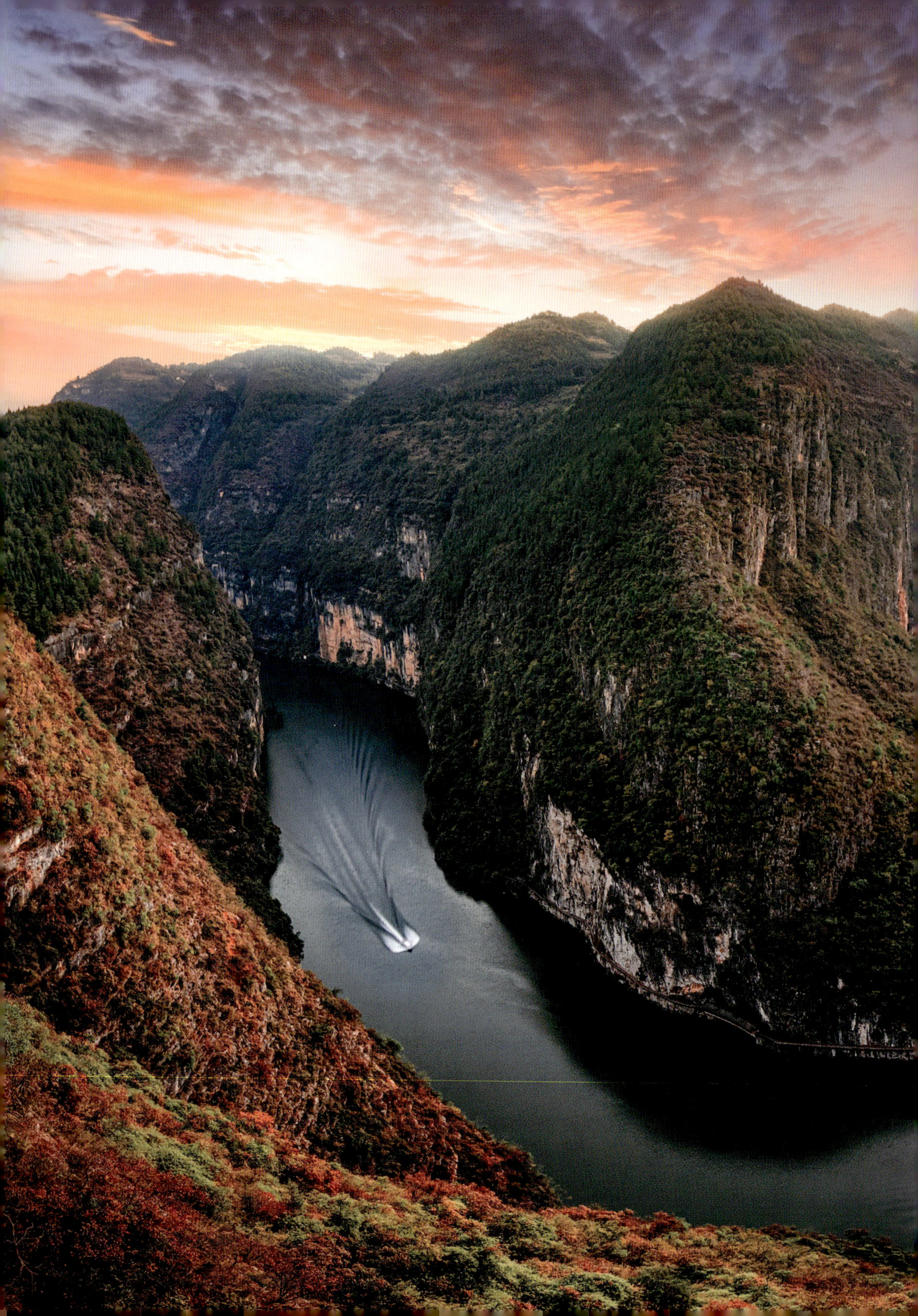

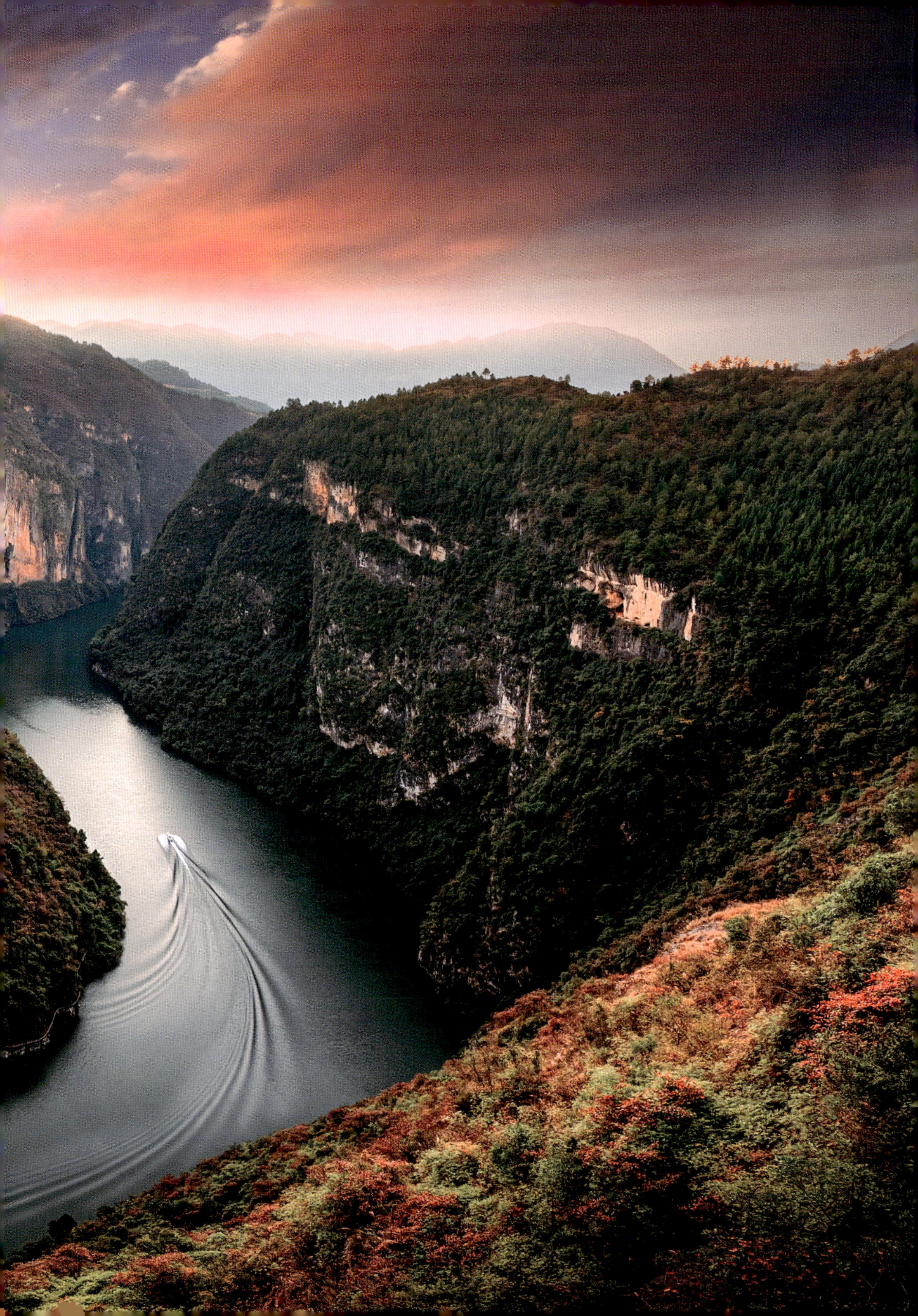

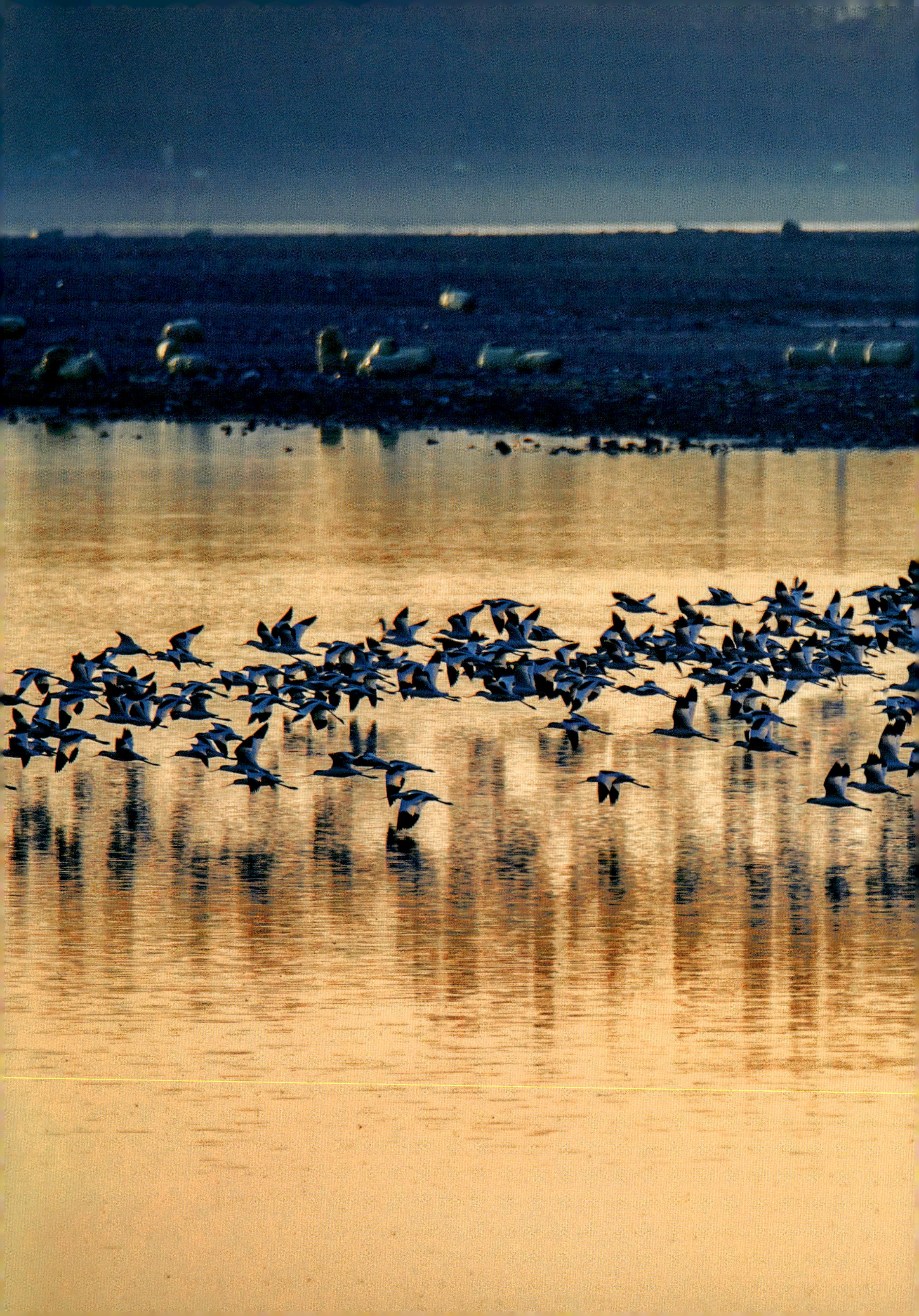

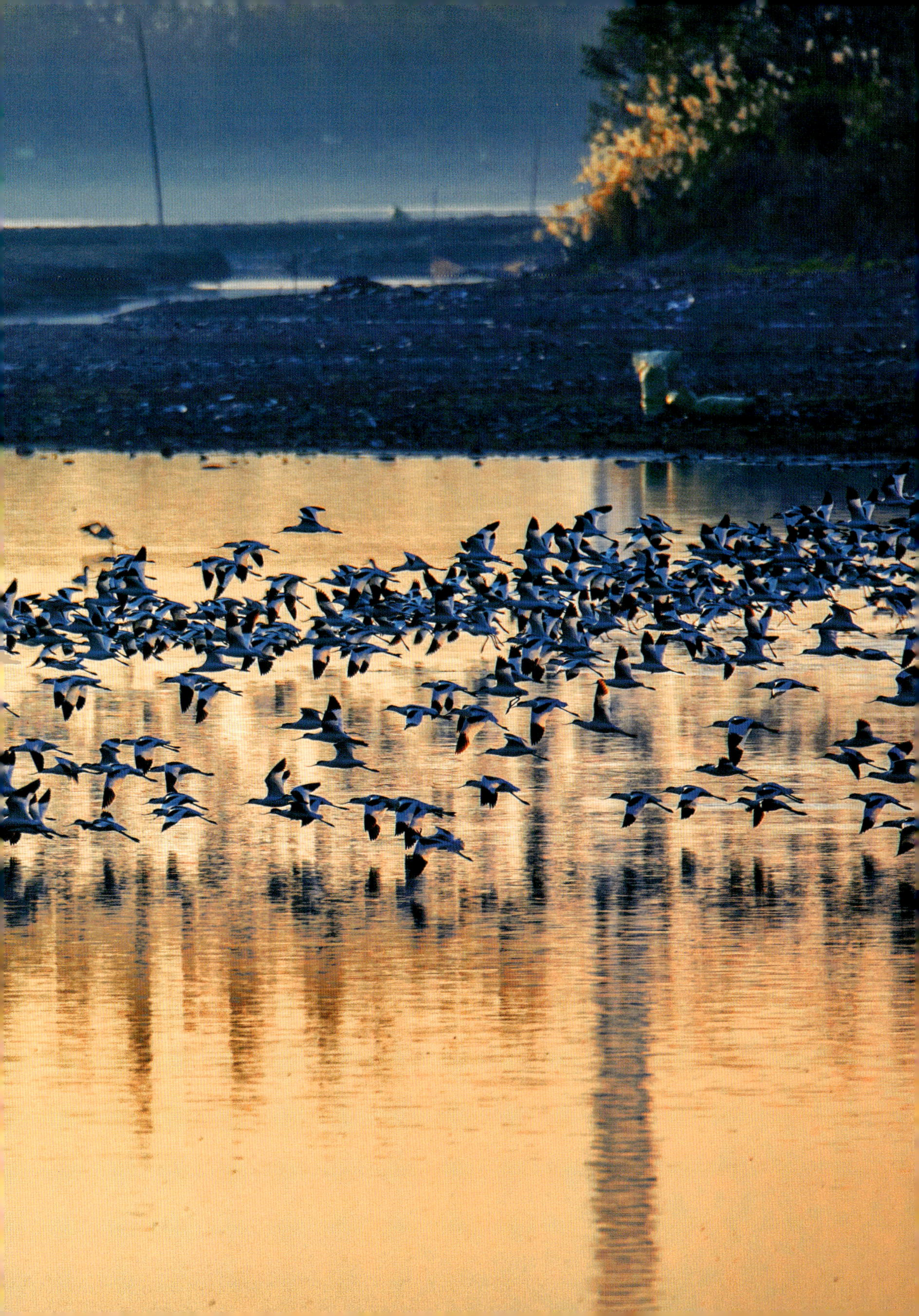

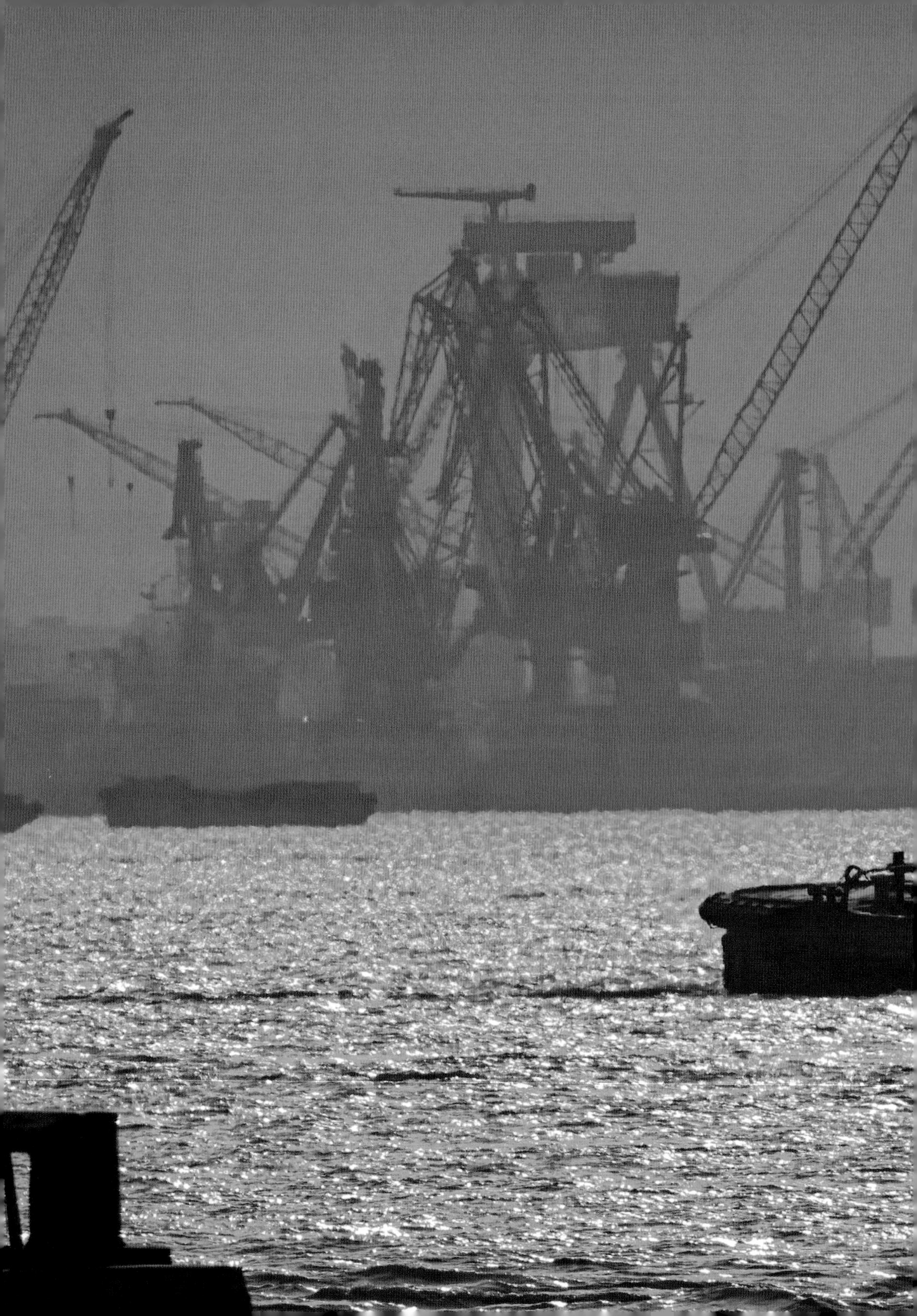

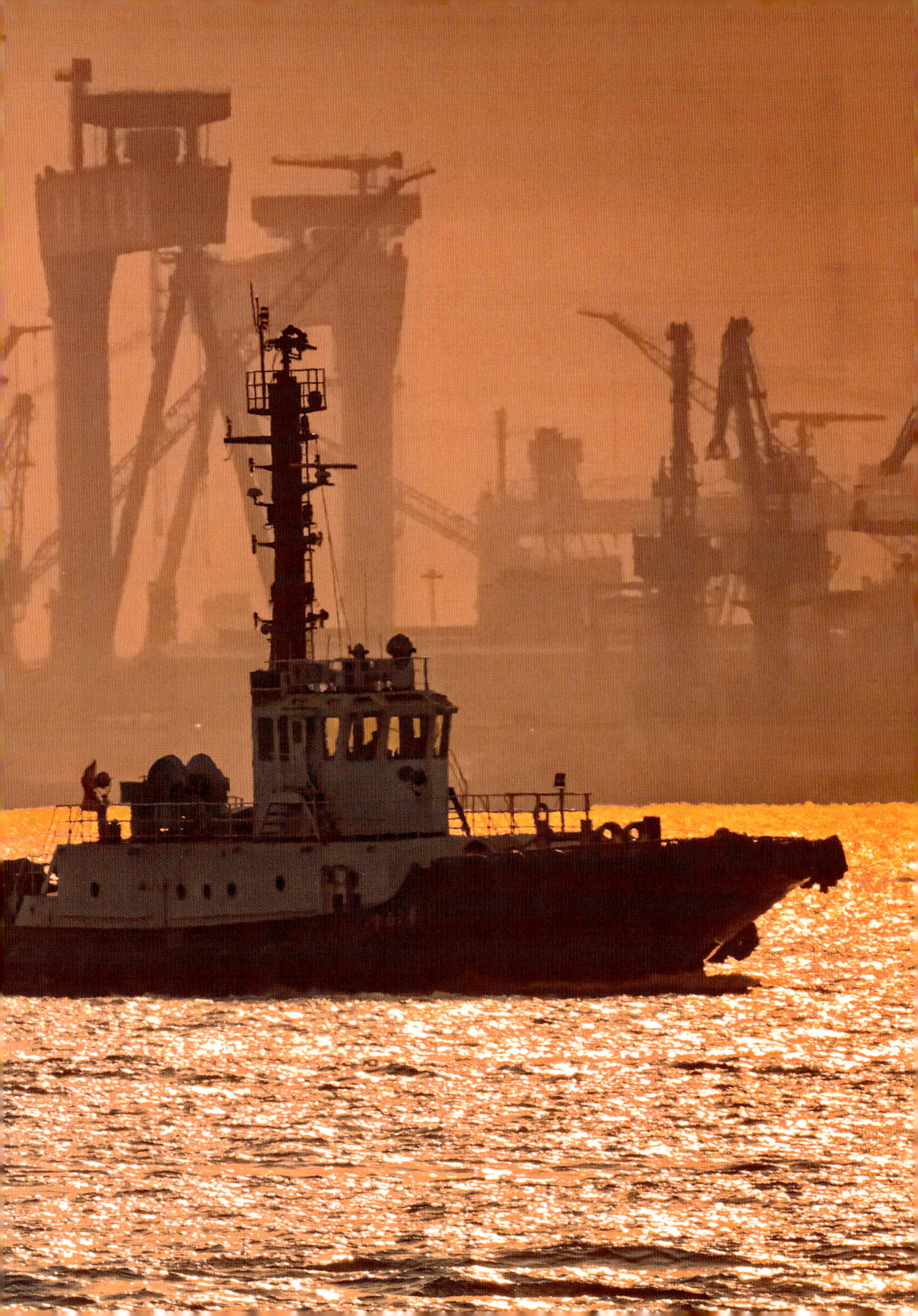

图书在版编目（CIP）数据

万里长江五千年 / 锦公子著 . -- 北京：新世界出版社, 2024.12. -- ISBN 978-7-5104-7955-7

Ⅰ . K928.6-49

中国国家版本馆 CIP 数据核字第 20244CP757 号

万里长江五千年

作　　者：	锦公子
责任编辑：	范禄荣
责任校对：	宣　慧　张杰楠
责任印制：	王宝根
出　　版：	新世界出版社
网　　址：	http://www.nwp.com.cn
社　　址：	北京西城区百万庄大街 24 号（100037）
发 行 部：	(010)6899 5968（电话）　(010)6899 0635（电话）
总 编 室：	(010)6899 5424（电话）　(010)6832 6679（传真）
版 权 部：	+8610 6899 6306（电话）　nwpcd@sina.com（电邮）
印　　刷：	嘉业印刷（天津）有限公司
经　　销：	新华书店
开　　本：	710mm×1000mm　1/16　尺寸：170mm×230mm
字　　数：	263 千字　　　　　　　印张：24.5
版　　次：	2024 年 12 月第 1 版　2024 年 12 月第 1 次印刷
书　　号：	ISBN 978-7-5104-7955-7
定　　价：	168.00 元

版权所有，侵权必究
凡购本社图书，如有缺页、倒页、脱页等印装错误，可随时退换。
客服电话：(010)6899 8638

目 录

引子　什么是长江？

01　长江的形成 – 004

02　中华民族的又一条母亲河 – 010

03　永远引领时代潮流 – 018

第一部分　长江上游

一　长江从哪里来？

01　寻找长江源 – 026

02　长江三源 – 033

03　三江之源 – 037

二　金沙江：盛产黄金的大江

01　横断山脉与"三江并流" – 044

02　金沙江流域文化 – 052

03　藏彝民族走廊 – 059

04　绿水青山就是金山银山 – 063

三　川江：中国天府三千年

01　川江水系 – 070

02　南方丝绸之路 – 073

03　古巴蜀王朝 – 076

04　汉之巴蜀 – 079

05　唐之巴蜀 – 084

06　宋之巴蜀 – 089

07　战争烽火：

　　巴蜀人的攻与守 – 093

四　长江上游名城：敢为天下先

01　宜宾：万里长江第一城 - 102

02　九天开出一成都 - 104

03　川蜀名城何其多 - 106

04　火辣山城，四岭三谷 - 110

05　成渝城市群，雄起！ - 113

五　三峡：巴山楚水间，一夫当关

01　什么是三峡？ - 116

02　"三峡"，不只有三峡 - 118

03　中华文明起源地之一 - 120

04　才子、美人与英雄 - 123

05　"三峡好人" - 127

06　世纪工程 - 130

第二部分　长江中游

一　中国"龙腰"

01　荆楚大地，俊秀湖北 - 137

02　三湘四水，灵秀湖南 - 161

03　江右文脉，奇秀江西 - 175

二　长江中游名城：风云激荡英雄地

01　宜昌：三峡门户，川鄂咽喉 - 188

02　荆州：兵家必争之地 - 195

03　岳阳：洞庭天下水，岳阳天下楼 - 200

04　长沙：湖南文脉，英雄之城 - 202

05　武汉：九省通衢，革命先锋 - 208

06　九江：不为五斗米折腰 - 220

07　南昌：襟三江而带五湖，控蛮荆而引瓯越 - 228

08　景德镇：千年瓷都 - 233

三　长江防洪史

01　长江洪水天上来 - 238

02　防洪大业永不停歇 - 244

第三部分 长江下游

一 江南水土，物华天宝
- 01 三百里浔阳江 - 252
- 02 吴楚分疆第一州 - 257
- 03 皖江文脉永不绝 - 264
- 04 扬子江畔，太湖两岸 - 271
- 05 吴越春秋往事 - 278
- 06 长江流域的"移民潮" - 282
- 07 吴越文化、赣皖文化与海派文化 - 286
- 08 东流入海 - 289

二 长江下游名城：有容乃大，不可复制
- 01 宁镇双城记：历史的包容 - 294
- 02 诗意江南：文化的包容 - 300
- 03 张謇的城：身份的包容 - 307
- 04 魔都往事：文明的包容 - 312
- 05 长三角27城：当代的包容 - 316

三 长江经济，南北大逆转
- 01 大运河——中国南北大动脉 - 318
- 02 经济重心南移 - 323
- 03 商品经济发达的江南之城 - 329
- 04 被迫发展的近代经济 - 332
- 05 长江经济带 - 335

四 扬子江的文化遗产，人杰地灵
- 01 先祖的踪迹 - 341
- 02 帝王的偏爱 - 346
- 03 人间的天堂 - 351
- 04 扎堆的才子 - 356
- 05 民间的瑰宝 - 359

后记 长江的发展与保护

长江的可持续发展 - 368

参考文献 - 372

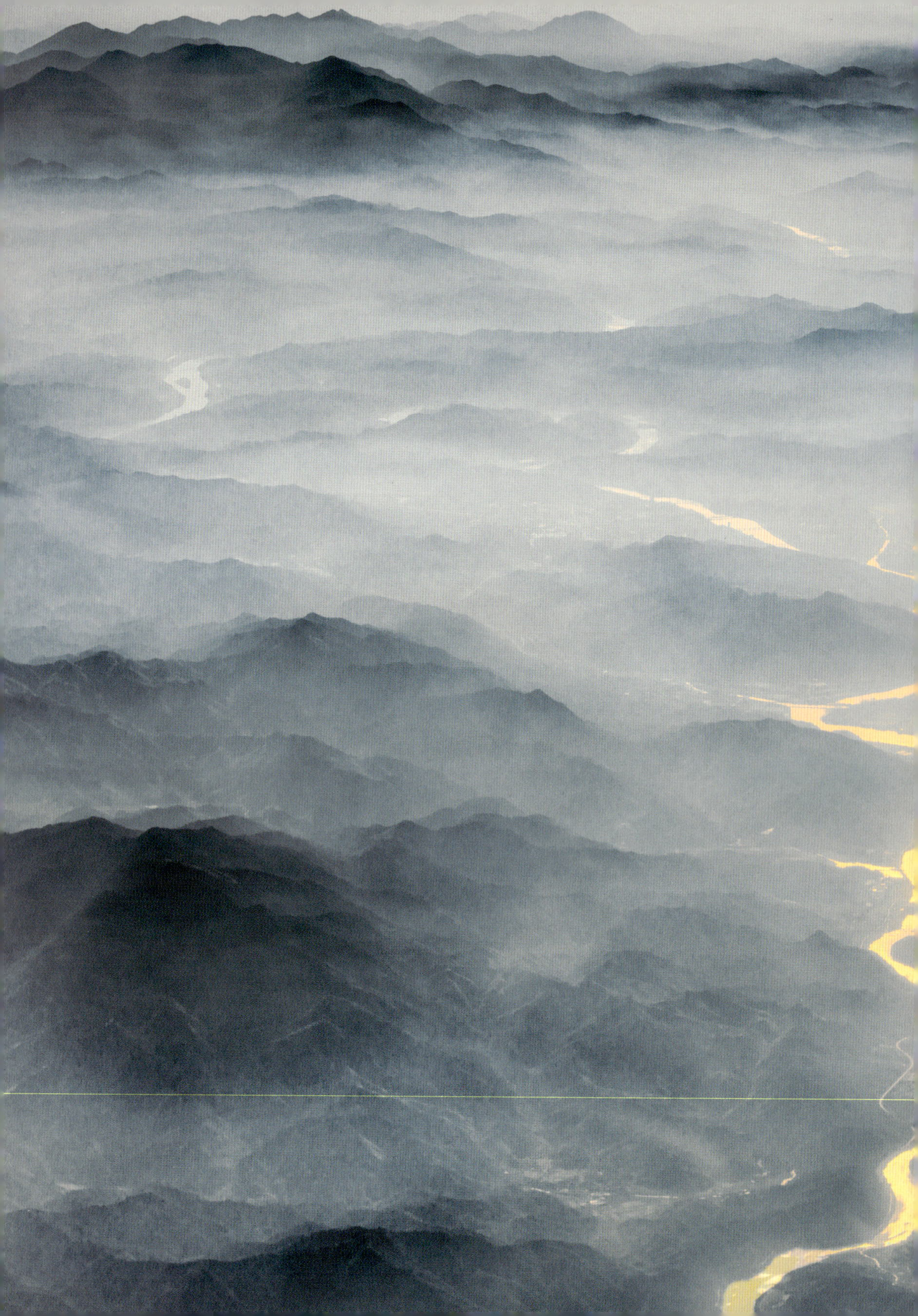

引子
什么是长江?

中华文明的起源与发展，离不开两大水系——长江与黄河。

从地理方位上看，长江与黄河流经地区几乎囊括了中华文明的核心地带。江河的第一滴水从三江源落下，黄河北上，画出一个巨大的"几"字；长江南下，构成一个绵长的"V"字。

这两条江河跨过中国地形的第一级阶梯、第二级阶梯、第三级阶梯，流经高原、峡谷、盆地、平原，既分道扬镳，向外扩展，又掉转方向，一路向东奔流入海。

长江与黄河分居中国南北，自西向东流淌，形成中华文明的"双河结构"，而两河跨流域的融合，又确立了中国自古以来统一而多元的整体格局。

▲ 长江三峡风光

▲ 黄河壶口瀑布

01 长江的形成

长江，古称"江"或"大江"，多见于诗文。

《三国志·吴书》记载，孙权和曹操隔江对抗，孙权手下向其分析道："且将军大势，可以拒操者，长江也。"意思是，从孙权所处的形势来看，能够抗拒曹操的，就是长江天险。这是中国史书中首次出现"长江"一词。

▼ 青海玉树通天河河段上游

长江之水哺育了长江文明，可长江究竟从何而来，这曾是一个千古谜题。

明代旅行家徐霞客就对长江源进行过探索。按照先秦典籍《尚书·禹贡》中"岷山导江，东别为沱"的说法，四川的岷江被古人认为是长江的正源。徐霞客亲赴云贵高原，通过对长江上游实地考察，著成《溯江纪源》，提出长江上游的金沙江是其正源——"故推江源者，必当以金沙为首"。

20世纪70年代，中国科考队第一次来到位于唐古拉山脉的长江源。按照"河源唯远"的原则，人们确定了长江三大源流——正源沱沱河、南源当曲与北源楚玛尔河，长江也因此以6300余千米的河流全长正式成为世界第三长河、亚洲第一长河。

现今，长江的流域面积约180万平方千米，约占中国陆地总面积的1/5；干流流经11个省级行政区（青海、西藏、四川、云南、重庆、湖北、湖南、江西、安徽、江苏、上海），流域内数百条支流辐辏南北，延伸至贵州、甘肃、陕西、河南、广西、广东、浙江、福建8个省区。沿途不拒细流，汇纳百川，最终来到上海崇明岛以东，注入太平洋。

从上游到下游，长江汇聚了雅砻江、岷

▲ 石鼓大拐弯：长江上游金沙江与怒江、澜沧江一同南流，形成"三江并流"；长江到云南石鼓后掉头北上，向东流去

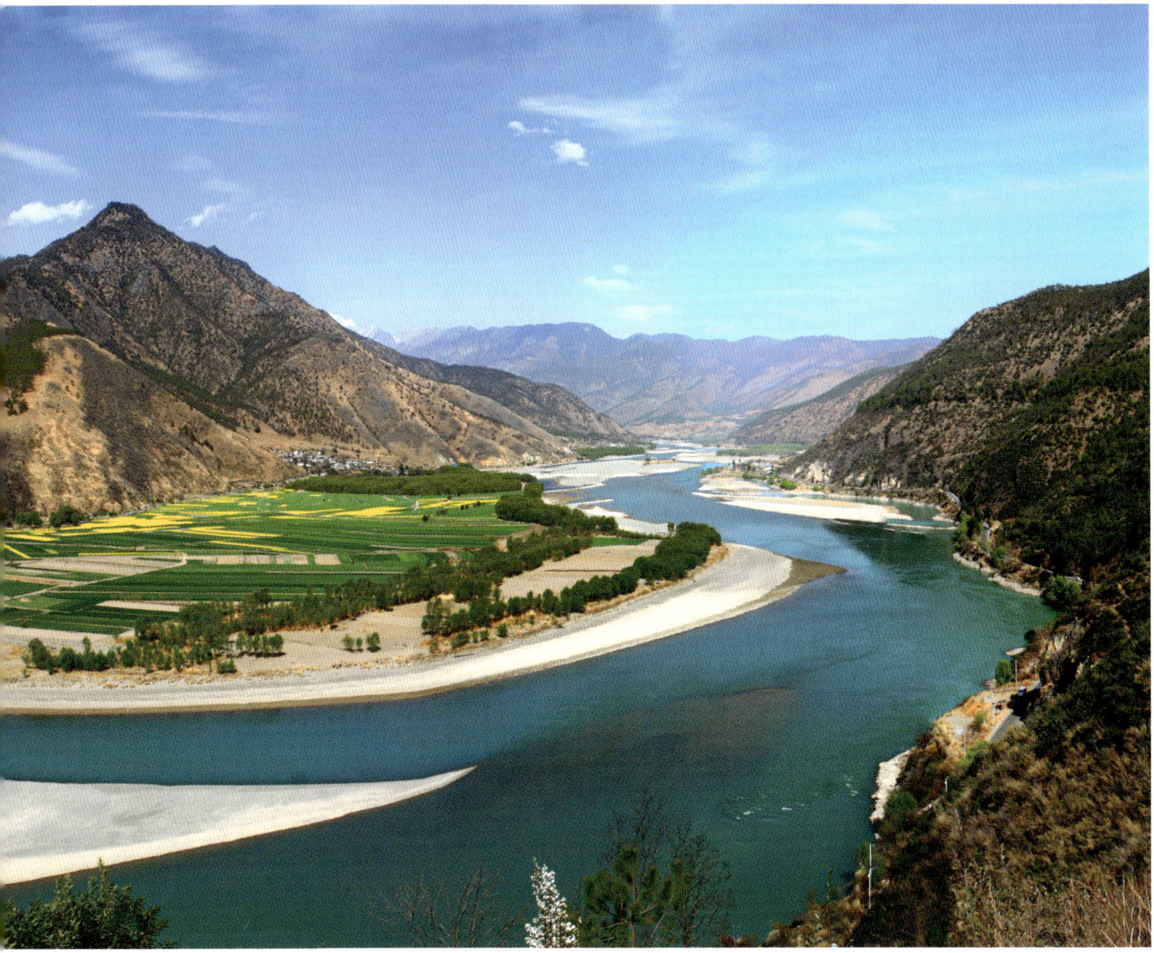

江、嘉陵江、乌江、汉江、沅江、湘江、赣江等大小支流；鄱阳湖、洞庭湖、太湖与巢湖等四大淡水湖点缀其间。这张庞大的水网，为世世代代的中国人民带来生命之源与舟楫之利，而今依然在供养全国40%以上的人口。

大江流水，浩浩汤汤，似乎亘古如斯，但实际上长江的形成经历了漫长的时光，其流向也曾发生改变。

有学者认为，距今两亿多年前，地球上原本一整块的盘古大陆，持续发生板块分离运动，劳亚大陆（北方大陆）与冈瓦纳大陆（南方大陆）之间涌入大量海水，形成横贯欧亚大陆南部的古地中海（特提斯海）。那时，欧亚大陆的地势东高西低，包括今天青海南部、川、滇、黔等地的大部分都被淹没在海水中，海湾一直延伸到巫峡与西陵峡一带，湖北秭归当时为滨海地区。

随后的几次造山运动，将今长江上中游所在地壳缓慢抬升，一条向西流入古地中海的古长江就此诞生。

到了距今一亿年前，板块移动导致四川盆地抬升，东部的云梦、洞庭盆地沉降，形成相背而流的两条古长江，以三峡地区为分水岭，分别朝东、西两个方向流淌，静静地等待融为一体的时刻。

距今4000万—3000万年前，又一次重要的地壳运动轰轰烈烈地展开，因其催生了喜马拉雅山脉而得名"喜马拉雅造山运动"；与此同时，地层发生了重大改变，西部的古地中海逐渐消退。

此后，长江上游的地势在造山运动作用下急剧上升，形成了高山、高原和断陷盆地；中下游的地势缓慢上升，形成了中低山、丘陵与平原。整体上升程度为西部急剧，东部和缓，奠定了今日长江流域阶梯式分布的雏形。

距今300万年前，在喜马拉雅山隆起的影响下，青藏高原与西部山地也强烈隆起，长江流域西高东低的地势形成，其地貌轮廓与现代的地貌已十分相似。

到了距今13万年前的末次间冰期，气候变暖，冰川消融，江河径流量陡增，长江以锐不可当之势切穿巫峡，东西交融，形成如今直奔东海的长江水系。

02　中华民族的又一条母亲河

20世纪初，很多人不相信长江下游存在过远古文明，因为拿不出实证。

外号"卫大法师"的考古学家卫聚贤不信邪。这个北方人带着学生来到南方的余杭研究吴越文化，整日沉醉于考古学。

有一天，有人带着在当地购得的石簇等文物前来，请卫大法师掌眼。卫聚贤

▼ 良渚古城遗址公园

一看这些文物古色盎然，大喜过望，之后遍访古董市场，寻找类似的遗物。他从购得的古石器推测，江浙一带也存在新石器时代遗址。

卫聚贤发现古石器后，1936年，良渚首次进行正式考古发掘，并在之后将发掘范围扩大至周边乡镇。随着一系列文物的出土，良渚文化在此后数十年逐渐显露真容。

良渚，原本一个默默无闻的地方，一跃而为天下人所知。人们也因此了解到，在距今5000年前，良渚所在的环太湖地区，曾经崛起了一个以玉石器惊艳人间的古国。

良渚古城遗址，是长江下游首次发现的史前城址，也是目前国内发现的同时代最大的城址，于2019年被选入《世界遗产名录》。

在这里，中华先民致力于建造高台墓地、宫殿与宗教祭祀场所。有一件号称"琮王"的玉琮上，四面描绘了八个同样的"神徽"。由于缺乏文字细节，我们至今不知道良渚社会的神为何物，却能感受到良渚工匠的巧夺天工。在没有机械工具的时代，良渚玉工用双手在每毫米内均匀刻画出三四根流畅的线条，刻成类似于饕餮的神人兽面纹。

良渚文化以雕刻有神人兽面纹为代表的玉礼器，与中原三代王朝（夏商周）的青铜器，一同揭开了中华文明礼制社会的序幕。

然而，2000多年来，无论是《尚书》《左传》《史记》等传世典籍，还是近百多年来在黄河中下游发掘的仰韶、龙山、大汶口以及安阳殷墟等文化遗址，都认为黄河流域是中华文明的发祥地。

在传统史书中，中原以外的"四夷"，包括长江流域，直到汉代大都还是"断发文身""不火食"的蛮荒之地，直到汉魏以后才有所改观。

20世纪中期以后，随着中国田野考古推进到长江流域，学界终于意识到，长江流域新石器文化发生的时间并不比黄河流域晚。长江，也是中华民族的母亲河。

考古学家苏秉琦将中华文明起源的多元一体模式，形容为"满天星斗"。在中华绵延万里的文化长廊上，出现了中国最早的稻作农业，河姆渡、马家浜、大溪、崧（sōng）泽、营盘山、良渚、屈家岭等文化遗址，它们如璀璨群星，熠熠生辉。先民创造的文化点亮了史前的星空。

到了青铜时代，长江流域青铜文化在江水的哺育下凝聚成别具一格的气质，上游的巴蜀文化、中游的荆楚文化以及下游的吴越文化交相辉映。

长江上游的金沙江流域，氐羌、滇黔先民迁徙到高峡河谷走廊与云贵高原，通过狭窄的栈道与中原联系，一些古老的习俗保存至今。

川江流域，古蜀人铸造的青铜大面具、青铜立人像、青铜神树等瑰宝，在沉睡3000年后从泥土中苏醒，将今人的思绪牵引至古老的三星堆文化。

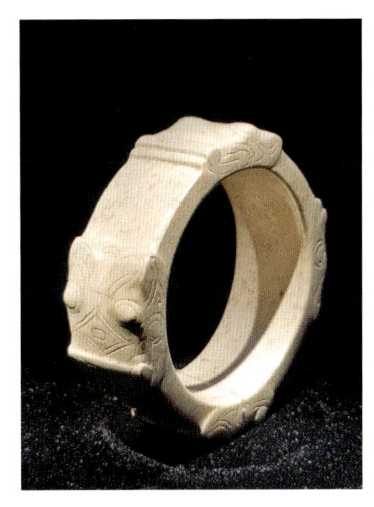

▲ 良渚文化之玉器（左：神人兽面纹玉琮，右：龙首纹玉镯）

◀ 西汉时期文物，古滇国四牛鎏金骑士铜贮贝器

长江中游，距今已有3500年的盘龙城，崛起于江汉平原，这是商代南方最大的城邑之一。

湖南宁乡出土的四羊方尊、人面纹方鼎等商周青铜器，已成为传世国宝；安徽寿县出土的蔡国青铜器，大部分有铭文，书写了长江青铜文化的源远流长；吴越的青铜兵器甲于天下，吴王夫差矛与越王勾践剑，至今仍散发凛冽的寒光，呈现列国纷争的历史。

春秋战国时期，长江中游的楚文化异军突起。

楚人曾受中原歧视，却敢作敢为，从来都不认命。楚国国君熊通上位后，发动了侵略随国的战争，他让随国国君给周天子传话说："我们处在'蛮夷'地区，但如今诸侯都背叛王室，互相攻伐。我有军队，可凭此参与中原的政事，请周天子尊奉我的名号。"

尽管周王室已经衰微，但周天子仍对以"蛮夷"自居的楚国人保持优越感，对熊通的要求予以拒绝。熊通大怒，自封为楚王，表示与周天子平起平坐，说："王不加位，我自尊耳。"此后，楚国逐渐成为诸侯中的强者，直到约500年后被秦国所灭。

楚、巴、蜀、吴、越等文化，在长江流域交相辉映，不断发展。此后2000多年间，大大小小的政权称雄于长江流域，或争霸一方，或图谋天下，而崛起于北方的历代王朝为了统一中国，大多要先攻取长江上中游的军事要地，再顺流而下。

千百年来，一条若隐若现的长江防线横亘于神州大地。

东汉初年，光武帝刘秀得陇望蜀，派兵南下，平定割据川蜀的公孙述。约200年后，东汉衰亡，天下三分，汉室宗亲刘备建立的蜀汉与江东的孙吴政权，分别崛起于长江上中游与下游，与曹魏南北抗衡。数十年后，西晋大军顺江而下，三国重归一统。

西晋灭亡后，东晋凭借江淮与长江中下游支流的防线，多次阻挡北方大军的南下。南北朝时期，宋、齐、梁、陈四朝与北朝政权对峙，形成以建康（今江苏南京）为代表的南朝文化。有学者将长江边的建康城与同时期的罗马城并称为"世界古典文明两大中心"。

历经唐宋盛世，12世纪后，偏安江南的南宋将对长江防线的经营推向了顶峰。南宋军民依靠长江上游川陕地区修筑的山城防御体系，以及中游荆襄、下游两淮的军事重镇，与金、蒙鏖战多年，成为蒙古人征服欧亚大陆过程中最顽强的对手。

元朝末年，朱元璋在南方群雄中崭露头角，最后从长江流域北上，推翻元朝，建立明朝。

晚清，太平军与清军的主要战场也集中在两湖与江浙的长江沿岸。

正如明朝人杨慎所说："滚滚长江东逝水，浪花淘尽英雄。"

从西晋末年的永嘉南渡，到北宋末年的宋室南渡，在几次大规模战争与气候变迁的影响下，大量北方人口南迁，为长江流域输送了人口与生产技术，中国经济重心逐渐南移。

唐朝时，长江下游的扬州与位于川江的益州，号称"扬一益二"，是全国经济最发达的城市。

宋明几百年间，从"苏湖熟，天下足"到"湖广熟，天下足"的民间谚语，验证了长江流域出产的商品粮供养全国各地的史实。

大一统王朝即便定都北方，也不得不以长江流域为天下粮仓。长江流域的粮食以及茶叶、桑麻、果木、丝绸等，通过大运河源源不断地输送到北方。

有学者认为，明清时期，经济最为富庶的江南一带，丝织业与棉纺织业日益兴盛，已经出现了资本主义萌芽。

在思想文化的长河中，长江对中华文明的贡献亦不遑多让。

先秦百家争鸣的时代，孙武在吴国为后世留下兵家名著《孙子兵法》；楚国的屈原开创了以《离骚》为代表的楚辞文体；越国大夫范蠡功成名就后归隐经商，成为后世称颂的财神"陶朱公"。

秦汉时期，《淮南子》见证了黄老之学兴盛一时；长江水催生了张天师（张道陵）与"五斗米道"，最终发展成中国最大的本土宗教——道教；巴山蜀水哺育了司马相如、扬雄等汉赋名家。

魏晋南北朝时期，巴蜀继承了汉儒的务实学风，擅长正史与方志的修撰；荆楚、赣皖、吴越等地接纳大量衣冠南渡的北方人口，文化氛围渐浓，谈玄说妙，蔚然成风，随后迎来儒释道的合流。

唐代，无数诗人来到长江，在山水之间流连忘返，尽情吟咏。李白把长江当成故乡水，多次泛舟其上，往来于全国各地："两岸猿声啼不住，轻舟已过万重山。"杜甫将长江作为后半生的依托，最终在长江之上孤老飘零："无边落木萧萧下，不尽长江滚滚来。"张若虚为长江写下"孤篇盖全唐"的《春江花月夜》："春江潮水连海平，海上明月共潮生……"

宋代，蜀学、湖湘学、闽学、江西学先后崛起于长江流域。长江各城教育之风大盛，书院林立，南方士人在科举取士的比

▲ 湖北荆州楚王车驾雕塑

重中长期占据优势，宋词与南方山水画描摹了江南独一无二的风情。

到明代，流行于江南的白话小说日臻成熟，走向繁荣。

清代，从王夫之、顾炎武到戴震，无数大师的思想在长江流域回荡。

大江东去，人杰地灵，长江孕育出无数风流人物，谱写了亘古不朽的伟大史诗。

03　永远引领时代潮流

　　南京安德门外，有一座浡（bó）泥国王墓，至今已历经600多年风雨。

　　明朝永乐年间（1403—1424）及宣德五年（1430），郑和先后七下西洋，都是从长江下游出发，其船队远渡重洋，造访东南亚、南亚、阿拉伯半岛与非洲东岸国家。海外诸国在见识壮观的郑和船队后，对大明王朝向往不已，纷纷派出使者前往中国。

　　永乐六年（1408）八月，东南亚爪哇属国浡泥国国王麻那惹加那携王后、王子、大臣等150余人组成的庞大代表团到达南京，进行友好访问。明成祖朱棣为国王一行特设国宴加以招待，礼遇极隆。十月，麻那惹加那得病，终因病笃不治，病故于南京，临终前留下遗嘱："体魄托葬中华。"

　　朱棣颇为感动，尊重其遗愿，以中国礼仪将浡泥国王葬于南京安德门外石子岗，由专人祭扫。后来墓地因时代变迁、战乱等原因一度湮灭，但有一段残碑尚存。如今，浡泥国王墓得到修复保护。专家发现，残碑上字迹大都磨灭，但有"勃泥王"等字尚可辨认，还原了这段隐藏在史料中的往事。

　　浡泥国王墓，成为长江流域的海上丝绸之路遗产点之一，也是长江海纳百川、吞吐古今的证明。

　　万里江水的不息与浩荡，使长江拥有独一无二的吸纳性、兼容性与包容性。

　　自古以来，大江横贯东西，一条条航线，一条条道路，形成了海上丝绸之路，中国由此走向世界。

长江凭借沟通海洋的交通优势以及资源丰富的腹地，在沿岸诞生了多个重要的对外贸易港口，开启了海上丝绸之路的篇章。而通过蜀道、汉江等内地的交通要道，长江也与陆上丝绸之路紧密相连。

近代以来，随着开埠通商逐渐深入内地以及轮船航线的开拓，从东南沿海到长江中上游，长江沿岸的城市在中国历史上继续发挥着举足轻重的作用。中国近代最重要的两大工商业基地，以上海为中心的长江三角洲和以武汉为中心的江汉交汇地带，都属于长江流域。

19世纪末，上海取代广州成为中国最大的对外贸易口岸，集中了全国1/4的工业资本，金融、铁路、矿业、银行等近代工商业广泛分布于长江流域。

晚清洋务运动之代表人物曾国藩、左宗棠、李鸿章、张之洞等，都曾长期担任长江流域各省的督抚，他们为当时落后的中国引入了世界先进的机器与技术。

1861年，两江总督曾国藩在安庆开办的安庆内军械所，被认为是中国近代机械工业的开端。这座近代军工厂成功试制了中国第一台蒸汽机与第一艘火轮"黄鹄号"。此后，江南制造局、轮船招商局、汉阳铁厂等一批近代企业沿着长江一带相继成立。

在中国被迫开启的近代化进程中，上海、九江、汉口、重庆、沙市、苏州等通商口岸城市，依托长江黄金水道，发展为世界闻名的巨埠。而近代文化则沿着长江传播，不断向内陆延伸，产生裂变，结出了革命的果实。

与此同时，长江各流域的文化也与时代交融。

长江中游，湖南士人吸收西方近代学术成果，在近代中国的社会与文化转型过程中振臂高呼。邵阳人魏源编写《海国图志》，喊出"师夷长技以制夷"的口号。晚清中兴名臣曾国藩、左宗棠、张之洞等人受其影响，创办近代工厂，创建新式学堂，开启洋务运动。谭嗣同、陈天华等改革志士以及后来的一大批革命家，为中国革命奉献一生。

1911年，川江流域的四川爆发"保路运动"，从农业社会

沪苏通长江大桥晨曦

与功名科举中走出的城市士绅与巴蜀百姓，"引起中华革命先"，让民族、民主意识逐渐深入中国社会。

同年，武昌起义在荆楚大地引领革命浪潮，燃起燎原烈火，武汉三镇成为辛亥革命首义之地，这场革命推翻了两千多年的封建帝制。

长江下游，吴越文化在与世界相拥的过程中，衍生出了"海派文化"。

1915年，作为"远东第一大城市"的上海，见证了新文化运动的兴起。《新青年》杂志的作者们以长江流域各省人士为主，他们以笔代枪，发动思想变革，影响了一代青年。此后，科学社会主义向大江南北传播，掀起了革命的浪潮。

而今，长江仍是引领时代潮流的文明之河、财富之河，面朝世界，奔涌向海。长江，这条东方巨龙正腾飞于中华大地之上，满怀豪情，乘风破浪，将在开拓进取中续写下一个千年华章。

第一部分
长江上游

一　长江从哪里来？

海拔5000米，是生命的禁区，也是生命的源泉。

在青藏高原腹地、长江源区，如果你问当地牧民，脚下的河流叫什么名字？他们会说，这是沱沱河、当曲或楚玛尔河。

尽管他们生活之地距离长江的源头不过十几千米，知道河水来自雪峰冰川，却不关心它们最终流向哪里，也难以想象，这些涓涓细流将一路向东奔腾，汇入亚洲第一长河。

若你在长江的尽头、面朝东海的都市中，问城里的孩子，这条大江来自何方？他们可能会想起课本里说的，长江发源于唐古拉山脉的各拉丹冬峰，但他们并不知道这代表着什么，只知道那是一个遥远的地方。

◀ 各拉丹冬峰，长江三源之一沱沱河的发源地

01　寻找长江源

　　长江，是我国第一大河，也是中华民族的母亲河之一。但在漫长的历史中，长江源一直笼罩着一层神秘的面纱，没有定论，甚至有不少谬误。

　　我国现存最早的地理著作《尚书·禹贡》中，有"岷山导江，东别为沱"之说。战国时期的大儒荀子也认为，"江出于岷山，其始出也，其源可以滥觞"。岷山山脉位于甘肃省西南部至四川省北部，是长江水系中岷江、涪江、白水江的发源地。这些江河的发源之处水浅流缓，可以浮起酒杯，故称为"滥觞"。

▼ 浙江省衢州市江郎山霞客亭——为纪念徐霞客而建

这是古人对长江源的误解。他们认为长江的正源是岷江，而错将长江上游的金沙江当作支流：一是受"岷山导江，东别为沱"说法的影响；二是因为岷江下游水面比金沙江宽阔，给人一种岷江更加源远流长的错觉；三是因为古时岷江通航，人烟兴旺，舟楫不断，而金沙江大都流经蛮荒之地，且水急滩多，难以通航。

到了唐代，人们对金沙江上游的通天河已有相当的了解。吐蕃赞普松赞干布迎娶文成公主后，汉藏之间因入贡、请婚、下嫁、和盟、贸易等往来不断，形成了从西藏经青海再到长安的"唐蕃古道"，通天河玉树一带就是当时的交通要道。

可在此后数百年间，人们并没有发现通天河与长江源头的关系。直到明末，旅行家徐霞客勇敢地向学术权威发起了挑战。

徐霞客经过长途跋涉，到云贵高原实地考察，撰写了《溯江纪源》一文，纠正了关于江源问题的错误，"导河自积石，而河源不始于积石；导江自岷山，而江源亦不出于岷山。岷流入江，而未始为江源，正如渭流入河，而未始为河源也"。他明确指出，流至宜宾与岷江汇合的金沙江，才是长江的正源，故"推江源者，必当以金沙为首"。

这趟西南之行是徐霞客大半生旅行中最为艰苦卓绝的一次。他为奔赴云贵高原而进行了多年的谋划，一度担心再不出发就要老了。

当徐霞客来到金沙江水奔涌的云南时，已年过半百。他只携带了基本的生活必需品，除了暖身的衣服和盘缠外，没有准备任何防身的武器。但他的远游冠中，藏着母亲生前留给他的礼物——一把银簪。母亲在他首次旅行时，将此银簪缝于帽中，以备不测。

徐霞客身边，只有两个同伴，一个是仆人兼导游顾仆，另一个是和尚静闻。静闻禅诵二十年，刺血写成《法华经》，希望供奉云南鸡足山。

他们一路上"晓共云关暮共龛"，船行途中，遇到强盗，徐霞客受伤从船上跌落，行李财物都被抢走，静闻则舍命保护携带的佛经，身负重伤。

后来，静闻没走到云南就因伤势过重而圆寂。临终前，他拜托徐霞客将自己的遗骨葬在云南鸡足山。徐霞客作诗痛悼好友，携其遗骨及血书经文继续前行，跋涉千里，完成了这名风雨同路人的遗愿。

在云南漫游时，有人要回徐霞客的老家，问徐霞客要不要帮他带封家书回去。徐霞客犹豫许久，婉言谢绝了。他说："余念浮沉之身，恐家人已认为无定河边物；若书至家中，知身犹在，又恐身反不在也……"不过当晚，他为此失眠了，还是写了一封家书。对于他来说，死亡是每天都可能邂逅的东西。所以，是死是生，都是两可，他无从预知自己能否看到明天的太阳。

1640年，徐霞客的万里远游以一场致命的疾病结束，他感染了足疾，双脚尽废，人们用滑竿把他抬回了江阴。次年，徐霞客溘然长逝。这位出生于长江下游的知名"驴友"，终其一生也没能溯江而上到达长江源。

实际上，金沙江是长江上游的一段干流，距离长江的发源地还有较远的距离，但徐霞客"推江源者，必当以金沙为首"的认识将人们对长江源的探索引入了正轨。

在徐霞客跋山涉水的同一时期，和硕特蒙古兴起，在其首领固始汗的带领下从新疆进入青海，居留青藏地区70余年。其中有部分牧民驻扎于长江源附近，因此现在江源地区的许多山脉河流均为蒙古语名称。

和硕特蒙古归附清朝后，清廷为绘制全国舆图，多次派出专使探寻长江源。可在当时的条件下，普通人难以克服长江源的恶劣气候和高海拔地势造成的身体不适。专使无法深入江源腹地，分不清哪条河才是长江正源，只能望"源"兴叹，写下"江源如帚，分散甚阔"的感慨，将这个谜题留给了后人。

历史的两条暗线——文献的记载与先贤的足迹，绵延在岁月长河中，安静地等待相交的那一天。

近代以后，不仅中国人，连许多外国人也来探索长江源的秘密。他们以考察、探险等名义，深入青藏高原。其中英国人韦尔伯曾于1896年到过长江北源楚玛尔河一带，但一无所获。

这一时期，关于长江源的研究有了新的谬论。有学者提出"江河同源于一山"的错误说法，以为黄河发源于巴颜喀拉山北麓，长江则发源于巴颜喀拉山南麓。这一讹传直到新中国成立后还很有市场，甚至曾被印于中小学的地理教科书中。

最后，揭开长江源的神秘面纱还得靠中国人，还得靠中国人身体力行、艰难求索的"徐霞客精神"。

20世纪70年代，长江流域规划办公室（现称长江水利委员会）与其他有关单位，以出版《长江》画册为契机，组成长江源科考队，冒险向"生命禁区"进发。

"不到江源心不死，死在江源心也甘"，这是科考队员们签名时写下的"决心书"。

由于缺乏查勘测绘，当时青藏公路以西的高原腹地在地图上长期都是空白区，科考队只能凭借从国外购置的几张卫星地图判断大致方位。卫星图片上江源地区白雪茫茫，模糊一片，只有少数几条黑线，可能是长江源区的河流。而他们的主要装备也不过是国家登山队支援的10多顶登山帐篷和20多套鸭绒睡袋，一如当年徒步西行的徐霞客，没有多少先进的工具可供使用。此一去，生死未卜。

1976年7月，江源科考队在严重缺氧的恶劣环境下，骑马深

▲ 青海省久治县境内的年保玉则国家地质公园，坐落于巴颜喀拉山东段

入长江源的冰川雪山。绝大部分队员都是第一次来到高寒缺氧环境，严重的高原反应让他们头痛欲裂，甚至咳血。途中没有现成的道路，车马经常陷入沼泽之中，200多千米的路程走了8天。

在辽阔的无人区，远远可以望见一列绵延的雪山群，科考队要探寻的长江源头，就在雄伟壮观的雪山上。

到达沱沱河时，科考队在海拔5000米的河边搭建营地，并雇用马匹准备溯河而上，进入雪山，没想到却遭遇了连续3天的暴风雪，事先准备好的25匹藏马，竟失踪了11匹。进山人员只

▲ 沱沱河风光

好进行精减，只留下9名队员，带着行李、干粮，在藏族同胞的引导下，骑马向雪山挺进。

历经一个多月的坐车、骑马与徒步前行，在高原上走走停停，不断修正路线后，巨大的冰川赫然出现在眼前，跨越生命禁区的科考队队员终于来到了长江"诞生"的地方——各拉丹冬雪山。

长江于万年冰河的守望中，等来了第一支来到其源头的科考队，而他们正是她千百年来无私哺育的儿女。

这是长江历史上的第一次，也是中华民族的第一次。

此次考察共历时51天，这支包括地理、测绘、水利、摄影、医生和司机等共28人组成的江源科考队中，只有8名队员成功登顶位于各拉丹冬雪山西南的姜古迪如冰川。当年，科考队还考察了长江源区沱沱河、楚玛尔河和当曲的部分河段，并采集了岩石、矿物和雪莲标本。

经过此次考察，中国人探明了江源的地形与水系，确定沱沱河为长江正源，而这条河流的发源地不在巴颜喀拉山南麓，而是唐古拉山脉主峰各拉丹冬峰西南侧的姜古迪如冰川。

这次考察将长江的全长增加到6300多千米，长江取代密西西比河，成为世界第三长河。

02　长江三源

青藏高原巍峨的高山上终年积雪,冰川高悬。

冰雪消融的季节,在南北对峙的昆仑山和唐古拉山之间,长江源区的一股股融水汇成宽约400千米的扇状水系,分布着大大小小十几条河流,其中有三条主要河流,即长江三大源流:正源沱沱河、南源当曲与北源楚玛尔河,流域面积共10余万平方千米。

长江三源有不同的地质地貌与生态景观。正源沱沱河,从唐古拉山脉主峰各拉丹冬峰的冰川群倾泻而下;南源当曲,主要源自唐古拉山脉北坡的泉眼、湖泊与沼泽湿地;北源楚玛尔河则主要来自可可西里腹地的湖泊群以及昆仑山的冰川融水。

万里长江从各拉丹冬峰出发时,仅是一条宽约3米、深0.2米的溪流,冰水自南

▼ 长江源头的河流分支

向北在谷地中流淌，被称为"纳钦曲"（意即从大坑里流出的河水），这就是沱沱河的雏形。

作为唐古拉山脉的主峰，各拉丹冬峰海拔高达6621米，冰川面积790平方千米，是长江源区冰川最集中的地方，犹如一座天然的巨型水塔，孕育了长江的生命。

当地先民为这座高山取名时，实在找不到合适的语言来描述内心的震撼，只好称其为"各拉丹冬"，意即"高高尖尖的山峰"。

据统计，长江源区共分布冰川627条，总面积超过1200平方千米，冰川储量983亿立方米，约等于7000个杭州西湖的蓄水量。

在各拉丹冬峰西南侧5千米处，冰雪雕琢的世界中，一组巨大冰川呈半弧形紧紧簇拥着雪山，它们的尾部有数千米长的冰塔林，如鬼斧神工般切割雕琢，千姿百态。

藏族人称之为"姜古迪如冰川"，意为"人越不过去的地方"。

如今，海拔5400米的姜古迪如冰川脚下竖立了长江源环保纪念碑。

这些冰川的融水，即沱沱河源头之水。

从交错的山峦之间流出后，沱沱河接纳无数溪流，形成树枝状的河网。流经沱沱河河沿时，河床变得宽阔，流速平缓，宽度达20米~60米，开始显露长江的浩荡本色。

近年来，长江源的南支当曲不落下风，关于当曲应该作为长江正源的呼声居高不下。

近10多年来，随着空间信息技术、先进测绘仪器的发展，科学家们发现，当曲长为360.34千米，比沱沱河长11.71千米，且水量、流域面积都居长江三源之冠。按照"河源唯远"的原则，有专家建议将当曲认定为"长江正源"，但至今尚未有定论。

当曲，其藏语名意为"沼泽河"，位于青海玉树杂多县西部。作为长江三源中水量最大的河流，当曲发育了世界海拔最高、面积最大的沼泽湿地，平均海拔在4600米以上，亦是长江

▼ 楚玛尔河与公路

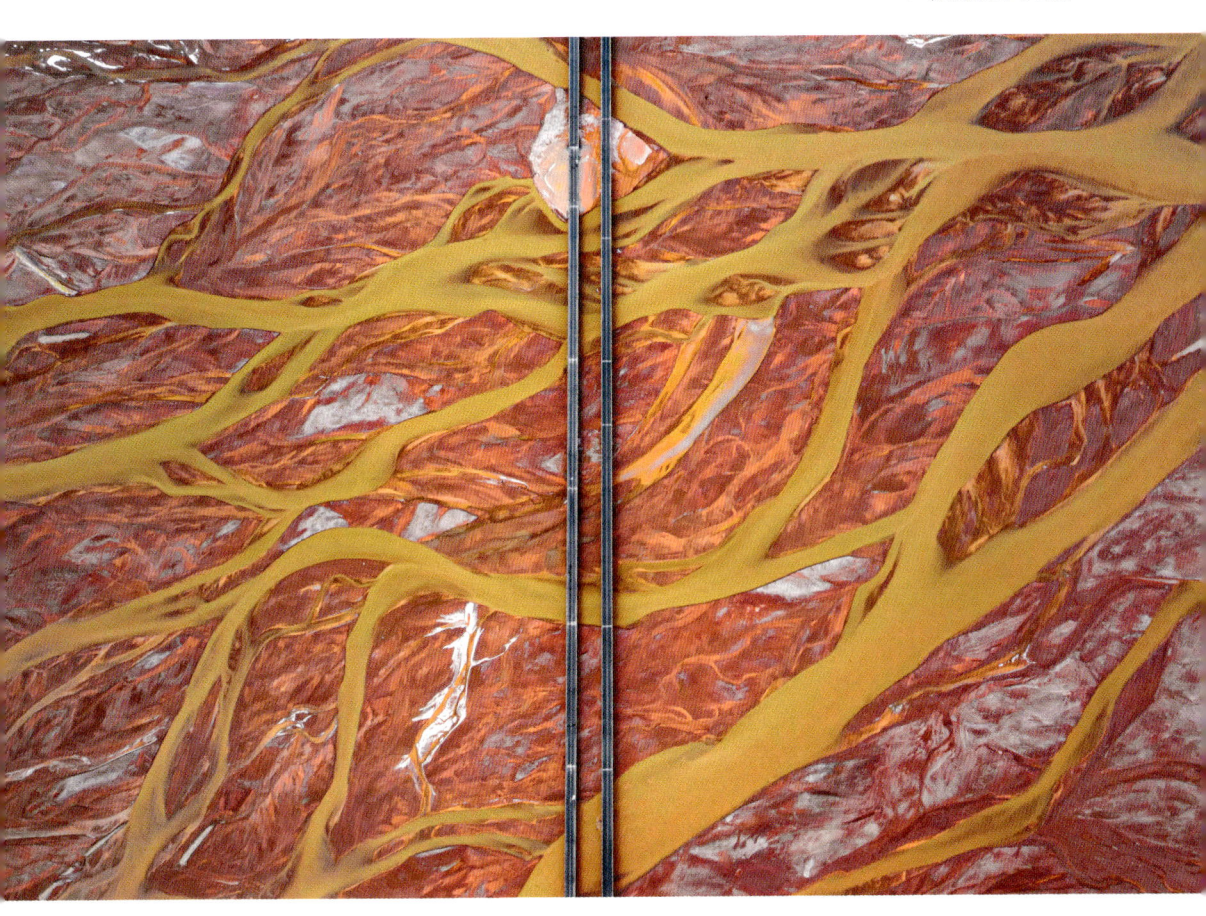

源地区湿地面积发育最大的区域。

与沱沱河、当曲的正源之争相比，北源楚玛尔河从不显山露水，似乎是长江三源中最低调的一个。

楚玛尔河源于昆仑山南支的可可西里山东麓，主要接纳昆仑山南坡的冰雪融水，河湖相连，沙滩广布，在长江三源中特立独行，红色的河水是其最鲜明的特点。

楚玛尔河流域地势高，是全国最冷的地区之一，多年来平均气温为−5.7℃，与其低调恰好相符合。

正因如此，楚玛尔河冬夏两季水流差异巨大，夏季如大河，冬季像小溪，甚至断流，称为"连底冻"，意思是整段河水全冻住了。

长江之水天上来，在源区跨千山、纳万水。到青海治多县西部的囊极巴陇附近，长江正源沱沱河与南源当曲，以及布曲、尕（gǎ）尔曲等长江源支流，汇流成更加波澜壮阔的通天河。这是长江上游另一个重要的干流河段。

通天河，这条《西游记》中唐僧师徒落难的河流，一路穿山过峡，又在曲麻莱县以西将楚玛尔河纳入其中；流至青海玉树的巴塘河口，进入著名的金沙江河段；直至奔腾万里，注入东海，完成长江之水的漫长旅途。

03　三江之源

青藏高原，不仅是长江的源头。

世界屋脊隆起后，亚洲六条大河先后从这个地球上海拔最高的地方诞生，包括长江、黄河、澜沧江（湄公河）、怒江（萨尔温江）、雅鲁藏布江（布拉马普特拉

▼ 青海果洛三江源的高原雪山

河）和印度河。

其中，位于我国青藏高原腹地、青海省南部，长江、黄河和澜沧江的源头汇水区，被称为"三江源"。这里被誉为"中华水塔"，是中国大陆上最神秘的区域之一，也是生态的净土，有着独一无二的壮美与风情。

据统计，三江源每年向三条江河的中下游供水近600亿立方米，是中国和东南亚地区10亿人的生命之源。长江总水量的25%、黄河总水量的49%和澜沧江总水量的15%都来源于此。

三江之源，群山起伏，人迹罕至，却又充满生机，是高寒生物栖息的乐土。

在这里，每时每刻都上演着"神奇动物在哪里"。

迄今为止，已在三江源地区发现藏羚羊、野牦牛、雪豹、白唇鹿等16种国家一级重点保护动物，岩羊、藏原羚、棕熊、猞猁、盘羊等35种国家二级重点保护动物，以及黑颈鹤、金雕、藏雪鸡等珍稀鸟类。春夏时节行驶过楚玛尔河大桥时，如果运气好，可以远远看见岸边觅食的藏羚羊。

但是，随着人为开发、冰川退化、荒漠化与草地退化等问题日益突出，这片生态净土也陷入了重重危机。

20世纪90年代，大批偷猎者拥入长江源头及周边地区，大肆捕杀藏羚羊等，野生动物数量急剧减少。当地政府与民间组织的反偷猎力量，在极为简陋的条件下与偷猎者展开了斗智斗勇的反偷猎斗争。

1994年，治多县西部工委的索南达杰为保护藏羚羊，孤身

长江之「最」知多少

沱沱河　囊极巴陇　通天河

楚玛尔河
烟瘴挂峡谷 —— 长江□
沱沱河
措池村
囊极巴陇
通天河
曲麻莱
当曲

可可西里 —— 中国长江源区最美的荒野

青藏高原

长江源区

长江是世界内河航运第一的河流、亚洲第一长河、中国流域面积最大的河流、中国流经省级行政区最多的河流、中国支流最多的河流、中国流量最大的河流，拥有世界最大的清洁能源走廊——由乌东德水电站、白鹤滩水电站、溪洛渡水电站、向家坝水电站、三峡水利枢纽、葛洲坝水利枢纽等6座大型水电站组成。除此之外，长江流域还拥有很多个"第一"，你知道的有哪些？

长 江 上 游

巴塘河口　　　　　　　　金 沙 江　　　　　　　　　宜宾

的第一个峡谷

雅砻江 —— 金沙江最大的支流　　　　岷江 —— 长江水量最大的支流　　嘉陵

成都 —— 世界上最早

剑门关 ——

雅砻江

巴塘河口　　○德格

金沙江

德格印经院 —— 中国最大的藏文印经院

○得荣

虎跳峡
● 玉龙雪山
○丽江
石鼓镇

攀枝花

乌东德水电站

白鹤滩水电站

溪洛渡水电站

向家坝水电站

岷江

剑阁○　　○广元

嘉陵江

○都江堰
◎成都
○眉山
○乐山
自贡○
泸州○
宜宾

重

上游成渝经济区

玉龙雪山 —— 北半球离赤道最近的、终年积雪的冰川雪峰

虎跳峡 —— 长江上游最窄的峡谷

丽江石鼓大拐弯 —— 长江第一湾

月亮湾 —— 金沙江第一湾

自贡恐

乌江 ——

宜宾 —— 万里

都江堰 —— 中国保存

乐山大佛 —— 世界上最大

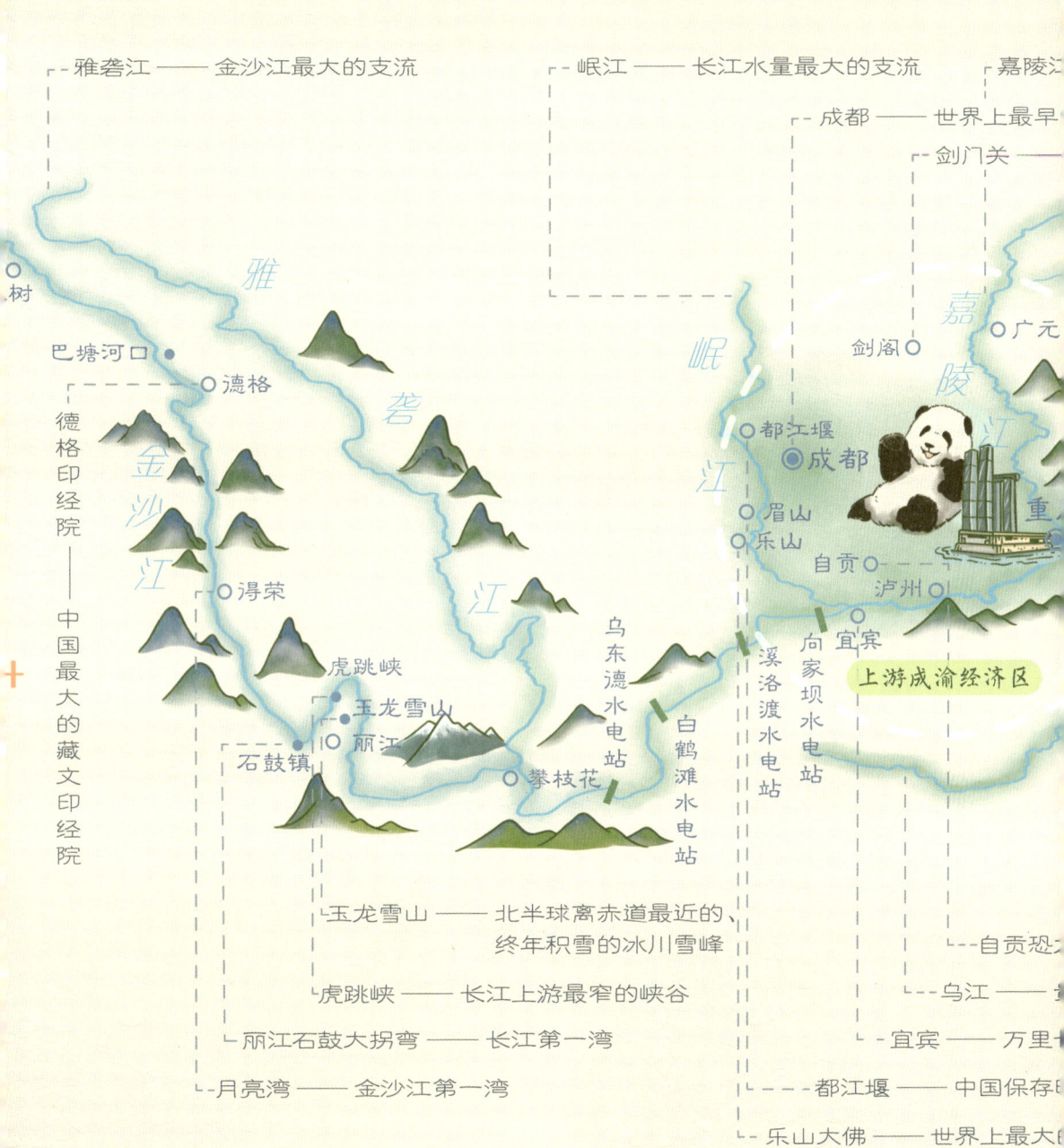

横 断 山 峡 谷　　　　　　　四

宜昌 长江中游
川 江 荆江 岳阳

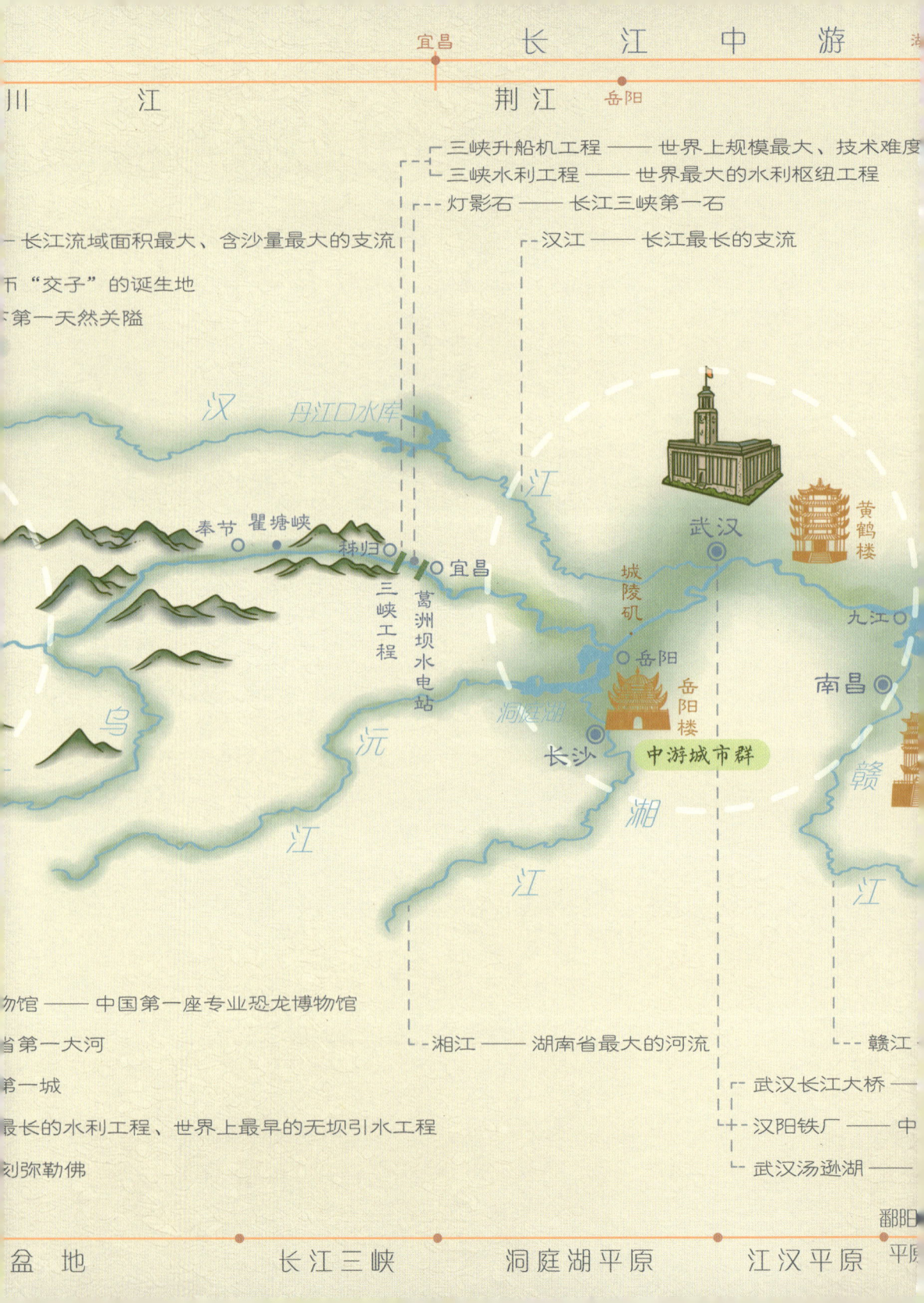

- 三峡升船机工程 —— 世界上规模最大、技术难度
- 三峡水利工程 —— 世界最大的水利枢纽工程
- 灯影石 —— 长江三峡第一石
- 长江流域面积最大、含沙量最大的支流
- 汉江 —— 长江最长的支流
币"交子"的诞生地
第一天然关隘

汉江　丹江口水库

奉节　瞿塘峡
秭归　宜昌
三峡工程　葛洲坝水电站
武汉　黄鹤楼
城陵矶
九江
岳阳
洞庭湖　岳阳楼
长沙　中游城市群
南昌

乌江
沅江
湘江
赣江

物馆 —— 中国第一座专业恐龙博物馆
- 湘江 —— 湖南省最大的河流
- 赣江
省第一大河
- 武汉长江大桥 ——
第一城
- 汉阳铁厂 —— 中
最长的水利工程、世界上最早的无坝引水工程
- 武汉汤逊湖 ——
刻弥勒佛

鄱阳
盆 地　长江三峡　洞庭湖平原　江汉平原　平

长 江 下 游

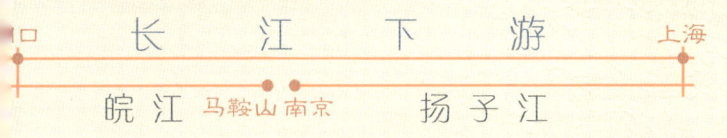

皖江　马鞍山 南京　扬子江　　　　上海

最高的升船机工程

京杭大运河

南京长江大桥 —— 中国自主设计建造的第一座公铁两用的长江大桥

上海崇明岛 —— 中国最大的河口冲积岛

合肥　马鞍山　南京　扬州　镇江　南通　苏州　上海

巢湖　燕子矶　太湖

安庆　采石矶

湖口　杭州

景德镇

鄱阳湖

下游长三角地区

上海洋山港 —— 世界最大的智能港口

滕王阁

良渚古城 —— 中国目前已发现的同时拥有城墙和水利系统的、规模最大的都邑遗址

景德镇 —— 世界上最有名的瓷都

鄱阳湖 —— 中国最大的淡水湖

—— 江西省最大的河流

新中国成立后修建的第一座公铁两用的长江大桥

国近代第一家，也是最大的官办钢铁企业

亚洲最大的城中湖

湖

东海

长 江 三 角 洲 平 原

▼ 可可西里无人区的藏羚羊

▲ 在长江源,可以一睹"网红表情包"贡献者藏狐的真容

与多名偷猎者在可可西里的太阳湖畔展开枪战，因寡不敌众，中弹牺牲。临终前，索南达杰还保持着射击的姿势。在酷寒的旷野中，他的身躯被冰冷的风雪拍打，热血凝结成冰，形成一尊坚毅的冰雕。为了纪念索南达杰，1996年，可可西里保护区建立的第一个自然生态环境保护站就是以他的名字来命名的。

近年，为加强对三江源的生态环境保护，我国已建立"三江源国家公园"。

在三江源，可以从一望无际的无人区中发现少数几户人家。这里海拔高、气温低、氧气稀薄、气候恶劣，至今鲜有直通的公路。其中，距离长江源区最近的109国道，始建于20世纪50年代，直到2003年才铺设沥青，国道以西仍是传统意义上的无人区，没有手机信号，没有现代建筑，一切仿佛外星景观。

然而，自强不息的中国人自古就在大江源头站稳了脚跟。居住在长江源区的玉树藏民，在冰川下搭建帐篷，身穿宽袍大袖的藏服，喝着第一口长江水，过着逐水草而居的游牧生活。

前些年，每个到长江源的探险者，都会在各拉丹冬雪山脚下的平地上看见藏民南木扎一家的房子。南木扎几乎成了长江源的导游，为每一个来长江源的客人沏起奶茶，讲述长江源的故事。他们一家距离沱沱河源头出水口姜古迪如冰川仅三四千米，放养着200只羊、120头牛、6匹马，在长江源区悠然自得，堪称名副其实的"万里长江第一家"。

长江的第一滴水，从圣洁的雪山落下，轻盈地流淌。万里长江将源头的水献给了山川日月，留给了江流湖泊，滋养了雪域高原的精灵，也映照在藏民纯洁的双眸中。

　　三江源，是天地之间，伟大而脆弱的净土。

二　金沙江：盛产黄金的大江

▼ 虎跳峡汹涌的金沙江水

在中国西南的高山峡谷中，从青海玉树巴塘河口至四川宜宾岷江口，长江上游这一段被称为"金沙江"。

有一种说法，这段江流因盛产"金沙"而得名。《韩非子》中也有记载，"丽水之中生金"，丽水，即金沙江古称之一。

金沙江富含金矿，一到河水迂回处，便会有大量沙金沉积。最迟到商代，中国人已开始在其中采金，用来加工金箔。

大江从雪山逶迤而来，如同盘旋在西南的远古巨龙，无数淘金者会聚于此，使其成为我国最早被开发的江河之一。

01　横断山脉与"三江并流"

　　有别于"黄河九曲十八弯",作为中华民族的另一条母亲河,穿行于北纬30°线的长江,似乎总给人一种直泻千里的感觉。事实上,长江上游的金沙江并非直来直去。金沙江两端的巴塘河口与宜宾岷江口,直线飞行距离仅有几百千米,金沙江全长却有2300多千米,约占长江的1/3,可见其曲折程度。

　　弯弯曲曲的金沙江,形成了一道天然屏障,成为藏与川、滇与川的界河,从青海一路向南,之后又折向东方。

▼ 月亮湾,被称为金沙江第一湾,是"三江并流"的一部分

浩浩荡荡的金沙江，在崇山峻岭之间纵横切割，穿过气势磅礴的横断山脉，携带着川西山地与云贵高原的众多支流与湖泊，穿过大凉山和乌蒙山，最后接纳岷江，进入四川盆地南部。

金沙江，在中国西南开辟出别具一格的山川形胜。亿万年前，由西向东倾斜的青藏高原和云贵高原发生剧烈的板块碰撞，好像上天伸出一只巨手，在高原上由北到南刻下了许多深浅不一的沟壑。

南北走向的高山，在今四川、云南两省西部和西藏自治区东

▼ 云南丽江的冬日，蓝色的金沙江蜿蜒穿行峡谷

部的区域内平行排列，在历史上长期阻断道路、屏障交通，于是有了一个形象的名字——横断山脉。

横断山脉"横断"了东西交通，也迫使诸多山川呈南北向排列。

从青藏高原南下的金沙江，与同向南流的怒江、澜沧江在横断山区并肩而行，奔流170多千米，其间澜沧江与金沙江最短直线距离不过66千米，然江水并流却不交汇。

南北走向的高黎贡山、怒山（碧罗雪山）、云岭、沙鲁里山等高山，在三条并流的大江边相间排列。

山脉横亘，100多座造型迥异的雪山、悄然静立的原始森林与星罗棋布的湖泊点缀其间。从海拔760米的怒江干热河谷到海拔6740米的卡瓦格博峰，汇集了雪峰冰川、高原湿地、森林草甸、淡水湖泊等绝美风景。

这一地理奇观，被称为"三江并流"。2003年，"三江并流"云南部分被列入《世界遗产名录》。

"三江并流"的横断山脉，坐拥印度洋与太平洋水系，成为欧亚大陆生物物种南来北往的主要通道和避难所，号称"世界级物种基因库"。

尤其是云南北部与四川西部拥有丰富的森林资源，是珍稀动植物繁衍生息的自然天堂。据统计，"三江并流"地区的高等植物种数占全国的20%以上，动物种数占全国的25%以上，集中了北半球多个气候带的生物群落。

在这一带栖息的生灵，包括滇金丝猴、孟加拉虎、黑颈鹤等数十种国家级保护动物，跨越了云南省丽江市、迪庆藏族自治州、怒江傈僳族自治州的9个自然保护区。

有些学者猜想，金沙江曾经是向南流的，但在河流袭夺、地质构造等影响下，才没有经由横断山脉继续南下，而是华丽转身，向东而去。

金沙江到云南的石鼓镇，突然拐了个弯，掉头北上，从此与澜沧江、怒江分道扬镳，向东北方向奔流而去，最终流入东海。

于是，石鼓当地出现了著名的"万里长江第一湾"，也叫石鼓大拐弯。此处弯度达120度，江面宽阔，水势和缓，在古代是著名的渡口。相传，诸葛亮"五月渡泸"平定南中（今川南和云贵一带），忽必烈"革囊渡江"攻灭大理国（辖今云南全境、四川西南部等地），都曾从这里进军。

石鼓以下，江面渐窄，水流湍急。在云南香格里拉与丽江境内，金沙江突遇玉龙、哈巴两座雪山的阻挡，扭出一个"之"字形，形成了全长18千米的壮观峡谷——虎跳峡。

宽阔的金沙江一下子被挤进狭窄的虎跳峡，汹涌江水与江中巨石互搏，发出震耳欲聋的虎啸声。相距十几千米的上峡口和下峡口高度落差达220米，是中国落差最大的峡谷之一。虎跳峡最窄的地方在中虎跳，江面只有二三十米宽。相传，有一猛虎在玉龙雪山被猎人射伤后，脚踏着岸边的巨石，从江上一跃而逃，"虎跳峡"由此得名。

金沙江出虎跳峡后，继续向东流至三江口，又急转向南，在金沙江干流形成玉龙湾、永胜湾等弯道。

金沙江的上段，由于流域较窄、降水量少，并无较大支流汇入；但在中下段，众多支流不断向金沙江涌来，其中包括水洛河、雅砻江、普渡河、牛栏江、横江等较大支流。金沙江支流，流域面积在1万平方千米以上的有9条，其中最大的支流雅

▲ 川藏第一桥——大渡河大桥

▼ 苍山洱海

碧江，流域面积可达13万平方千米。

雅砻江，藏语名为"尼雅曲"（意为"多鱼之水"），发源于巴颜喀拉山南麓，流域地处青藏高原东南部，介于金沙江与大渡河之间，于四川攀枝花市新雅江桥处汇入金沙江。

与金沙江平行南下的雅砻江，自然地理特征与前者极其相似，故又称"小金沙江"。这个小兄弟来头不小，不仅是长江八大支流之首（从地理位置上说），还有深藏不露的水能"富矿"，孕育了豪爽的川西高原文化。

在当地居民的传说中，曾经有一头神牦牛被冰雪禁锢于高山之上。一群康巴勇士爬上雪峰，用火融化冰雪，唤醒了神牛。一股清凉甘甜的雪水从神牛的鼻孔涌出，从此，川、青、藏三省区交界处有了一片梦幻的大草原——扎溪卡草原。扎溪卡的意思，就是"雅砻江边"。

发源于川青边界，大致与雅砻江同向奔赴的大渡河，同样有数不尽的历史传奇。其为岷江下游带来超过50%的径流量，在乐山大佛脚下与岷江交汇，随后汇入川江。

金沙江流域内，还有许多湖泊，连接着高山峻岭之间的文明发源地。如泸沽湖、程海、邛（qióng）海、洱海、滇池等名湖，孕育了生活于此的多个民族。这些因水而生的少数民族的文化中，都有"中国龙"的身影。彝族有龙、蛇氏族，傈僳族崇拜龙、蛇，白族崇拜龙、鱼，而傣族则祭拜龙神、鱼神。

金沙江从远古走来，上连雪山江源，下接巴山蜀水，群峰夹流，古渡横舟，激荡在岁月的长河之中。

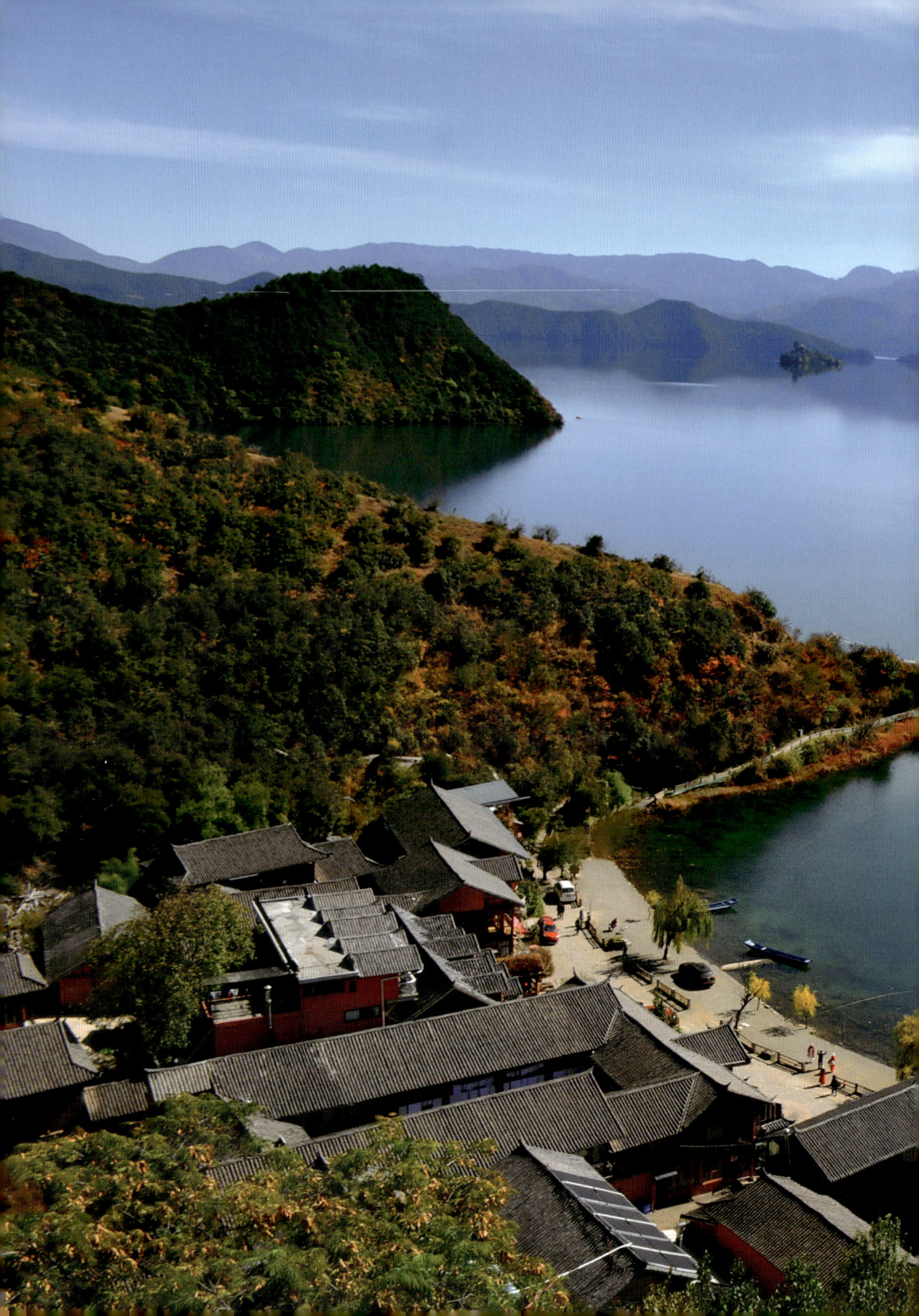

▼ 泸沽湖，位于云南与四川交界处，以典型的高原湖泊风光与周边摩梭母系民族文化著称于世

02　金沙江流域文化

　　云南元谋县，地处金沙江流域，气候干燥炎热。在这片古老而神奇的红土地上，诞生了中国最早的人类之一——元谋人。20世纪60年代，考古工作者在金沙江支流龙川江旁，发现了元谋人的化石。通过对发掘出的炭屑、烧骨和石器等进行研究，证明了元谋人是能制造工具和使用火的原始人类，生活年代距今约170万年。

水与火的交融，结束了原始人茹毛饮血的生活。尽管从使用自然火到人工取火是一个漫长的过程，但用火的痕迹，无疑增添了元谋人的"人性"。

金沙江流域初步形成其文化形态，则要追溯到距今5000年～3000年的青铜时代。

氐羌系和濮越系两大古代族群，在被横断山脉阻碍交通的金沙江流域间碰撞交融。大量青铜文化遗址分布在金沙江云南流域，包括洱海以东，禄丰、楚雄以西，哀牢山以北等地域范围。

春秋战国时期，楚国称雄于长江中游。到了战国后期，秦国不断吞并楚国疆土，南下攻灭巴蜀。为了与秦相争，开拓国土，楚顷襄王派大将庄蹻（qiāo）沿长江而上，循着蜀、楚两地商人前往滇地经商的通道，探索通往滇地的路线。

庄蹻带着上万士卒，沿长江水路翻山越岭，进入今昆明滇池一带。他本想积蓄力量再返回楚国，却被秦军切断退路。

回家无望的庄蹻在滇地统一各部，"变服，从其俗，以长之"，他与部众成为人数较多的、最早从长江中游到云南定居的移民。这也是文献中有关云南金沙江流域的最早记载，史称"庄蹻开滇"。

▼ 云南元谋土林

从此，金沙江与长江流域跨越了阻隔来往的鸿沟。当时，金沙江流域上川滇之间的来往通道，被称为"灵关道"。

灵关古道出成都平原后，曲折蜿蜒地通过山区，跨过大河，经西昌、永仁、大姚等地到达洱海地区。

灵关道在今四川省南端的会理分成两条道，一条直插今攀枝花一带的拉鲊（zhǎ）渡口，另一条延伸到金沙江与龙川江交汇处的龙街渡口。

滚滚金沙江与两岸耸立的群山形成天然屏障，但这两处水流较为平缓，正好可供人乘船通过。

秦灭六国后，秦始皇命人修筑五尺道，使金沙江流域与巴蜀之间的栈道延绵千里，互通有无，并在金沙江中下游设置郡县。五尺道起自今天的宜宾，过金沙江，经昆明、楚雄到达洱海，至今还有遗址留存。

这些翻越高山、渡过大江的古驿道，打破了金沙江与横断山组成的屏障。西南少数民族也发挥自己的聪明才智，以索为桥，在金沙江两岸架起了"笮（zuó）桥"，即竹索桥。他们通过笮桥飞渡河谷，从事地区间的贸易活动。

尽管地处偏远，金沙江流域的先民却创造了辉煌灿烂的文化，这从云南晋宁石寨山汉墓出土的压花牛头纹金剑鞘、青铜贮贝器等文物中可见一斑。

公元前2世纪，汉武帝大规模开发西南，将汉文化大量输送到金沙江流域。

公元前139年，张骞出使西域，历经13年磨难，公元前126年，他终于从西域回到长安。汉武帝听他说在西南有一条通往身毒（今印度）的道路，可以到达西域的大月氏国，于是便派出一队使者，向西南方向寻觅道路。这支汉使队伍经过长途跋涉，在云贵高原见到了滇王与夜郎王。

这两个小国仅有一州之地，常年困守于西南，完全没有朝拜天朝上国的意识。滇王对汉朝一无所知，竟然问汉朝使者："汉朝与我滇国，哪个更大？"后来，使者见到夜郎王，夜郎王也发出了同样的疑问，这就是成语"夜郎自大"的由来。后来，汉武帝出兵平定滇贵地区，滇王拱手降汉，汉武帝赏赐其"滇王之印"，并在其故地设益州郡。

汉末三国时期，金沙江仍源源不断接受来自中原文化的熏陶。诸葛亮平定南中的故事，就发生于金沙江一带。《出师表》中"五月渡泸"的泸水，即指金沙江与雅砻江汇合的部分。

相传，诸葛亮平定邛都（今四川西昌市东南）的叛乱后，继续沿江进军，追击孟获大军。蜀军乘木筏渡金沙江时，遇到浪涛阻拦，当地人告诉孔明，要过江必须要用人头来祭江神。

诸葛亮不愿无缘无故杀人，便命随军的厨师把猪羊肉剁成肉泥，然后用面包起来，做成人头形状，当作祭品投入江中，以此稳定军心。这符合他"攻心为上"的平定南中之战略，也是包子由来的一种说法。

蜀军将士受到鼓舞，不惧滔滔江浪，渡过泸水，而南中蛮军也佩服诸葛亮的仁义，南中随之平定。

唐宋时期，在北方丝绸之路越发兴盛的同时，南方也因茶马互市兴起了一条"茶马古道"。由汉藏先民开创的茶马古道，穿越千山万岭，跨越大江长河，在茶叶的芳香与骏马的嘶鸣声中，从横断山区蜿蜒伸展，通往南亚次大陆。

▲ 西藏茶马古道风光

　　蒙古人灭金、宋，一统天下后，在金沙江流域设置管辖川南和滇东北大片地区的马湖路。马湖路城位于今宜宾市屏山县，与云南省绥江县隔江相望，如今已沉没于金沙江的浩荡江水中，只留下当年"万里长江第一港"的历史记忆。

　　金沙江流域在古代是边远之地，却凭借其地势险要，成为兵家必争之地。

　　元朝之所以在金沙江流域设置马湖路，其中一个原因是出于灭大理国之后的战略部署。

　　在此20年前的1256年，蒙古名将兀良合台奉蒙哥之命由今云南昭通北上，打算占据金沙江下游（当时又称马湖江），顺江东下，进逼南宋在西南地区的重要堡垒钓鱼城（位于今重庆合川区）。

然而，尽管兀良合台在金沙江击败了宋将张实的水军，夺得战船200艘，但当他乘势东下时，却遭到宋军痛击，蒙军大败，不得不打消了合围钓鱼城的计划。

明朝时，朝廷也很重视对金沙江的治理，设置金沙江巡检司，管辖关津、要冲之处。

嘉靖年间，失意的才子杨慎被贬云南，在30多年的流放生涯中多次到访金沙江畔，听波涛声声回响。一夜，他于金沙江巡检司衙门宿夜，伏案作了一首《宿金沙江》：

　　　　往年曾向嘉陵宿，驿楼东畔阑干曲。
　　　　江声彻夜搅离愁，月色中天照幽独。
　　　　岂意飘零瘴海头，嘉陵回首转悠悠。
　　　　江声月色那堪说，肠断金沙万里楼。

在金沙江边肝肠寸断的人，不止这位状元才子。晚清太平天国运动中，"翼王"石达开因为太平军内乱，被迫率部出走西南。孤军深入的石达开，非但没有被轻易剿灭，反而利用川黔滇三省的山川形势，于同治二年（1863）4月，渡过金沙江，兵不血刃，突破清军防线，企图进一步夺取成都。

但石达开所部到达大渡河后，随着粮草将尽，将士疲乏，又被百年不遇的涨水所阻，太平军抢渡不成，终被清军逼入绝境。石达开兵败后，决心舍命以全三军，被清军俘虏，身受凌迟酷刑而死，年仅32岁。而清军背信弃义，石达开所部除老幼外，其余都被处死。金沙江的怒吼，似乎在回应这名青年将才的悲歌。

近现代史上,红军长征中的"巧渡金沙江",再度印证了金沙江的险要地势与战略意义,书写了"金沙水拍云崖暖,大渡桥横铁索寒"的革命历史。

03　藏彝民族走廊

　　大渡河头、大雪山以东，有一座丹巴古城。慕名而来的游客，远远就可望见山坡上极具特色的碉楼。丹巴是我国石碉楼分布最集中、数量最多的地方，有"千碉之国"的美誉，当地现存最早的石碉楼可能建于汉代。

　　过去，丹巴城背山面水，可凭借碉楼防御来犯之敌；今日，位于甘孜州东大门的丹巴古城以独特的风土人情吸引了各地游客。碉楼不再是御敌之所，而是旅游胜地，也只有在寂静的夜里、在大山深谷中无声地诉说金沙江畔的民族史诗。

▼ 甘孜州丹巴古城的石碉楼

自古以来，金沙江流域是诸多民族南下北上的交通走廊，也是文化融合交汇之所。

这里不是文化荒漠，而是多元化的文化走廊。

现今的金沙江流域，不仅有不少的汉族居民，还有藏族（集中于青海玉树、西藏昌都、云南迪庆等地）、彝族（集中于四川凉山、云南楚雄、丽江等地）、白族、纳西族等少数民族居民。

金沙江的土著文化，是从羌藏文化与滇黔文化两大支派发源而来的。

金沙江流域的羌藏文化区，主要指横断山脉的金沙江、雅砻江、大渡河流域和岷江上游的高峡河谷地带，为古氐羌人聚居之地。

距今约4500年前，以游牧为生的氐羌人从西北地区沿着横断山脉的几条大河南下，其后裔即今藏缅语族的各民族居民，而留在北方的氐羌人逐渐与汉民族融合。

后世的藏族，一说是部分羌人族群的后裔。藏族形成于7世纪的唐代。唐初，今西藏山南地区的部落崛起，经过几代经营，在其首领（赞普）松赞干布的统率下，统一西藏诸部，建立吐蕃王朝。后来，吐蕃势力东渐今藏东昌都及四川西北一带。

吐蕃人本是由西藏土著与西迁羌人融合而成，其统治了今藏东及川滇藏区以后，又逐渐与当地诸羌部落融合，最终成为今日金沙江流域藏族的祖先。

滇黔文化兴起于云贵高原，其土著居民古时被统称为"西南夷"，夜郎国与古滇国为其两个较大的族群。

秦汉以后，随着五尺道开辟与郡县设立，滇黔文化与荆楚文化、巴蜀文化、中原文化等交融，更加异彩纷呈。

▲ 川西藏区德格印经院

尤其是明代以后，规模空前的汉人移民涌入滇、黔，中原王朝也通过"改土归流"等手段，对西南地区进行直接统治。滇黔与外地的文化交流进一步加强，形成了今天的云南人与贵州人。

迄今居住在金沙江及其支流沿岸的少数民族，仍以藏语支与彝语支居多。藏族、彝族、傈僳族、纳西族、苗族、傣族和白族等争奇斗艳，保留着丰富多彩的民族风情。

金沙江边的傣族依山筑寨，傍水而居，一生都离不开水，婴儿一出生就被"抱子浴于江"，每年的泼水节更是当地最盛大的节日；源于氐羌的傈僳族，在沿江群山中建立村寨，如大山的儿女，眼望着金沙江水滚滚而去；古老的苗族不断迁徙，也在金沙江留下了足迹……

▲ 傣族泼水节场景

　　彝族广泛分布于金沙江流域，其祖先认为，火是祖先的灵魂。每年农历六月二十四，彝族都要举行盛大的"火把节"。每到那天，彝族人会早起杀牲祭祖，晚上高举火把，聚成一堆篝火，纵情歌舞。其间还有吹口琴、弹月琴、赛马、斗羊、斗鸡、摔跤、选美等传统活动。

　　有学者称金沙江流域为"藏彝民族走廊"，这里堪称中国民族文化的博物馆。

04　绿水青山就是金山银山

惊涛拍岸过后，历史恍若隔世。以现在的行政区域而论，金沙江及其支流流经青海、西藏、四川和云南四个省级行政区，其中包括青海玉树藏族自治州东部，西藏昌都市东部，四川甘孜藏族自治州、凉山彝族自治州、攀枝花市以及宜宾市的大部分地区，云南迪庆藏族自治州、丽江市等地。

而今，成昆铁路、108国道、318国道穿过了茫茫江河，天堑变通途，也让金沙江流域成为新时代的旅游胜地。

作为康巴文化的腹心区域，西藏昌都位于"三江并流"谷地间，划分了茶马古道的滇藏道与川藏道。藏语中的"昌都"，即河水交汇之意，许多原生态的古文化遗迹在此被保存了下来，气宇轩昂的康巴汉子走上古镇街头，说唱《格萨尔王传》，跳起芒康弦子舞。

在四川甘孜州南部，雅砻江支流无量河从海拔4000米的理塘穿流而过。理塘在金沙江与雅砻江之间，当地草场宽阔，牧业发达，终年映照在格聂神山的白雪中。每到8月，理塘就会在草原上举办传统赛马节，吸引着远近的藏民，给藏族男子展现英武身姿的机会。

素有"小春城"之称的四川凉山州首府西昌，是一个彝族人聚集的城市。西昌位于川西连绵起伏的大山中，接受金沙江水系的灌溉。这座低调的城市，古称邛都，是茶马古道的重要节点，而现在是中国著名的航天城。中国航天史上里程碑式的卫星发射基地——西昌卫星发射基地就坐落于这个大凉山腹地的小城。

横断山区腹地的香格里拉，位于滇、川、藏三省区交界地。"香格里拉"的藏语意为"心中的日月"。香格里拉的名字因为20世纪一部冒险小说而享誉全球，后来人们才发现，这个世外桃源般的秘境，就在中国的金沙江畔。

▲ 甘孜州理塘县，格聂神山夏季牧场自然风光

▲ 甘孜州理塘县城风光

▼ 甘孜州理塘县全景

香格里拉坐落在云南迪庆州的雪山、峡谷之间，远离市井的喧嚣，抬头是雪山的圣洁，低头是寺庙的梵音。

古城丽江，是一座因金沙江而得名的城市（金沙江别称"丽水"），也因此得到母亲河的偏爱——金沙江以615千米的长度贯穿丽江一区四县。金沙江水与茶马古道，给予了丽江壮阔的景观与富饶的物产。

明代，丽江世袭土司木氏糅合了中原汉族建筑和藏族、白族建筑的技艺，修筑了辉煌的建筑艺术之苑。相传，作为纳西族人的木氏本来没有汉姓，明朝统一云南后，纳西族土司率众归顺，朱元璋遂将自己的姓去掉两笔，赐其姓"木"。他们在古城留下

▼ 云南香格里拉

了水乡之容、山城之貌的印记。

狭窄的江面、陡峻的两岸、拥挤的巨石,在这一方天地间野蛮生长;小桥流水、纳西古乐、寺院楼阁,使其"不是江南,胜似江南"。

大理古城屹立洱海之畔,汇集三江水系,在唐、宋时期为"南诏国"和"大理国"等地方政权的都城,如今是以白族为主、各族共居的文化名城。

云南省会昆明,为滇中城市群的核心,其名称来自金沙江滋润的大湖——滇池(又称昆明湖)。有别于很多省会,这座春城

▼ 大理崇圣寺三塔

是一个慢节奏的城市，什么都是"悠悠呢来"（云南方言），在江湖之畔，坐观云起云落。

如今，桀骜不驯的金沙江在实现全线通航上仍颇有难度，但全程超过3300米的高度落差，使金沙江蕴藏了1.12亿千瓦的水能资源，约占全国水能总量的16.7%——除了自然风光，金沙江水以另一种方式造福于人类。

金沙江流域的四大水电站——向家坝、溪洛渡、白鹤滩和乌东德，年发电总量加起来相当于两个三峡电站的年发电量。金沙江流域已经成为全国最大的水电基地，是"西电东送"的主力。

依靠煤铁、水电崛起的攀枝花市，建立在川滇交界的金沙江边，位于乌东德与观音岩两座水电站之间。攀枝花水文站以下约15千米处的左岸，金沙江最大支流雅砻江汇入干流，流量翻倍。这座水能丰富的工业城市，还有大量铁矿资源，钢铁产业发达，是著名的"钒钛之都"。虽然是一座资源型城市，攀枝花却凭借金沙江水的灌溉，拥有良好的自然环境，2017年入选了国家园林城市，真是"以花为名，市如其名"（"攀枝花"为"木棉"的别称）。

金沙江下段，另一座千古名城宜宾，接纳金沙江、岷江，成为这段江水的"终点"，也是狭义长江的"开端"。

金沙江水走过冰川雪山，奔腾着，咆哮着，带着多元的文化，怀抱一颗含金的"心"，来到了巴蜀大地。

三　川江：中国天府三千年

　　1929年，春耕时节，四川省广汉市的燕道诚与儿子燕青保来到距家不远的田间引水灌溉，突然挖到一块坚硬的石环。再往下挖，他们发现一个土坑，里面藏满年代久远的玉石。燕氏父子自知挖到了宝，惊愕之余，不敢声张，等到夜深人静时

▼ 三星堆出土文物

才将宝物偷偷运回家。

不久后，父子俩生了一场大病，迷信鬼神的他们以为是自己触怒了神明，便想破财消灾，将所藏玉器送给他人，从此不敢继续挖掘。但广汉市发现历史遗址的消息，已经不胫而走。

之后，考古学者来到这里，遗址逐渐显露真容，一扇历史之窗也悄然打开。这处位于四川省广汉市鸭子河南岸的古迹，就是三星堆遗址。遗址中3000多年前的文物，为古蜀历史提供了实据，也进一步昭示了长江流域与黄河流域的文化同属中华文明这一母体。

万里长江流过巴山蜀水，孕育了古老的巴蜀文化，这一段江水，被称为"川江"。

01　川江水系

长江上游，自四川宜宾至湖北宜昌段，接纳岷江、沱江、嘉陵江、乌江、赤水河等十多条支流，因大部分流经原四川省境内（今有近700千米的江段属重庆市），故称"川江"，古称"蜀江"，流域面积达50万平方千米。

岷江，发源于四川阿坝的岷山，是长江上游水量最大的支流。岷江在古代一度被认为是长江的正源，直到明清时期这一观点才被推翻。

传说中，大禹治水就是从长江上游支流岷江开始的，所谓"岷山导江，东别为沱"。蜀地先民从岷江开挖出一条人工河道，用来分引岷江洪水。

从地势上看，四川盆地西北高，东南低，天然水系的分布也随之呈"西北—东南"向。成都平原东南边缘有龙泉山脉阻挡，造成排水困难。上古时期，每当岷江上游山洪暴发并倾泻于成都平原时，就会造成大规模水灾。相传，大禹治理岷江，正是顺应地势与水系分布，依照龙泉山脉是岷江与沱江的分水岭，使江水向东集中到沱江金堂峡泄走。

距今2200多年的战国时期，秦国蜀郡郡守李冰来到蜀地，为了抗洪及使河流为灌溉服务，进一步治理岷江，设计了千古工程都江堰。经过实地勘测，李冰没有用水坝阻挡洪水，而是修建鱼嘴分水堤、宝瓶口和飞沙堰等来构筑都江堰的渠首工程，实现了堤防、分水、泄洪、排沙、控流等多种功能于一体。

从此，岷江自北向南进入四川盆地，在道教名山青城山北面通过都江堰，分为内江和外江。内江灌溉成都平原，使成都成为"沃野千里""水旱从人"的天府之国；外江排沙泄洪，与青衣江、大渡河汇合后，在今四川宜宾汇入长江。

直到两千多年后的今天，都江堰依然惠泽后人，堪称人与自然和谐相处的典范。蜀地百姓建庙纪念修筑者李冰，并世世代代尊其为"川主"。至今，每到清明，都江堰还有放水节的习俗，并以古代少牢之礼祭祀李冰。作家余秋雨说，都江堰是中国历史上最激动人心的工程。

岷江与同在北岸的沱江、嘉陵江，以及南岸的乌江，组成川江四大支流。很多人以为，四川得名于"四川的四条江"。这一说法虽然很形象，但不准确。实际上，"四川"之名起源于宋朝在四川盆地一带设置的"川峡四路"（益州路、梓州路、利州路和夔州路，分别治今成都、三台、汉中与奉节），但从四川想到江河，可见滔滔川江水常在川人心中澎湃。

长江在宜宾接纳岷江后一路向东，在重庆与嘉陵江不期而遇。嘉陵江发源于陕西秦岭，全长1300多千米，是长江水系流域面积较大的支流之一，其与长江交汇而成的渝中半岛，成为重庆自古以来的商贸、金融中心和交通枢纽。

川江及其支流，受盆地与丘陵地形的制约，忽宽忽窄，曲折蜿蜒。在江面最宽的地方，乌江横穿贵州中部，从南岸汇入长江，两江交汇处即为重庆涪陵。川江南岸的支流没有北岸多，流程也不如北岸长，但因毗邻云贵高原，大部分具有山区河流的险峻特点。

乌江是川江右岸最大的支流，大部分河段位于高山峡谷中，最窄处只有约50米，为川黔水运线上的"天险"。作为贵州省的第一大河，乌江也被称为黔江，从重庆溯流而上，可到贵州省的毕节、六盘水、安顺、贵阳、遵义、黔南、铜仁等市，乌江流域是古夜郎文化的发祥地。

川江干流流过重庆江津（因地处长江要津而得名）后，进入平行岭谷地区，随后穿切山岭之中，经过长达200千米的三峡，进入长江中游。

古老的文明依水而生，纵有万般艰险，也有人勇闯恶水险滩。

以前，船只驶过川江，就会云集勇敢的船工、纤夫来撑船、拉船，大江之畔随之响起粗犷的"川江号子"。船工手抓竹竿，抵住江中乱石，纤夫肩勒纤绳，脚踏石棱，拉着船奋力前行。在平静的江面上，船工们唱起悠扬动听的"平水号子"，而遇到险滩时，就会唱起气势夺人的"上滩号子"。循着激昂高亢的"川江号子"，仿佛可以听见巴山蜀水最古老的回声。

02　南方丝绸之路

历代中原王朝的雄主，大都有吞吐天地之志。汉武帝刘彻在位时，不仅沿着长江开拓西南夷，还将目光望向遥远的欧亚腹地。

西汉时期，张骞第一次出使西域，竟在中亚的大夏（今阿富汗一带）看到来自巴蜀的"邛竹杖、蜀布"。张骞十分惊讶，通过询问得知，这些商品是由身毒转运而来的。

张骞由此推测，今四川西南方向，必然有一条捷径可以直达身毒。他回朝后向汉武帝做了汇报。此后，汉武帝有志于开发西南夷，派出多路使者，终于确证巴蜀地区有一条经云南通往缅甸、印度等东南亚、南亚各国，乃至远达地中海、欧洲罗马的商道。

长江上游水系与穿梭于山谷间的陆路，组成四通八达的交通线路，将贸易网络从以成都为中心的巴蜀都会，连接到欧亚大陆腹心。这就是张骞所说的"蜀身毒道"，也是"南方丝绸之路"的重要组成部分。

南方丝绸之路以长江为纽带，千百年来助推巴蜀经济、文化的发展。历史上，著名的佛教东传，不仅通过丝绸之路传入中国，也经由南方丝绸之路，将四川腹地作为其东传的重要一站。

长江上游，青衣江、大渡河与岷江交汇处的凌云山麓，乐山大佛在古城乐山已端坐千年。

同一片山水之间，一座山峰在不远处若隐若现，那是蜀地佛教名山——峨眉山。据说1世纪中叶，一名修行者来到峨眉山中，见环境幽深寂寥，便将其作为理想的修行地，在此修建了长江流域的第一座佛寺。此后，峨眉山广建佛寺，最多时有200余座。而今，峨眉山之峰顶是天上宫阙般的金殿，因此得名"金顶"。金顶之上，日出、云海、佛光、圣灯四大奇观闻名天下，高达48米的十方普贤菩萨像巍然矗立，坐观云起云落。

峨眉金顶、乐山大佛，是佛学东渐路上的雄伟象征；而在乐山以东数百千米的重庆大足区，数万尊石刻造像在山间诉说着巴蜀匠人的巧夺天工。

南宋时，大足僧人智凤前往川西修行，此后回到大足宝顶山开山造像。几十年间，僧人向四方募化并凿造佛像近万尊。从晚唐到智凤所在的时代，以及此后几百年间，重庆大足石刻见证了中国历史上最后一次大规模的佛教石刻造像运动。至此，巴蜀的佛教文化早已超越了宗教意义。

大足石刻融合佛教教义与儒家、道教的学说，将佛与人的故事描绘在石刻造像中。其中的《父母恩重经变相》，由数量多达

▼ 乐山大佛

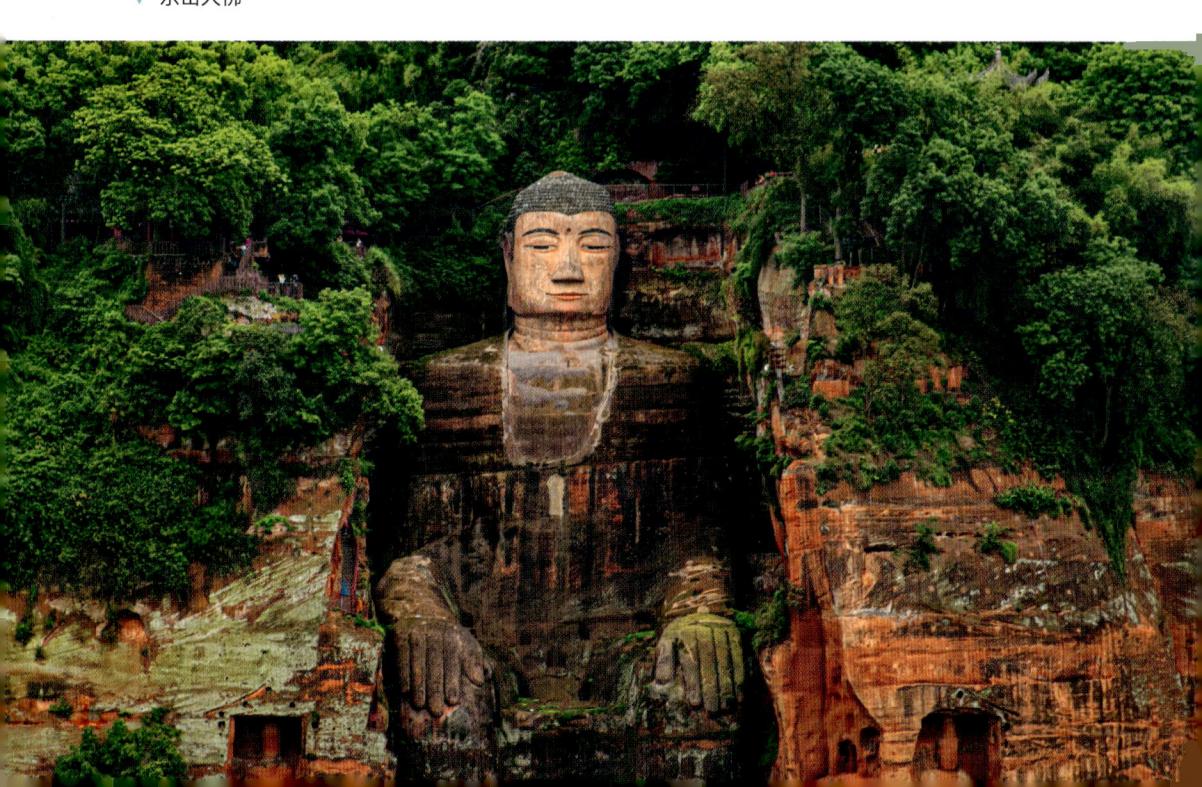

▲ 峨眉山金顶的日出、云海

11组的造像构成连续的故事,讲述了父母含辛茹苦养育子女的过程,教育世人要怀感恩之心。

自汉代以来,僧侣、工匠、商贾、文人、武将在漫长岁月中,经过南方丝绸之路,取道长江,来往于巴山蜀水之间,也使巴蜀文化随着日夜奔腾的长江水渐渐东传。

03　古巴蜀王朝

　　广汉老燕家发现三星堆遗址后的半个多世纪里，许多考古学者陆续被吸引到这里。

　　到了20世纪80年代，随着中国考古工作的推进，考古专家在广汉鸭子河畔的三星堆1号坑、2号坑中发掘了数千件珍贵精美的文物，还发现了具有浓厚蜀地特色的房屋——木骨泥墙，在遗址东、西、南三面发现人工叠筑的城墙遗迹。

　　三星堆遗址极有可能是古蜀国的都邑之一。这为古蜀历史提供了实据，也证明了在长江上游曾经存在与黄河流域殷商文明同时期的青铜文明。至此，考古学界将

▼ 金沙遗址出土的黄金面具

这一文明遗迹所代表的文化命名为"三星堆文化"。

当时，三星堆出土的形象奇异的文物，让专家们百思不得其解。有人指出，神秘的青铜纵目面具是古蜀人对祖先的神化。历史文献中，古蜀国的第一代国王蚕丛，就被描述成一个长着纵目的人。青铜器上的鱼鸟形象，又与文献中古蜀的鱼凫王朝相符合。而高达数米的青铜神树，也代表了古蜀先民对人神互通的向往，带有强烈的神话色彩。

三星堆遗址开启了人们对川江古文明的探索，蚕丛、柏灌、鱼凫、杜宇、开明等古蜀历代王朝，不再只是传说。

2001年春，在距离广汉三星堆仅40多千米的成都市郊，另一处历史遗址因新建建筑工程而浮出地面，这就是金沙遗址。金沙遗址的时代约为商代晚期至西周时期，其出土的黄金面具与太阳神鸟金饰，代表了古蜀文化的另一个阶段。更让人惊喜的是，遗址中挖掘出一只具有长江下游良渚文化风格的玉琮，似乎证明了远古的长江已经是文明的通道。

到春秋战国时期，古蜀国向北保有汉中，向南深入西南夷，向东据有嘉陵江以东地区，成为中国西南的大国。

在长江上游文明的"童年"时期，古蜀文化并不孤独，与其交相辉映的还有川东地区的巴文化。商代的巴国是一个活跃的方国。据记载，巴人参加过商末的武王伐纣，后来从汉水中游南迁至长江三峡与四川盆地。巴国先后在江州（今重庆垫江）、平都（今重庆丰都）、阆中（今四川阆中）等地建都，与蜀、秦、楚等诸侯国多有恩怨。

历史上的巴人以作战勇猛著称，其歌舞也是一绝。当时邻近巴国的楚国郢都有巴人的聚居区，叫作"下里"。巴人受到楚文化的熏陶，其歌舞也为楚人所喜爱，每当下里的巴人唱歌，就会引来郢都数千人合唱。"下里巴人"成为通俗文艺作品的代名词。

公元前316年，秦军南下，吞并巴、蜀。强大的秦国得到物产丰饶的巴蜀之地作为大后方，"得蜀则得楚"，进一步实现统一之路；而巴、蜀文化等长江上游文化，也与黄河流域的文化交融，进入历代中原王朝统一的战略框架中。

04　汉之巴蜀

西汉景帝时期，文翁被任命为蜀郡太守。他翻山越岭来到蜀地，发现当地居民仍有蛮夷之风。为此，文翁开"蜀学"之先声，在成都挑选出十几个聪明能干的小吏，亲自教授他们知识，在当地发展教育，并创建了一所学校。这所学校用石头砌成，被称为"石室"，通过考试的优秀才俊都可入学。

文翁创办的石室绵延至今，从郡学、府学发展为书院、学堂，现在是成都石室中学。

蜀学兴起，巴蜀文坛人才济济，与滔滔长江水一样奔涌而出。

自西汉文翁兴学以来，巴蜀文风长盛不衰。汉代辞赋家中，四川人占了半壁江山，如司马相如、扬雄、王褒等，都是蜀人。

司马相如早年落魄，曾到临邛（今四川邛崃）投靠友人。当地首富卓王孙有一位才貌双全、精通音乐的女儿卓文君。司马相如对她一见倾心，在家宴上弹奏古琴曲《凤求凰》向卓文君大胆求爱。青年寡居的卓文君被司马相如的心意打动，随他私奔。夫妻俩不顾卓王孙的反对，到了成都，做起卖酒生意，留下"文君当垆（lú），相如涤器"的故事。

后来，司马相如的《子虚赋》在长安流传，汉武帝十分欣赏，听说这是司马相如所作，便命人召他进京，委以重任。半生蹉跎的司马相如，总算得以一展抱负。后来，受汉武帝之命出使西南夷的使臣中，就有司马相如。他到西南后，广交边民，协助设郡置县，对促进中原与西南夷的联系功不可没。

千古名篇《陋室铭》中的一句"西蜀子云亭"，为另一位出自蜀地的汉赋大家打了广告。西汉末年的扬雄（字子云），是司马相如的粉丝，却有不逊色于同乡偶像的名声。扬雄是第一位让巴蜀文化走向千家万户的大家。

他说话结巴，却笔力雄厚，享有"西道孔子"的赞誉，朝中大臣争相读其著作，天下学子都想拜他为师。相传，扬雄作《太玄》时，梦见一只金凤伏于书稿上，他以为是上天的神启。后世有"扬雄吐凤"的说法，人们用"吐凤"一词称颂才华出众的人。

扬雄半生苦守穷庐，却心性旷达，作《逐贫赋》，与"贫"对答，说："贫遂不去，与我游息。"他晚年入仕，卷入政治斗争，从修书的天禄阁跳楼而下，几乎丧命。后人遂用"扬雄投阁"比喻文人无端受牵连，走投无路。

尽管一生郁郁不得志，扬雄隐居的"子云亭"却成为千百年来读书人不变的向往。四川成都、绵阳等，都留有关于扬雄故宅的遗址。

巴蜀似乎有种特质，其如长江水一般，不断向外输出文化人才，也不断从外引进能人志士，既是钟灵毓秀，也可海纳百川；既像世外桃源，也能走向世界。

两汉时期，巴蜀人才辈出，除了文学巨匠司马相如、扬雄，还有道家学者严君平、天文学家落下闳、道教天师张道陵……

汉末三国，诸葛亮随刘备集团沿长江而上，也在巴蜀留下了不朽的功勋。223年，蜀汉皇帝刘备去世，托孤于丞相诸葛亮。此后，诸葛亮尽心尽力辅佐蜀主刘禅。他注重法治，勤勉谨慎，大小政事都亲自处理，多次北伐曹魏，力图"兴复汉室"，最终积劳成疾，病逝于五丈原。

自214年入川，诸葛亮治蜀施政长达20年，不仅在蜀汉开创了一个廉政时代，还以安民为本，发展生产。除了开发井盐、兴修水利，诸葛亮还看中了蜀锦蕴含的巨大经济价值，大力发展织锦业。

在长江之水的浸润下，精美的蜀锦成为巴蜀重要的经济产品。秦汉时期在成都设置专门掌管城内织锦业的锦官，成都城也有了"锦官城"的美誉，成都锦江，亦因"濯锦"而得名。

诸葛亮执政时，强调"今民贫国虚，决敌之资，唯仰锦耳"，将蜀锦作为战略物资，带头养蚕种桑，遂使蜀锦有了后来"中国四大名锦之一"的美誉。

蜀锦作为蜀汉的特产，远销魏、吴两国，为蜀军北伐贡献了大量财力。曹魏的奠基者曹操与他的儿子曹丕都是蜀锦的拥趸。曹丕在位时，虽命人在洛阳织造堪称精品的如意虎头连璧锦，但还是忍不住购买精妙绝伦的蜀锦，亲自给蜀军"打钱"。

234年，诸葛亮病逝于北伐军中，巴蜀百姓始终不忘其忠贞廉洁，为诸葛丞相建庙祭祀，其中以成都武侯祠最为著名，堪称全国最具影响力的三国遗迹博物馆。

川江一带，很多地方都可以寻得诸葛亮的影子。成都大慈寺以西，一条古街上的水井，相传为诸葛亮所开凿，故名"诸葛井"；成都老南门大桥，原来叫万里桥，为成都古城内的交通要口，相传为诸葛亮送使者出使东吴时所建；而在成都市区西北，还可见一条东西横卧、长约200米的土埂，据说为诸葛亮所修"诸葛堤"的残存部分。

历史上，清廉有为的官吏都以诸葛亮为楷模，如东晋大司马陶侃、执法如山的北宋开封知府包拯、忠心护国的明朝大臣于谦、清代天下第一廉吏于成龙以及晚清名臣左宗棠等，都是诸葛亮品格的传承者。

诸葛亮操劳半生，去世后家无余财，可他的精神却顺着川江

▲ 成都武侯祠

而下，不断在民族的血脉中流淌。

诸葛亮的北伐大业以悲壮结局告终，也让世人知晓"蜀道之难，难于上青天"。

先秦时，有"五丁开山"的传说。相传，秦王得知蜀王贪财好色，便凿刻了五头石牛送给他，并在石牛下放置黄金，声称石牛能产金子，又许嫁五个美女入蜀。蜀王中了秦王的诡计，派五个大力士于崇山峻岭中开凿道路，迎接石牛、美女入蜀，之后又遣五人迎亲——这条拖送石牛的道路，就是蜀道中的"金牛古道"。

然而，五丁到梓潼（位于今四川绵阳）地界时，见一条大蛇钻入石穴，其中一人擎住蛇尾，拔之不出，于是五人齐心协力，

▲ 四川广元剑门关遗址

　　以致山崩地裂，五丁与五位美女全部被压于山中。这也是李白在《蜀道难》中说的故事，"地崩山摧壮士死，然后天梯石栈相钩连"。

　　现实中，蜀道是巴蜀先民历经千百年开山凿路、架设栈道而开辟出的，是四川通往外界的要道，是包括通往陕西的金牛道、通往云南的石门道、通往甘肃的阴平道等在内的诸道的泛称。其中，从陕西进入四川的道路最为险要，有陈仓道、褒斜道、子午道、傥骆道等雄关险道，跨越秦岭巴山。

　　三国时期，诸葛亮穷尽一生也没能通过蜀道北定中原，而艰险的蜀道也使巴蜀犹如世外桃源，成为战乱中的"天府之国"。

05　唐之巴蜀

秦朝以后，长江沿岸的巴蜀城市得到历代王朝的悉心治理，成为西南经济重心。

随着铁制农具广泛应用，天府之国农田的收成日益增加。西汉时，蜀地的粮食就曾多次缓解全国的灾荒。汉高祖结束秦末的战乱时，天下饥馑，死伤者过半，汉高祖下令"就食蜀汉"，靠蜀地大本营的粮食赈济灾民；汉武帝时，遭遇天灾，各地粮食减产，皇帝同样"下巴蜀粟以振之"。

755年，安史之乱爆发，唐玄宗从长安仓皇出逃，在马嵬驿之变中痛失杨贵妃

▼ 成都平原的崇州水稻种植基地

后，经过两个月的颠沛流离，抵达成都，史称"玄宗幸蜀"。巴山蜀水见证了一代帝王晚年的失意。而唐玄宗之所以入蜀，除了看重蜀地封闭安逸的环境外，也因为唐代巴蜀经济繁荣。

"扬一益二""扬不足以侔其（指成都）半"，是当时天府之国经济发达的真实写照。一方面，随着巴蜀地区经济社会的发展，当地生产的各种大宗商品，如丝织品、麻、布、茶、盐、药材等向外输出；另一方面，全国各地的物资也大量输入巴蜀，包括药材、香料、马匹等。巴蜀地区兴起了一些商业城市，如成都、汉州（今四川广汉）、眉州（今四川眉山）、资州（今四川资阳）等。

长江及岷江、嘉陵江等支流组成的水道，为巴蜀商业贸易提供了便利的交通条件。来自各地的商贾、文人，通过"岷江－长江"航道，往来于巴蜀与荆吴之间，成就了巴蜀文化的新气象。

唐朝，是一个属于诗歌的时代，而巴蜀之地也为这一繁荣的时代贡献了众多名动天下的大诗人。

蜀人陈子昂（梓州射洪县人），从当时经济最繁荣的地区出发，到京城长安求仕。他曾自豪地说，家乡巴蜀是国家的宝库，"顺江而下，可以兼济中国"。

陈子昂进京后，四处登门赠诗献文，却多次被拒于门外。有一天，陈子昂在街上看到有人捧着一张瑶琴在求售，路过的达官贵人嫌贵，都不愿买。于是，陈子昂心生一计，他想办法买下这张琴，并当众说，我平生最擅长演奏，请诸位明日驾临寒舍。次日，陈子昂的住处宾客云集，众人都来听陈子昂表演，却见陈子昂捧着新买的瑶琴说："陈某虽无二谢（谢朓、谢灵运）、渊明之才，也有屈（原）、贾（谊）之志，自蜀至京，携诗文百

▲ 杜甫草堂茅屋景区（恢复重建的杜甫故居）。杜甫的诗歌描绘地理环境较为准确，犹如地图，被后人称为图经。因此，根据杜甫对草堂风物的描写，重建后的茅屋基本还原了杜甫当年在成都生活的场景

轴，奔走长安，到处呈献，竟不为人知。弹琴，我虽擅长，恐污尊耳。"说罢，陈子昂将瑶琴砸个粉碎，并将他写的诗文赠给宾客。人们看了陈子昂的诗文，才知道蜀地出了个大才子。

进京后的陈子昂善作政论，关心民生疾苦，但很多切中时弊的奏议没能引起朝廷的重视，后来遭人陷害入狱，在忧愤中去世。

失意的陈子昂曾登上幽州台，写下一首孤寂忧愤的《登幽州台歌》："前不见古人，后不见来者。念天地之悠悠，独怆然而涕下。"陈子昂虽然在仕途上不得志，但在诗坛上却是初唐最杰出的诗人之一，成为唐诗继往开来的中流砥柱。

有唐一代，巴蜀诗人留下无数名篇佳作。从初唐陈子昂开唐诗雄健奇伟之风，到诗仙李白将唐诗的豪迈推向极致，再到诗圣

杜甫在锦江之畔，用妙笔刻画了成都千余年前的时空，还有蜀中四大才女之一的薛涛，"万里桥头独越吟，知凭文字写愁心"。

李白在巴蜀度过了青春岁月，位于四川盆地与龙门山脉之间的江油青莲，是他的故乡。李白在巴蜀读书求学，寻访道士，后来在诗中描绘巴山蜀水的秀丽安逸："樵夫与耕者，出入画屏中"，"九天开出一成都，万户千门入画图。草树云山如锦绣，秦川得及此间无"。

青年李白仗剑远行，离开巴山蜀水，沿着长江顺流而下。山川大地如画卷铺展，太白的诗歌才情也在壮游天下的途中尽情释放，由此开启了他传奇的人生。

唐玄宗入蜀后，李白的粉丝兼好友杜甫，于759年实现了人生的转折。他怀着对朝政的失望，辞去华州司公参军职位，带着一家人流浪到蜀地。在这里，杜甫得到朋友的资助，在成都浣花溪畔筑起几间草堂，过起了粗茶淡饭的生活。

盛唐已成旧梦，滔滔不绝的川江之水安抚了半生飘零、无处安身的杜甫，而杜甫也在他的"草堂岁月"中继续执笔书写诗史。在成都生活时，杜甫作诗近500首；到夔州寓居时，作诗400多首。因此，杜甫在巴蜀期间创作的诗歌数量共900多首，占其诗歌总量的近2/3。

他在成都写春雨，"好雨知时节，当春乃发生"；他在武侯祠凭吊诸葛亮，"出师未捷身先死，长使英雄泪满襟"；他写巴蜀的乐舞，"此曲只应天上有，人间能得几回闻"；他还写了城外来往贸易的商船，"窗含西岭千秋雪，门泊东吴万里船"。

因此，作家冯至在《杜甫传》中写道："人们提到杜甫时，尽可以忽略了杜甫的生地和死地，却总忘不了成都的草堂。"

中唐女诗人薛涛是川江滋养的才女，她寓居成都时，常出入幕府，与地方大员、入蜀文士交游唱和。与薛涛酬唱的诗人，史书上有记载的就有元稹、白居易、裴度、张籍、刘禹锡等二十多位名家。四川官员还曾上书皇帝推荐她做女校书郎，后来虽然没有奏准，但薛涛也由此有了一个"薛校书"的称号。

蜀地造纸业发达，薛涛作诗时，发现蜀笺制作得不够精致，且无其他颜色可选，就突发少女心，亲自进行改进，用浣花溪水和芙蓉花汁制作了十色笺，即风靡后世的"薛涛笺"。她在红笺上为恋人（一说是元稹）所作的《牡丹》，写出了唐代成都的都市男女那淡淡的离愁别绪：

去春零落暮春时，泪湿红笺怨别离。
常恐便同巫峡散，因何重有武陵期？
传情每向馨香得，不语还应彼此知。
只欲栏边安枕席，夜深闲共说相思。

天府之国的浪漫与闲适，让无数文人墨客流连于此，就连苦了一辈子的晚唐诗人李商隐，来到蜀中后也曾吟唱："美酒成都堪送老，当垆仍是卓文君。"

安史之乱后，唐朝日益衰落。唐朝末年，黄巢起义军攻入长安，唐僖宗逃亡蜀地，深居长江腹地的巴蜀再次成为皇帝的避难所。唐僖宗在蜀地躲了整整四年，于885年离川回到长安。至此，大唐王朝深陷即将覆亡的境地。

06　宋之巴蜀

　　经过五代十国的乱世后，宋太祖赵匡胤统一了蜀地。宋代，巴蜀地区因"川峡四路"得名"四川"，经济高度繁荣，发展程度超过唐朝，成为当时最发达的地区之一。

　　北宋时期，因为商品经济的不断发展，四川诞生了世界上最早使用的纸币——交子。由于当时店铺增多，商品交易额越来越大，一些有信誉、有财力的商家发行了纸币交子，以代替沉重的金属货币，交子在当地得到广泛流通。交子的印制发行收归官府后，得到了进一步推广。到南宋时期，全国其他地方也出现了代表性纸币。这一世界货币史上的重大事件，始于川江流域。

　　宋代，四川文化也空前兴盛，宋词、儒学、宗教、绘画、书法、石刻等领域涌现了无数大师，巴蜀文化达到顶峰。

　　北宋景祐年间（1034—1038），被称为"铁面御史"的赵抃（biàn）入蜀为官。他先后三次入蜀，为官清正，一改蜀中原有的奢靡腐败之风，受到朝野的一致好评，成为后世治蜀的榜样。赵抃入蜀时，仅携带一把琴和一只鹤，皇帝称赞他"匹马入蜀，以一琴一鹤自随，为政简易"，"一琴一鹤"从此用来形容为官清廉的士人。"一琴一鹤"，也成为巴蜀儒士的精神向往。

　　在两宋的四川官学中，成都府学校最多时有585间房屋，号称"举天下郡国所无有"；自后蜀到宋代，历经200年才最终完成的蜀石经，篆刻有《周礼》《论语》等13部儒家经典，成为"蜀学之盛，冠天下而垂无穷者"的象征，后长期收藏于文翁石室。

　　在宋代，四川文坛出现"文学之士，彬彬辈出"的盛况，其中最著名的当数眉

▲ 四川省眉山市水街夜景

山"三苏"。

四川眉山，这座位于岷江之畔的古城，位于成都与峨眉山、乐山大佛之间，号称"千载诗书城"。北宋时，眉山为全国三大刻版印刷中心之一，十户人家有九户藏书。"三苏"父子即生于此地。

苏轼与父亲苏洵、弟弟苏辙，俱属"唐宋八大家"，"三苏"代表的蜀学，与洛学、新学、理学等并立，共同构成了宋代学术的主要流派。

苏东坡一生悲天悯人如杜甫，却比诗圣更为豪放洒脱，也许是自幼受川江水的滋养，有了蜀中人士特有的乐天精神。他年少成名，二十出头与弟弟进京赶考，高中进士。后来，他远离家乡，入朝为官，却卷入变法的浪潮中，多次为党争所累，大半生都被贬谪。

苏轼"一肚皮不入时宜"，被贬得越远，就越发潇洒，"一蓑烟雨任平生"。尤其是在对美食的追求上，他自称"老饕"，贬到哪儿吃到哪儿，于是有了多种以苏东坡命名的菜，如东坡肘子、东坡肉、东坡墨鱼等。颠沛流离时，苏轼想的是吃饱饭就够了："我生亦何须，一饱万想灭。"

眉山流传着许多与苏轼有关的美食，如东坡肘子，相传是苏轼爱妻王弗的妙作（一说为苏轼在江西时的发明）。现代菜谱中的东坡肘子，选取猪肘子烹饪而成，色泽红亮，肥而不腻，软而不烂，鲜香溢口，难怪让苏轼念念不忘。

四川菜发展至今，虽然已不是苏轼年少时品尝的味道，但也自成一派，成为中国八大菜系之一。有道是，"川渝一家亲"。由于巴蜀湿气重，现在的四川、重庆居民习惯吃辣，特别是辣中带麻。川渝名菜口味多样，而不是单一的麻辣，除了火遍全国的川渝火锅外，较为著名的还有宫保鸡丁、麻婆豆腐、夫妻肺片、

▲ 东坡肘子　　　　　　　　　　　▲ 东坡肉

钵钵鸡、龙抄手、宜宾燃面、担担面、灯影牛肉、绵阳米粉等。

现代川菜，在我国烹饪界占有重要地位，其取材丰富，菜式多样，清鲜醇浓并重；蓉派（传统川菜，以成都为中心）、渝派（新式川菜，以重庆为首）百花齐放，汲取川江之精华，满足各地食客的胃口。

07　战争烽火：巴蜀人的攻与守

巴蜀工商业自古繁荣，而地理位置也决定了其中国西部与长江上游的枢纽地位。川江流域背靠青藏高原，北穿秦岭，南面云贵高原，向东则可直下三峡，既有相对封闭的盆地，也有多边联系的交通要道，因此自古就是战略要地。

历史上，西汉末年的公孙述、三国时期的蜀汉、西晋末年李特建立的成汉、五代十国的前后蜀等，都凭借地利，割据巴蜀，称雄一时。

▼ 合川钓鱼城护国门

宋代，巴蜀一带为宋金、宋元战争的前沿阵地。靖康之变后，金兵几次从陕西大举南下攻蜀，幸而有吴玠（jiè）、吴璘兄弟率军死守蜀地，才使川陕战局转危为安。直到金朝灭亡，金兵也未能夺取蜀地。

南宋后期，为了抵御蒙古，宋朝任命余玠等大臣在四川布置防线。余玠到任后，结合川江流域的地势，制订以合川钓鱼城为支柱的守蜀计划。

蒙哥即蒙古大汗位后，意图先取巴蜀，再攻江南。1258年，蒙哥亲率10万大军入蜀，起初势如破竹，但来到川东便遇到了棘手的难题。次年，钓鱼城守将王坚聚集附近十几万军民，集结大半个川蜀之地的抗蒙势力，号召孤城中的百姓共御蒙古大军。

面对三面临水的钓鱼城，蒙哥决定水陆同时进攻，而王坚居高临下，在城头俯视蒙古军动向，组织军队架设弓弩，迎面痛击蒙古军。蒙古军的猛将汪德臣在突入城中时被宋军发炮击伤，不治身亡。经过数月鏖战，四川盆地湿润多雨的气候让蒙古士兵水土不服，军内疟疾横行，最终，蒙古军在这场激烈的攻城战中败下阵来。

在钓鱼城折戟后，蒙哥抱憾死于军中，钓鱼城军民不屈的抗争，打破了蒙军不可战胜的神话。

蒙哥之弟忽必烈即位后，听从了投降的宋军将领的建议，将南下进攻的重点，从长江上游的四川转移到长江中游的襄阳，从中路找到突破口。1273年，相持多年的襄阳之战，以蒙古大军的胜利而告终。

此后几年间，元军乘势东进，攻陷临安，灭亡南宋。宋朝被灭后，钓鱼城将士仍坚持抵抗，直到弹尽粮绝，守将张珏（jué）

被俘自尽。其后，元军攻占四川全境。

宋蒙战争中，巴蜀战场坚守的时间长达50余年，在中下游失守前，长江上游的防线始终未被攻破。

到了元朝末年，红巾军部将明玉珍割据巴蜀，建立大夏政权，在重庆称帝。9年后，大夏政权被朱元璋建立的明朝攻灭。明玉珍之子明升投降后，被朱元璋以海舟流放于高丽。从此，明氏后裔就远离中土，在朝鲜半岛繁衍生息。如今，韩国的明玉珍后裔经常会来中国，前往一座偏安于重庆的简陋陵墓祭祖。

明朝末年，农民军首领张献忠亦在四川占地为王，于1644年建立大西政权。后来，清军兵临四川，张献忠被杀，余部李定国等在川滇一带坚持抗清，长达十余年。直到清康熙初年，四川最后的抗清力量"夔东十三家"被灭，巴蜀才再度恢复平静。

在山高水远的自然环境中，巴蜀有着自在乐活的特点，每逢战乱，都有大量士民涌入。在明末清初的战争中，巴蜀损失惨重，人口锐减，"殷富之区，鞠为茂草"。有人统计，自明末乱世到清朝康熙平定三藩之乱时，四川全省90%的人口丧亡，"合全蜀数千里内之人民，不及他省一县之众"。

清初，川江一带人口凋敝，虎豹横行。康熙二十一年（1682），四川荣昌知县张懋带着7名随从抵达县城时，哪知突然蹦出一群老虎，吓得知县和仆人们慌忙逃命，可还是有5人命丧虎口。同一时期，南充知县黄梦卜上书朝廷说，本来招募了500多名移民入川，但一半人在路上死于野兽或疾病侵袭。富顺县人烟断绝，不分白天黑夜都有虎豹在户外游荡，见到活人就扑上去。

清廷平定三藩后，鼓励外省移民入川，并放宽土地税收的年限，任由先入川的移民在四川随意"插占"土地。康熙、雍正、

▲ 清初，张献忠兵败撤离成都，乘船南下时遭遇伏击，船与金银财宝一同沉入江中，史称"江口沉银"。2017年，考古队发现大量大西政权文物，其中有张献忠用于赏赐部下的"西王赏功"金币

乾隆、嘉庆年间，来自湖广、陕西、广东、福建等地的大批移民，沿水路或陆路进入四川，重新开垦荒芜多年的山林田地，兴建水利工程，修筑城墙。

在多种优惠政策的引导下，多省移民涌入巴蜀，推动蜀地的复兴。到乾隆时期，四川的土地已经是"开垦殆遍"，在川江水的滋养与各省移民的劳作下，巴蜀重新焕发生机。

由于移民大部分经过长江中游进入巴蜀，且以湖广籍人数居多，这一改变四川命运的历史事件，被称为"湖广填四川"。

移民入川，对今天四川方言的形成起了决定性作用。而今，四川县县有土音，甚至一个乡镇内都有不同的土音，这与移民的原籍方言有着千丝万缕的联系。四川话融合了古四川方言以及湖北、陕西等地移民的原籍方言，遂成为如今"打乡谈""摆龙门阵"的日常话语。

同时，各地戏剧艺术也涌入四川，到晚清时，四川人融合江苏的昆曲、陕西的秦腔、安徽的徽调与四川灯戏等，形成融汇"昆曲、高腔、胡琴、弹戏、灯戏"的川剧。

重生后的四川，也秉承了传统的豪爽气质。清朝时，四川盛行一种民间帮会组织，俗称"袍哥"，取《诗经》中"与子同袍"之义，在其他地区也称为"哥老会"。袍哥分为清水袍哥与浑水袍哥，浑水袍哥多是来自各地的无业游民，而清水袍哥就是在长江码头、烟馆乃至军政界有职位的哥老会成员。

袍哥曾遍及全省，开山立堂，影响深远，清廷对其屡禁不止。清末，哥老会还在保路运动中出过力。据估算，民国中期，四川城乡成年男子参加袍哥者多达70%以上，新中国成立后该组织才逐渐解散。

封闭的地理环境，不仅没有让巴蜀人民不思进取，反而培育了他们务实的作风，使之敢为天下先。

1911年，清朝皇族内阁意图将路权作为抵押，以获得列强贷款，因此以"国有"名义侵吞铁路权，再将其出卖给列强。四川各地民众为保卫路权，掀起了"保路运动"。保路同志会在成都附近与清军交火，并包围了成都，清廷发动军队镇压民变，酿成血案。四川的保路风潮，最终成为武昌起义的导火索。

到了抗日战争时期，国民政府迁入四川，以重庆为"战时首都"。在抗日民族统一战线的旗帜下，300万四川军民出川抗战。川军参加了淞沪会战、徐州会战、南昌会战、滇缅会战等大小战役，牺牲、受伤、失踪60余万人，多名川籍将领血洒疆场。据统计，当时的抗日军队中，每5人中就有一个是四川人，为全国各省之最。

1937年，抗日战争全面爆发时，长江上的船只承担起运送战略物资和人员后撤的重任。重庆人卢作孚与他创办的民生公司组成船队，全力支援祖国抗战，成为这次战略大转移的主要力量。

在炮火连天的长江上，中国民族工业的血脉与长期抗战的希望，通过这些不惧艰险的船队，从湖北宜昌一次次运往川江，多艘民生公司的船只被炸沉，多名公司职员与士兵、难民等牺牲，成就了史称"宜昌大撤退"的奇迹。

据不完全统计，1937—1940年间，卢作孚船队运入四川的物资有19万吨，为抗战时期建设大后方起到重要作用。而这位爱国实业家、伟大的长江航运英雄，去世后没有留下任何私财。

四　长江上游名城：敢为天下先

秦灭六国的100年前，正是秦惠文王在位时期。当时，秦岭以南有巴、蜀与苴等小国。它们大致由盘踞川东、川西的两大族团组成，其中，蜀国都城在今四川成都，巴国则以今重庆一带为中心。巴蜀各国占据着长江上游的富庶之地，凭借蜀道

▼ 重庆洪崖洞夜景

天险防备着北方的秦国，且可从水道向东通往楚国。

公元前316年，苴国（都城在今四川广元市）与蜀国交战，苴国失败后国君逃往巴国，并派人向秦国求救。秦惠文王犹豫不决，召集大臣开会。秦国名臣张仪主张先东出攻打位于中原的韩国，挟周天子以令天下，建立霸业。

大将司马错却主张借机南下，灭掉蜀国，得其地以扩大国土，取其财以富国强兵。最后，秦惠文王采纳了司马错的建议，命张仪、司马错等人率军经蜀道南下，攻灭蜀国。

蜀亡后，秦军又乘胜追击，灭了苴、巴两国，在当地置郡建城。秦国南并巴、蜀，是秦统一之路的重要序曲。这标志着位于黄河流域的秦国，将势力延伸到了长江上游，占据天府之国的天

▼ 成都天府广场

时地利，为日后东进灭楚与统一六国奠定了根基。

　　黄河与长江两大流域从此更加血浓于水，巴蜀文化也成为中华文化的核心主体之一。到如今，巴蜀之地以成都、重庆为中心，已经发展出西部大开发的重要平台与长江经济带的战略支撑，这就是长江上游地区的成渝城市群。

01　宜宾：万里长江第一城

　　传统意义上的"长江"，以长江上游干流金沙江与支流岷江的交汇处——宜宾为起点。由于坐拥金沙江与岷江围绕的形胜，位于四川南部的宜宾，素有"万里长江第一城"之称。它三面环水，与云贵高原接壤，江水在城东汇入长江干流。

　　宜宾为古巴蜀部族中的僰（bó）人所建。据《史记》记载，周武王伐纣时，僰人曾赴中原会盟，助周灭殷。关于这段扑朔迷离的历史，现在麻塘坝和苏麻湾等地山崖上古老的僰人悬棺似乎可以见证。悬棺层层叠叠，高悬绝崖，置放高度一般为25～60米，最高者达100米以上，因其难解的谜团而充满了神秘色彩。

　　宜宾是一座被青山绿竹环绕起来的城市。城西北的真武山与翠屏山相连，真武祠掩映在林木深处，登山眺望，可俯视长江秀色，为川南道教名山。

▼ 蜀南竹海龙吟寺

宜宾市境内，蜀南竹海东西连绵十几千米，覆盖了宜宾城外的峰峦峻岭。相传，宋代文人黄庭坚游至此处，见宜宾翠竹如海洋一般浩瀚壮观，赞叹道："壮哉，竹波万里，峨眉姐妹耳！"遂以扫帚为笔，在石上书"万岭箐"三字，作为竹海之名。

在山水滋润下，宜宾人自古擅长酿酒，用当地所产高粱、糯米、大米、玉米、大麦5种粮食酿成佳酿，也使宜宾成为著名的"酒都"。

长江从雪山中走来，接纳巴蜀众水，不仅塑造了宜宾的山川形胜，也流进四川众城的历史长河中。

02　九天开出一成都

在巴蜀名城中，川江流域的中心城市成都是正儿八经的古都。从古蜀国的开明九世（一说五世）开始，历史上先后有公孙述、刘备、李雄、谯纵、王建、孟知祥、张献忠等十多个人物在成都建立政权。

尽管这些政权都偏安一隅，从未统一神州大地，成都却在2300多年的建城史中创造了两大纪录：一是城池屡有兴废，但城址一直未变，"两江抱城"格局依旧存在；二是政权屡有更替，城市名称从未变更。

早在夏商时期，四川盆地就已出现高度发达的青铜文化。成都城西，3000多年前的金沙遗址，证明了古蜀国的存在，而四川广汉的三星堆遗址也为古蜀历史提供了实据。金沙遗址的太阳神鸟与黄金面具，成为成都的城市图腾；三星堆的青铜立人像与青铜神树，尽显古蜀人的精湛工艺。长江上游的早期遗址昭示了长江流域与黄河流域的文化，同属中华文明这一母体。

战国中后期，随着秦人的到来，巴蜀经济文化出现了飞跃式发展。公元前3世纪，秦国蜀郡郡守李冰与其子二郎为治理岷江，带领蜀郡百姓，在成都修建了都江堰（位于今都江堰市）。这一水利工程建成2000多年，至今造福当地民众。

李冰父子来到蜀地后，通过实地勘测，选择将渠首建在岷江进入成都平原的起点。成都受岷江、沱江润泽，其所在的冲积平原因江河而形成，岷江冲积扇正好位于中脊，面积大，海拔高。都江堰修建后，鱼嘴将岷江一分为二，右为外江，左为内江，通过无坝导水，与宝瓶口、飞沙堰彼此配合，既保证成都平原不受洪涝之灾，又让老百姓用水得到保证。从此，"水旱从人，不知饥馑，时无荒年"，成都平原成为沃野千里的天府之国。

此后，这个"文艺富庶"的大都会开始在全国占据一席之地。到了唐宋，便有了"扬一益二"的俗语——论商贸经济,扬州排第一,成都排第二,成都已经是当之无愧的一线城市。

杜甫的诗句"窗含西岭千秋雪,门泊东吴万里船",既描绘了远处雪山映照下成都河渠纵横,航运发达;也说明当时长江下游的船只成群结队,人们沿江而上到成都做买卖。

蜀道之难,从不磨灭成都人开放与乐观的精神。凭借着优越的地理位置,成都曾是南丝绸之路的起点。公元5~6世纪,河西走廊的交通中断后,中国开辟了从内地前往中亚与欧洲的新丝绸之路,即从成都出发,经岷江上游河谷至川北,越若尔盖草原到达今甘肃、青海,再往西前往西域。

山岭护卫着成都,其远离大海的喧嚣,烟火气在这座城中汇聚,冉冉升起。"闲适",是天府之都的标签。打麻将、烫火锅、摆龙门阵,闲来一壶茶,七碗八碟摆一桌,就是成都人的生活真谛。

古城成都在封闭的地理环境中悠然自得。如今,作为四川省会城市,成都更是成为"一带一路"的重要节点城市,坐拥全国前四的城市人口(据第七次全国人口普查数据),凭借中国西南广阔的市场腹地面向世界。

03　川蜀名城何其多

　　成都周边地区，长江及其支流缔造了多座川蜀名城。位于嘉陵江中上游、四川盆地北缘的古城阆中（今由南充市代管），为古时川北第一巨邑，至今仍保留有200多处人文景观，而山川秀丽的景观，也让其有了"阆苑仙境"的美名。

　　与阆中一样有着悠久历史的绵阳，地处绵山之南、涪江中上游。绵阳有2000多年的建城史，是诗仙李白以及"唐宋八大家"之一欧阳修的出生地，如今是四川第二大经济体，号称"西部硅谷"。

▼ 绵阳夜景

四川省中南部，长江支流岷江与大渡河、青衣江于乐山市汇合。三江合流之处，一座有1000多年历史的弥勒佛像在凌云山西壁临江而坐，脚踏大江，头与山齐，通高71米，是世界上最高的石刻佛像。这便是乐山大佛，始建于唐玄宗开元元年（713）。

乐山位于三江汇流处，古时每逢夏汛，江水便直捣山壁，经常造成船毁人亡的悲剧。当地名僧海通为缓冲水势，募集人力、物力修造大佛。当大佛修到肩部时，海通圆寂；后经剑南西川节度使章仇兼琼捐赠俸金，大佛肩部至腹部位置得以雕刻完成；最后，在剑南西川节度使韦皋手中，大佛得以完工。整个修建过程前后历经90年。大佛历千年江水冲击，至今巍然而坐。

乐山因其拥有的世界文化遗产而闻名天下，而同样位于岷江沿岸的眉山则被称为"千载诗书城"。眉山古城位于四川盆地西南边缘，是"三苏"的故乡。此地山灵水秀，四季分明，拥有天府之国特有的自然生态。两宋时期，眉山文化昌盛，出了800多位进士。

岷江之水，在大佛之乡听闻梵音声声，也在诗书之城流传千年文脉。

流经四川的另一条长江支流沱江，沿岸分布着丰富的自然资源。自贡，位于四川中部偏南，毗邻乐山、宜宾等市。盐卤、天然气、煤与石灰石矿等资源为自贡带来了繁荣，尤其是井盐资源，使自贡自古便是"川省精华之地"。

井盐是古代重要的食用盐来源。自贡的井盐生产，发端于东汉，闻名于唐宋，鼎盛于明清，到清咸丰、同治年间，自贡已是四川井盐业中心，有"川盐济楚"之说。其生产的井盐通过长江

▲ 自贡的井盐

水道销往各省，最多可供全国1/10的人口食用。"自""贡"两个字就来自"自流井"和"贡井"两个盐井的名称。

2000多年来，自贡靠人力先后开凿了13000多口盐井，其中包括世界上第一口超千米深的井——燊海井。位于自贡市区的燊海井，至今仍用传统的方法熬盐。小灶房里热气腾腾，除了盐锅，就是雪白的盐坨。据说一坨盐约有100千克，要熬4个多小时，经过多道工序后，才能产出成品盐。

沱江中游的内江市资中县，也留下了井盐的史迹。明清时的盐商除了用骡马，还会用木船将当地井盐通过水路运至各地。

别具一格的盐神庙屹立于沱江岸边，庙中供奉的不是神话人

▲ 自贡素有"南国灯城"之称，当地的彩灯是国家级非物质文化遗产。图为第30届自贡国际恐龙灯会上的彩灯

物，而是历史人物，包括春秋时期在齐国发展盐铁业的管仲，以及最早在四川开凿盐井的李冰。

沱江与长江干流的交汇处，是四川的另一座历史名城——泸州。据统计，四川80%的长江水量在泸州市过境出川。好山好水出好酒，泸州也成为中国名酒最多的城市之一。历史上，泸州凭两江舟楫之利，自然形成港口，为川、滇、黔、渝的物资集散地和川南经济文化中心，长江由此出川，流向山城重庆。

04 火辣山城，四岭三谷

岷江和沱江的船只驶入长江干流后，顺流而下至重庆，奇险山水与热辣的巴文化映入眼帘。四川盆地的人想要走水路出川，必须经过重庆。这座城市如同盆地的东大门，靠着天然的地理优势，从古巴国都城成长为一座现代都市。

长江与其支流嘉陵江在重庆交汇，碧绿的嘉陵江水与褐黄色的长江水撞击在一起，托起一座历史悠久的码头。码头所在的渝中半岛，为一块三面环水的狭长地带，近代以前一直是重庆的"母城"所在，也使重庆成为长江上游重要的货物集散地。产于成都的蜀锦、金银器，以及西南山区的各种药材、山货，经由重庆分配中转，到达长江中下游。

南宋时，重庆码头一度随东流的长江朝向天子所在的帝都，迎接过往的官员，故名"朝天门"。南宋淳熙十六年（1189），宋光宗赵惇即位后，因这里曾是他的封地，便循例于此置府，自诩"双重喜庆"，号曰"重庆府"，重庆由此得名。

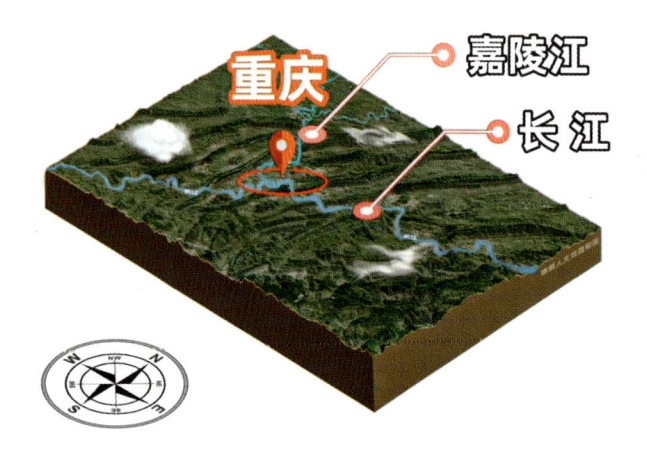

▲ 重庆周边地形示意图

重庆位于四川盆地东南边缘，正好处于盆地向盆周山地的过渡地带，从自然地理的角度来看，也是我国第二级阶梯向第三级阶梯过渡的地带。重庆临长江而立，独卧群山怀抱，西部有华蓥（yíng）山、方斗山等山脉，河谷相间，地形上与盆地西缘的成都截然相反，可以说是世界上唯一建在平行岭谷的大城市。凸起的褶皱山地构成川东平行岭谷，穿过重庆城区。

城在山中，山在城中——依山而建的街道错综复杂，东南西北的方位在此失去效力，即便是本地人也可能迷失方向，随便逛一圈可能会看见"好几座"重庆解放碑，这让重庆有了"山城"之称，被游客戏称为"8D城市"。

◀ 重庆的立体交通——大桥、轻轨、缆车、轮渡

▶ 重庆立交工程一隅

在长江上游地区，安全防御是城镇的一个重要功能。山城重庆在历史上是易守难攻的战略要地，英勇善战堪称重庆人的自带标签。13世纪，蒙古大军兵强马壮，大举向南宋发起进攻，却在重庆翻了车。位于今重庆合川区的钓鱼城，在1259年的保卫战中，以一城之力，拖垮了蒙古大军，让蒙古大汗蒙哥抱憾死于军中。明末清初，巾帼英雄秦良玉率军坚守重庆东部的石柱，一生致力于平乱、抗清，威震一方。

受平行岭谷狭长地形的影响，重庆水汽充足，有利于辐射雾的形成，年平均雾日多达104天。弥漫的浓雾让重庆有了"雾都"之称，也形成一道天然保护层。抗日战争时期，日军多次出动飞机轰炸重庆，常因起雾作罢。抗战中，正是这座山城，作为"战时首都"，与全国人民一起挺过了山河飘零的艰苦岁月。

1946年，国民政府还都南京后，以一则《还都令》向全体大后方人民致谢，其中写道："重庆襟带双江，控驭南北，占战略之形势，故能安度艰危，获致胜利，其对国家贡献之伟大，自将永光史册，奕叶不磨。"

自近代开埠后，扼守三峡的重庆，不再只是内河码头，而是坐拥长江、嘉陵江水运之利的大城市，工商业迅速发展，因此打下了深厚的工业基础。1997年，重庆成为直辖市。

随着人口增加、经济腾飞，重庆从渝中半岛不断向外扩张，跨过长江、嘉陵江，穿越周边山岭，建成大学城、茶园等新区，绘制出纵跨四山三谷的城市地图。

05　成渝城市群，雄起！

2019年，国家发改委发布的《2019年新型城镇化建设重点任务》，首次将成渝城市群与三大湾区（京津冀城市群、长三角城市群和粤港澳城市群）并列。以成、渝为代表的西部力量，在中国区域经济版图上强势崛起。

成渝城市群以成都、重庆为中心，包括重庆市的27个区（县）与开州、云阳的部分地区，以及四川省的成都、自贡、泸州、内江、乐山、眉山、宜宾等15个市。成都与重庆，也是我国西部大开发的重要平台。

长江及其支流，从巴蜀城市中流过，成为勾连巴蜀与中华大地的纽带。近年新

▼ 迷人的重庆港

建的铁路，如宝成铁路、西成高铁、兰渝铁路等，更是进一步解决了"蜀道难"的千古难题，使成渝城市群通欧达海，从川渝的铁路出发，最远可到德国的杜伊斯堡。

中国区域经济格局不断转变，在中部崛起和"东中一体"发展的同时，深入中国腹地的成渝城市群，堪称内陆开放的代表，支撑着中国内地省份参与国际竞争、走向国际舞台，如脊梁一般撑起了中国中西部的经济版图，并向西、向南延伸。

联合国教科文组织特使迈克尔·特纳说："大河文明兴起并在城市的进化过程中发挥主导作用，而无论城市兴衰，文明的发展总是生生不息。"位于长江上游的巴蜀名城，因巴山蜀水而生，历经数千年而不衰，到如今，仍是一条十分重要的动脉，尽显时代风采。

五　三峡：巴山楚水间，一夫当关

自古以来，三峡就是长江通航河段中最凶险也是最精彩的一部分，犹如一夫当关，将长江分成两段。

三峡全长193千米，滔滔江水从重庆奉节县倾泻而下，由夔门天险夺路而出，两岸最窄处不足百米，向东流至湖北宜昌市南津关，"西控巴渝收万壑，东连荆楚压群山"。巍巍大气的三峡，是百舸千帆的转折之地，连通着过去、现在与未来。

▼ 晨雾中的长江三峡之西陵峡

01　什么是三峡？

距今约4000万年前，喜马拉雅造山运动将中国西部地区抬升，形成西高东低的地势。长江流经今四川境内，接纳岷江、沱江、嘉陵江等支流后，经由三峡地区向东流，并加剧对峡谷的切割侵蚀。在江流与地质运动的长期作用下，崇山峻岭犹如被利刃劈开，长江三峡就此诞生。

狭义上的三峡，是瞿塘峡、巫峡和西陵峡三段峡谷的总称。从奉节县夔门顺流而下，到巫山县大溪乡，为第一峡：瞿塘峡。瞿塘峡全长虽然只有8千米，为三峡中最短者，却极为雄伟险峻。

夔门，是瞿塘峡的起点，也是三峡西端的入口，这里水面宽度只有百余米，水流量达到每秒5万立方米以上，古代木船行至此处，稍有闪失便会触礁即沉。一位三峡的老船工说，在常人眼里长江是一条河，在他眼里，长江是两条路，一条生路，一条死路。

"水头如剑破夔门"，夔门就像一道雄伟的屏障，荆楚之人闯过夔门，就进入了西南天府之国；巴蜀之人冲出夔门，也将到达一片新的天地。即便是没有来过三峡的人，也曾领略过"夔门天下雄"的气魄。这道古老的江关天险，被印在第五套10元人民币的背面。

通过夔门，进入瞿塘峡，伴随着逐渐走宽的水面，山高水急的磅礴气势扑面而来。经过千万年来长江的冲刷切割，两岸绝壁面目狰狞，如斧劈刀削。三峡工程蓄水后，瞿塘峡一带的不少景观已被淹没，但千万年来形成的悬崖峭壁与湍急水流，依旧让人心惊胆寒。

西起重庆巫山县大宁河，东至湖北巴东县官渡口，是全长约45千米的巫峡。

巫峡也被称为"大峡"，是三峡中最为整齐的一峡，以峡深山秀著称。

久负盛名的巫山十二峰耸立于大江南北，船动景移，宛如身在画中，其中的净坛、起云、上升三座峰，隐于江岸之后不可见，此即宋代苏辙《巫山赋》所说的："峰连属以十二兮，其九可见而三不知。"

在云雾之中可以辨识出十二峰中最为纤丽奇峭的神女峰。巫山云雨的神话为山川抹上了一层奇幻的色彩。战国时，楚人宋玉作《高唐赋》，描写了楚王与巫山神女相会的故事，赋予它浪漫的气息。如今，若隐若现的山峰依旧在诉说着这美丽的传说。

从湖北巴东县官渡口，到宜昌市南津关，是滩多水急、全长120千米的西陵峡。西陵峡浪涛汹涌，两岸怪石横陈，西段有兵书宝剑峡、牛肝马肺峡，东段有灯影峡、黄牛峡、黄猫峡。三峡之秀、险之极者，当数西陵峡。

古人写三峡，写得最好的往往是瞿塘峡，写得最多的却是西陵峡。古代"驴友"从西陵峡逆水行舟，常因峡中险滩被困于此，走了几天都没过黄牛峡。李白有诗曰："三朝上黄牛，三暮行太迟。三朝又三暮，不觉鬓成丝。"

到了西陵峡口，即三峡东端的宜昌，古称夷陵，因"水至此而夷，山至此而陵"而得名。此地是长江上游与中游、峡谷与平原的分界处。江水东流至此，在没有终点的旅行中继续奔腾。

02　"三峡"，不只有三峡

广义上的三峡，是指长江主干道的三峡库区部分，西起重庆市江津区先锋镇，东至湖北省宜昌市三峡大坝，长约660千米，跨越重庆、湖北两个省级行政区所辖的30个区县。1992年三峡工程正式立项后，这一概念逐渐广为人知。

峡谷、溶洞、森林、岩石与河滩，构成了这一方壮美的天地。

重庆奉节县兴隆镇的小寨天坑，是世界上最大的天坑。溶洞塌陷或地表水流入地下，就溶蚀成特有的"天坑"奇观，即地理学上的喀斯特漏斗。小寨天坑坑口直径622米，从空中俯瞰，犹如一个放置在山谷间的水杯，蔚为壮观。距小寨天坑不

▼ 重庆小寨天坑

远处，天井峡地缝蜿蜒十余千米，与小寨天坑一同构成静谧的地底世界。

从素有重庆"东北门户"之称的巫山县出发，沿着长江支流大宁河往北至大昌古镇，有一段60千米长的峡谷，是著名的小三峡。小三峡由龙门峡、巴雾峡、滴翠峡组成，比长江大三峡峡谷更窄，山势更陡，怪石更多，兼得大三峡之胜，又别有一番奇峰耸翠的天地。

位于湖北西北部的神农架林区，是三峡地区一处独特的生态文化圈，有保存完好的原始森林，活跃着金丝猴、黑熊、大鲵等珍稀动物。传闻中的"野人"，更为三峡平添了几分神秘气息。

由于气候温暖湿润，再加上森林茂密、山高水险，三峡地区传统建筑为典型的干栏或半干栏式吊脚楼。巫巴山地是我国重要的吊脚楼分布区，当地居民自古就"起高栏（吊脚楼）为居止之"。吊脚楼点缀在山水之间，或建在山坡与平地上，或依山河凌空而建，杜甫有"复道重楼锦绣悬"的诗句，宋代陆游也有"人家避水半危楼"的记载。

但是，三峡最早的人类足迹，远比这更古老。

03　中华文明起源地之一

长江中上游也是中华文明的摇篮之一。

考古学家在重庆巫山县境内一个小山坡发现的巫山龙骨，证明了早在200万年前，古人类就高举着粗糙的打制石器进入三峡。这些先民打通了一条波澜壮阔的文化走廊，从此再没有离开三峡。

距今五六千年的大溪文化遗址，位于瞿塘峡东口的大溪镇，是三峡地区新石器时代文化的代表。三峡大溪文化与江汉平原屈家岭文化、湖北龙山文化交相辉映，古老的中华文明在此交汇、融合。

先秦时期，三峡是巴人与楚人频繁活动的地区。《山海经》写道："西南有巴国。"巴人自称是三皇之一伏羲的后裔，活动范围曾扩展到今陕西南部、贵州东北部。巴国因占据三峡一带的盐场，成为先秦时期的盐业大国。现在的"盐巴"一词也与巴人垄断食盐有些渊源。

巴人崇尚武力，英勇无畏。《华阳国志》记载，战国时期，巴国内乱，巴国将军巴蔓子到楚国求援。巴蔓子因为无奈，曾向楚国许诺，如平息战乱，将赠予楚国三座城池。楚国派兵助巴国平定内乱，并派使者索要三座城池。此时，巴蔓子对使者说："将吾头往谢之，城不可得也！"他取剑自刎，临死前命人把头颅送到楚国。楚王为巴蔓子的忠义所感动，说："如果我能得到巴蔓子这样的大臣，要城池有何用？"至今，重庆各地仍有关于巴蔓子的遗迹，他是三峡人敬仰的英雄。

在秦、楚两国的进逼下，巴国不断迁都，虽定都江州（治今重庆市区嘉陵江北岸），先王陵墓却多在100多千米之外的枳（今重庆涪陵），重庆丰都、四川阆中也有其都城的遗迹。最终，巴国于公元前316年灭亡，巴人融合到周边其他民族中，一说现在的土家族就是巴人的后裔。

楚国，先秦时期长江流域最强盛的诸侯国，为三峡注入了古老的楚巫文化。《汉书》记载，楚人"信巫鬼，重淫祀"。所谓"淫祀"，指的是楚国繁杂的祭祀风俗。尤其在三峡地区，人们身处峻山奇峰构建的自然奇观中，在日出日落、阴晴圆缺的交替中，更是形成了"信巫崇鬼"的文化——一个是以巫山巴东为中心的巫文化，一个是以丰都为中心的鬼神文化。

丰都，地处三峡腹心，古称"丰民州"，以鬼文化闻名中外，有"鬼城"之称。当地的鬼神节日一年四季不断。每到特定节日，四方香客云集，诵经之声传播数里之外，更是为鬼城增添了几分神秘气息。

巴人、楚人带来了崇鬼的习俗，而鬼神世界也折射了人间善

▼ 丰都鬼城一角

恶。世间流传"人死魂归丰都，恶鬼皆下地狱"，实为推崇惩恶扬善的理念，这是鬼文化中积极的一面。

三峡人对鬼神的古老崇拜，还体现在危岩绝壁的悬棺上。巫溪悬棺，分布在大宁河沿岸的峡谷上——或在崖壁上以天然洞穴置棺，或人工凿穴置棺。生于山水，葬于山水，这是一种被称为"崖葬"的葬俗。

悬棺在三峡地区分布广泛，巴东县龙船河、巫山县巴雾峡以及奉节县盔甲洞等地发现有大量悬棺，最古老的有2000多年的历史。唐代诗人孟郊游览三峡时见过岩隙间的悬棺，后来在《峡哀》诗中写道："树根锁枯棺，孤骨袅袅悬。树枝哭霜栖，哀韵杳杳鲜。"

三峡，像一条幽深的文明走廊，一边沟通着荆楚，另一边连接着巴蜀；一面是勇猛刚烈，另一面是神秘多情。

04　才子、美人与英雄

文化上，三峡也熠熠生辉，莽莽大山与滔滔江水之间，是千年不变的诗意与豪情。

屈原是三峡人。他怀着忧国之思，被楚王放逐后写下《离骚》等爱国诗篇，将楚辞这一丰碑树立于中国文学史上。《橘颂》中代表诗人秉性的橘树，也许就出自三峡的橘林；《九歌》中的高山密林，仿佛就是在描写神农架的郁郁苍苍。

王昭君是三峡人。她从香溪之畔走向深宫，为了大汉王朝远嫁匈奴。或许只有站在其出生地——山清水秀的西陵峡口，才能读懂她"泪湿春风鬓脚垂。低徊顾影无颜色"的别绪与"一去紫台连朔漠，独留青冢向黄昏"的乡愁。两千年过去了，人们没有忘记这位名列中国古代四大美女的三峡美人。

秦良玉是三峡人。这位中国历史上唯一列入正式编制的女将军，出生于三峡地区的忠州（今重庆忠县）。她在明末乱世中，率领当地军民组成了骁勇善战的白杆兵，成为保境安民、勤王爱国的巾帼英雄。

三峡也是兵家必争之地。从先秦巴楚兴亡到三国吴蜀相争，再到抗日战争时期国民政府西迁，三峡留下了大量战争历史遗迹。现在的湖北宜昌因葛洲坝和三峡水利枢纽而闻名中外，而在古代，位于三峡东端的古夷陵也曾引无数英雄竞折腰，若无夷陵扼守三峡出口，上游敌军便可顺流直下，占领荆楚之地。

三国时期，刘备大举伐吴，东出三峡，从巫峡到夷陵，连营百里，遭到吴将陆逊火烧连营，蜀汉大军溃败，刘备仓皇逃到白帝城。白帝城位于重庆市奉节县，最初是西汉末年自号"白帝"的公孙述据蜀时修筑的军事堡垒，后来广为人知却是源于城中的诸葛祠和先主庙。兵败夷陵后，刘备在此托孤于诸葛亮。夷陵与白帝

▲ 奉节白帝城

▼ 湖北兴山昭君故里一角

▲ 三峡巴王寨

城——位于三峡东西端的两处要地，见证了一代枭雄刘备的最后岁月。

三峡的自然与人文，都是中华文明不可或缺的一页史诗。正因如此，来过三峡的人，无不沉醉于其山水风光与风土人情。

1500多年前，郦道元来到三峡，在《水经注》中描绘了三峡的四季风光。文章只有区区两百字的篇幅，却成为千古名篇，至今仍是中学生必背的课文。从此，中国人记住了三峡的山，"重岩叠嶂，隐天蔽日"；三峡的水，"素湍绿潭，回清倒影"；三峡的林，"常有高猿长啸，属引凄异，空谷传响，哀转久绝"。

1200多年前，李白来到三峡，他因加入永王幕府而被下狱流放，行至半路遇赦东归，乘船泛舟三峡，写出其生命最后几年中难得的超然洒脱之诗：

朝辞白帝彩云间，千里江陵一日还。

  两岸猿声啼不住,轻舟已过万重山。

  同一时期,杜甫也来到三峡,寓居夔州(今重庆奉节)两年,创作了437首诗,其中多有描写三峡之作。常年漂泊的他在秋天登上西阁,写下被称为"古今七律第一"的《登高》:

  风急天高猿啸哀,渚清沙白鸟飞回。
  无边落木萧萧下,不尽长江滚滚来。
  万里悲秋常作客,百年多病独登台。
  艰难苦恨繁霜鬓,潦倒新停浊酒杯。

  唐宋时,三峡森林覆盖率为75%左右,两岸居民多以垦殖、捕鱼为生,十分悠然自得,刘禹锡在诗中就说:"巴人拱手吟,耕耨不关心。"

  现在,由于工业发展与森林开发等问题,三峡地区的原始森林大量消失,两岸犀牛、虎、猿等野生动物也销声匿迹。诗仙与诗圣笔下的两岸猿声成为历史,但千年前的三峡,因他们而永生。

05 "三峡好人"

十多年前，贾樟柯的电影《三峡好人》将镜头对准三峡工程中的重庆奉节县城。即将远行与依然留守的底层小人物，在三峡变迁的纷乱背景下相遇，旅行的人、打工的人、摆渡的人、算命的人，就像平凡的你我，像无数"三峡好人"。

这部现实主义作品获得了威尼斯电影节大奖，片中房子被拆迁的场面，都是真实情景，就连男主角扮演者也不是明星，他在现实生活中是一个平凡的煤矿工人，只拿了1万块钱的片酬。

三峡好人从何而来？明清时期的"湖广填四川"对三峡影响深远，大量湖广籍移民通过三峡这条长廊进入四川，同时在人口迁移中也有大量人口就近滞留在了三峡。今天的三峡百姓，有不少是湖广籍移民的后裔——清末巫山县的73姓，从湖广迁入的就有26姓；民国时期云阳县的178姓，明代迁入的有33姓。正所谓巴楚同风，自古皆然。

勤劳朴实的三峡人，在巴山楚水之间留下了深刻的印迹。近代航运工具进入三峡之前，凶险的三峡让无数船只望而却步，船只能靠人力拖拽向前——三峡两岸的纤夫在一声声川江号子中拉着木船，沿着险滩艰难前行，用血肉之躯打通万里长江。瞿塘峡上纤夫拉船留下的纤痕，如今已淹没在历史长河中，但其坚韧的性格已深深烙印在三峡人心中。

三峡山区的交通路线主要由凿山而成的"碥（biǎn）路"组成，三峡人中形成了特有的"挑夫"群体。他们肩挑背负，来往于各个码头，搬运货物行李。一根扁担，两条绳子，就挑起了一家人的生计。从事这一行业的群体，重庆人称之为"棒棒"，奉节一带叫他们"扁担"。纤夫、挑夫与袍哥奔走于三峡各地，这是三峡的码头文化。直到现在，三峡人依旧拥有码头特色的生活习惯。

▲ 深秋，西陵峡的橘子红了

　　水路纵横的三峡诞生了重辣的毛肚火锅，这一风靡全国的美食一说来源于近代的重庆码头，因为当时人们不喜食牛羊脏器，穷苦的码头工人却爱它物美价廉，如今是川渝菜中最有影响力的美食之一。

　　饮食文化上，值得一提的还有榨菜。这一风味独特的腌制菜出产于川渝地区，尤以三峡的涪陵、丰都等地品质最优，而且价格实惠，人人吃得起。

　　三峡最有特色的酒是咂酒，这是用高粱、小麦等酿制而成的低度酒，饮用时用竹管吮吸，在云、贵、川各地颇为流行，距今已有4000年历史，堪称中国酒文化中的"活化石"。

　　除此之外，三峡地区自古就是柑橘的重要生产地，红橘、杂柑、脐橙、柠檬、柚子，从江边到山坡，一年四季，碧树满山。

此外，三峡木耳、香菌、药材等山货被大量挖掘，这促进了三峡农业经济的发展，但经济模式单一也造成了三峡历史上的结构性贫困——人地比例失衡及其造成的资源与产业的不协调，催生了规模大、持续时间长的贫困面。

好在千禧年之后，三峡在困境中迎来了前所未有的转折。20多年来，随着移民搬迁安置的任务陆续完成，三峡库区的交通、电力、水利、通信等基础设施状况也大为改观，教育、卫生等社会事业发展迅猛，库区的城镇、乡村已逐渐摆脱了过往贫困的面貌。

06　世纪工程

三峡工程是载入史册的百年工程，也是人类历史上鲜有的超级水利工程。早在1918年，孙中山就提出了开发三峡的设想。

三峡工程，建成了目前世界上规模最大的水电站和清洁能源基地，改善了长江上游的防洪与航运。其总面积1084平方千米的水库，175米的正常蓄水位，也改变了三峡业已存在千百万年的自然形态，库区淹没范围涉及重庆市和湖北省的20个区县，有2座城市和11个县城、114个集镇需要迁建。

自21世纪初三峡工程二期库区水位蓄至 135 米以来，三峡移民牵动着全国人民的心。在三峡工程建设期间，约130万移民或搬入三峡各县市的新城，或带着对故土的眷恋走出巫山巴水。

重返三峡，物是人非，部分三峡旧景从此长眠于水下。

▼ 三峡工程建成后形成的高峡平湖夜景

重庆涪陵城北的白鹤梁淹没于40米下的江底，中国工程院院士葛修润提出"无压容器"的方式，创造性地修建了白鹤梁水下博物馆。当地珍贵的题刻在诞生1200多年后，以"水下碑林"的形式保存下来。

位于重庆市巫山县境内的大昌古镇始建于西晋，已有1700多年的历史，是三峡地区唯一保存完整的古城。古镇原址被淹时，人们按原貌在旧址8千米外的大昌湖旁复建了一个新的古城。

云阳县张飞庙，距今也有1700多年的历史，是三峡三国文化中不可缺少的一环。如今，张飞庙溯江而上约30千米，被搬到新县城，是三峡工程中最大的"移民"。

"鬼城"丰都也进行了搬迁，当地文物部门对1000多座汉墓进行了"抢救"，发掘了10万多件文物，其余已深埋水下。

全长60多千米的三峡古栈道，从瞿塘峡口到西陵峡一路连绵不绝，由三峡人依绝壁一锤一凿建成，这是千百年来通过三峡

▲ 傍晚的三峡大坝——夕阳映衬到江面，呈现出一幅金色的画面

的另一途径。由于古栈道位于三峡工程淹没水位线以下，它也在完成历史使命后大部分长眠于江中。

　　峡间栈道已废弃，水路也早已不是通过三峡的唯一便捷通道。100多年前，中国开始修建川汉铁路，中国工人用最原始的工具开辟巫巴山地，让当时前来参观的东西方学者咋舌。但，这就是三峡人的精神。他们曾在山水之间，以这种不畏艰苦的精神，用数千年的岁月开辟出一条千古长廊。可惜的是，川汉铁路最后也只留下了残桥断基。

　　近年，横贯长江中上游的三峡铁路——宜万铁路建成通车。这是本世纪初中国修建难度最大、千米造价最高、工期最长的山区铁路，改变了千百年来的三峡陆路交通的困境，也结束了长江

▲ 三峡大坝边上的秭归县

三峡没有铁路贯通的历史。

"神女应无恙,当惊世界殊。"三峡的一些风景消失了,但三峡的文化永远不会消亡,飘向四方的三峡人还在讲述自己的故事。

孤帆远影驶过三峡,跨越了万里长江的千古险关,人们看见的,是三峡人的顽强与勇敢,是一个民族不断拼搏与重生的征途。

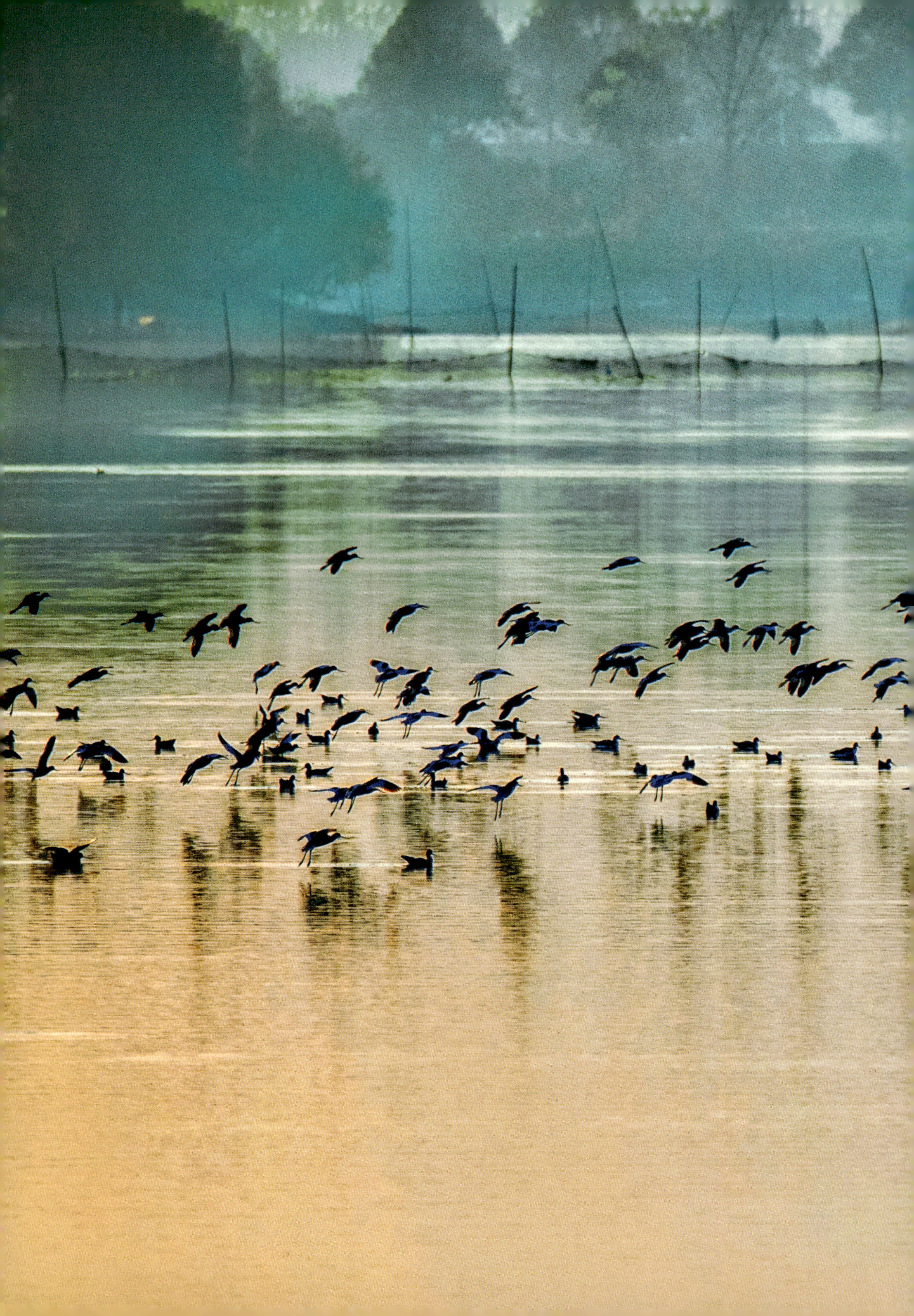

第二部分 长江中游

一　中国"龙腰"

公元前597年，在长江边的郢都立国的楚国，决定向来自黄河流域的晋国再次发起冲击。此前，楚晋两国已经交锋多次，但基本都以楚国败北而告终。眼下，楚国正由楚庄王执政，他急切渴望通过击败中原霸主晋国，逐鹿中原。

为了争夺横亘在两国中间的郑国，楚庄王亲自率军，在邲（bì）地（今河南郑州北部）与晋军展开决战。战争的结果，是来自长江中游的楚国击败了晋国。随后，楚庄王继续率军北上，威慑中原，奠定了自己作为"春秋五霸"之一的历史功业。

邲之战的胜利，不仅仅是楚国的胜利，同时也是楚国核心所在的长江中游崛起的先声。

楚国早在公元前11世纪的西周初期就已建立，但所处的长江流域当时还处于蛮荒状态，经济落后。建国之初的楚国国力弱小，经过几百年的缓慢发展，楚国才慢慢拓展至长江以北的汉江流域，国力不断壮大，并最终通过邲之战击败晋国，使楚国进入鼎盛时期。

01　荆楚大地，俊秀湖北

楚国核心所在的长江中游，指的是长江从湖北宜昌至江西九江湖口段，其中从湖北宜昌至湖南岳阳城陵矶段俗称荆江。荆江因为流经荆州而得名，长江在这里蜿蜒盘旋、滩多水浅，因此也有"万里长江，险在荆江"的说法。

史前时期，今天的江汉平原地区存在着一个浩瀚广阔的云梦泽。当时的荆江在出三峡后并没有明显的河床，而是在今天的湖北荆州地区汇入古云梦泽，然后再以漫流的形式继续向东南分散倾注。

一直到周秦两汉时期，随着长江带来的泥沙逐渐淤积成陆，古云梦泽北岸出现了荆江三角洲。在江陵（今湖北荆州）以下，荆江开始出现明显河床，但是在当时的下荆江地区，这里仍是广袤的湖沼地区，长江在此仍呈现扇状分流面貌。

到了魏晋时期，随着荆江三角洲不断向南扩张，荆江最终在今天湖北石首境内摆脱了漫流的状态，并在南北朝时期形成了清晰的河床。

荆江河床的最终形成，与横亘在今天江汉平原的古云梦泽的最终消失有很大关系。西汉时期，文学家司马相如在《子虚赋》中描述云梦泽说，"云梦者，方九百里"。但是随着长江泥沙的冲刷淤积，云梦泽不断南移、缩小。到了唐宋时期，云梦泽基本淤积成了平陆，促成了江汉平原的诞生。

古云梦泽虽然消失，但荆江在当时的江汉平原地区，南北仍然有多条分支河道。到了明清两代，随着荆江两岸大规模修筑堤坝，最终，荆江形成了统一的河床。

虽然相对于黄河流域，长江中游开发较晚，但在商代早期，中原文明就开始在长江流域传播了。

1954年，考古队在今天的武汉黄陂地区考古时，发现了三面环水的商代早期古城。这座古城南北长约290米，东西宽约260米，周长约1100米，城内面积约7.54万平方米，外城总面积达250万平方米。

这样一座大概是商代早期，距今3500—3200年的城址的发现，让考古人员喜出望外。工作人员挖掘发现，这座后来被称为"盘龙城"的城址内，其建筑格式与墓葬、出土文物，都与黄河流域的商国高度相似。据此，人们确认，早在商代早期，北方华夏政权的势力范围就已经拓展到了今天的长江中游地区，这也是长江中游华夏化的先声。

1978年，考古人员在今天的湖北随州发掘了一座古墓。在这座后来被称为"曾侯乙墓"的大型墓葬中，考古队共清理出了2万多件随葬品。根据发现的文物，考古学家确认其为战国早期的曾国国君曾侯乙的墓葬。

曾国，就是史书记载的周朝开国后所分封的姬姓随国，曾、随属于一国两名，其始祖是周朝开国大将军南宫适（括）。大概在公元前11世纪晚期，当时的周人击败商人建立周朝，此后开始分封公族和大臣，让他们分别镇守四方，而曾国，就是周天子

▼ 曾侯乙墓出土的国宝——青铜编钟

镇守长江中游的封国之一。

在曾侯乙墓中，出土了一套共65件的编钟，这就是名震天下的曾侯乙编钟。此外，曾侯乙墓中还出土了6000多件青铜器，以及15000多件礼器、乐器、漆器、金玉器、兵器、车马器和竹简等，堪称中国当代考古的超级宝藏。

曾侯乙墓的考古发掘，也从侧面证明了公元前5世纪的战国早期，长江中游已经与中原开始互动交流，发展出了辉煌灿烂的古文明。

战国中期，曾国被日益壮大的楚国吞并。到了楚威王熊商（？—前329）时期，楚国吞并了越国，势力扩张到长江下游的江淮地区。楚国也在这一时期扩张成了一个国土面积北至今河南中部、西至今陕西东南部、东至东海、南起南岭的超级大国，国土面积在战国初期、中期，为七雄中最为辽阔者。

延续约800年的楚国，对中国先秦和两汉时期的哲学、文学、音乐和宗教影响深远。楚国不仅诞生了屈原、宋玉这样的大文学家，更是诞生了影响了中华文明两千多年的老子。

传说，老子姓李名耳，字聃，也称老聃。老子出生于春秋晚期的楚国，曾经担任周朝守藏室之史，以博学而闻名，孔子入周的时候，曾经向老子问礼。

春秋末期，天下大乱，看到周王室越来越衰微，老子决定弃官归隐。在出函谷关时，当时把守函谷关的长官尹喜很敬佩老子，于是对老子说，先生可以远行出关，但是请您将毕生所学写成一部著作，来传于后人。

于是老子在函谷关停留数日，写下了一篇五千多字的著作，这就是后来的《道德经》（也称《老子》）。随后，老子骑着大青牛出函谷关，不知所终。

《道德经》后来与《易经》《论语》一起，成为影响中国哲学最为深远的三部著作，可以说，《道德经》的源流，正是来自长江中游的楚国。

作为道家学派创始人和主要代表人物，老子与生在宋国的庄子合称"老庄"。后来，老子被道教尊为始祖，称"太上老君"。到了唐代，老子更是因为与李世民家族同姓，而被追认为李姓始祖，道教的地位也因此被拔高。

从地理区位来看，位于长江中游文明核心地区的楚国，其道家文化重要发源地的地位，不仅体现在它诞生了像老子这样的超级哲学家和道家创始人上，更体现在龙虎山、武当山等道家圣地的发展上，由此可见长江中游对道家文化的深刻影响。

公元前278年，在经历两年攻战后，秦国名将白起率兵攻破楚国国都郢都（今湖北荆州市荆州区西北），迫使楚国迁都于陈（今河南淮阳）。在听闻郢都被攻破后，楚国贵族、大诗人屈原在悲愤之中，于当年农历五月初五投汨罗江自尽。为了纪念屈原，人们争相向汨罗江中投掷粽子，以求鱼族保护屈原。后来，这些风俗逐渐演变成了后世的端午节。屈原在《离骚》中所歌唱的"亦余心之所善兮，虽九死其犹未悔"等名句，也成为长江文学的不朽代表。

楚国的郢都被攻陷后残破不堪，但荆江区域的重要性不可替代，于是秦国转而在郢都附近兴建起了一座新的城市江陵，那便是荆州古城。荆州东连武汉，西接宜昌，南望湖南常德，北毗荆门、襄阳，是江汉平原、洞庭湖平原通江达海的门户。

▲ 荆州长江大桥

    两汉时期的荆州地界涵盖了今天的湖南、湖北全境，在东汉末年天下大乱的形势中，由刘表镇守的荆州太平繁荣，成为汉末三国乱世中的避风港。诸葛亮在隆重为刘备分析当时的天下大势时指出，荆州北据汉江，东连东吴，西通巴蜀，"此用武之地"。这也清晰呈现了荆州在三分天下中的重要战略地位。

    唐玄宗开元十三年（725），25岁的李白离开四川，"仗剑去国，辞亲远游"。他由水路乘船远行，沿着长江，经巴渝，过三峡，来到长江中游的楚国故地，开始了壮游天下的旅程。渡过荆门山后，与巴蜀截然不同的长江两岸景色映入眼帘。自蜀东流的江水，与年少远游的李白结伴同行。诗人心怀一缕思乡情，以一首《渡荆门送别》书写壮阔的山川：

渡远荆门外，来从楚国游。
山随平野尽，江入大荒流。

> 月下飞天镜，云生结海楼。
> 仍怜故乡水，万里送行舟。

楚地的名山大川，由灿若群星的湖泊点缀。几千年来，大自然的鬼斧神工与历史悠久的荆楚文化在这里完美交融。

位于宜昌市宜都市西北、长江南岸的荆门山，自古被视为三峡东口的标志，上收蜀道三千之雄，下锁荆襄一方之局，与长江北岸的虎牙山遥遥相望。江水流到荆门山后，因两山夹持而变得横流湍急，而宜昌以下，江面顿时开阔。当年，李白正是在乘船经过荆门山时，为江水东流发出慨叹。

作为长江中游的核心，荆州的军事地理区位极为险要。但也因为荆州段弯道众多，一旦发生洪水，长江就会自然裁弯取直，引发洪灾。据考证，仅仅从明朝初期的1376年至新中国成立的1949年的573年间，荆江就发生了267次洪灾，其中乾隆五十三年（1788）的洪灾，更是造成荆州境内"兵民淹毙无数，号泣之声，晓夜不辍"。

洪水的威胁，让筑堤成为护卫荆江两岸民众的重要选择。早在4世纪中期的东晋，当时镇守荆州的桓温就开始命人修筑荆江大堤。此后，荆江大堤不断向下游延伸。到了明朝嘉靖二十一年（1542），历经千年的断续修建，全长124千米的荆江大堤终于连成一线，史称万城大堤（也称万安大堤）。但万城大堤在乾隆五十三年的洪灾中决口，以致江陵城被淹。

1949年新中国成立后，为了保卫江汉平原，国家组织力量，最终将荆江河段的新老堤坝整合成为全长182千米的荆江大堤。这段大堤，先后经历了1954年和1998年大洪水的考验，最终牢牢护卫了荆江两岸人民和江汉平原，保住了长江中游的太平。

荆江以荆州公安藕池口为界，可以分为上荆江（约164千米）和下荆江（240千米）。

上荆江从湖北宜昌枝城镇至藕池口，下荆江则从藕池口至湖南岳阳城陵矶。自清朝咸丰十年（1860）以后，由于当时长江在藕池口溃口分流，使得藕池口以下的下荆江水量减少、流速变缓，泥沙不断淤积，河段也越来越蜿蜒曲折。一旦遇到水流增大或洪水时节，就容易导致河道自然裁弯取直、江水泛滥成灾。

明清以来，下荆江河段的荆州石首及监利境内，发生过多次在洪水时节长江河段自然裁弯取直，以致形成多条长江故道的情况：今天湖北监利境内的长江东港湖故道，就是在明朝末期由于长江发生了洪水而出现的；到了清末的1909年，长江在湖北监利境内再次形成了长江老江河故道；1949年，下荆江河段又出现了碾子湾故道；1972年，又形成了沙滩子故道。

以上都是长江由于洪水造成的自然裁弯取直。新中国成立后，为了确保荆江流域安全，国家又对其进行了人工干预，实施人工裁弯取直。例如1967年在湖北石首中洲子实施人工裁弯取直，缩短河道28.9千米。到了1969年，又在湖北监利上车湾实施人工裁弯取直，缩短河道35.8千米。从1949年至今，长江在下荆江河段经过几次人工裁弯取直，缩短流程近70千米，从而使得下荆江河段更加直畅，降低了洪水泛滥的隐患。

在李白漫游楚地300多年后，另一位浪漫文豪被贬入楚。北宋元丰年间，苏轼被贬到黄州（今湖北黄冈），在城东开垦荒地，种田补贴家用，取"东坡居士"的雅号。那些年，苏轼常在闲暇时游览荆楚之地，泛舟长江，扣舷而歌，与客问答，排解忧闷。

黄州城的赤壁山因他的名作《念奴娇·赤壁怀古》《前赤壁赋》《后赤壁赋》等，有了"文赤壁"之称。后世认为，苏轼醉江邀月的赤壁，并非赤壁之战的发生地。他游览的文赤壁，其实是古黄州城外西北、长江北岸一处赭红色的临江断崖，因为被时人误传为"三国周郎赤壁"，才有了这个美丽的误会。

东汉末年的赤壁大战，也发生在长江边，但确切的地点一直存在争议。其中，蒲圻（今湖北赤壁）赤壁位于长江南岸，由赤壁山、南屏山和金鸾山等三座起伏相连的小山组成，岸边的山峦宛如利剑，直指江北岸的乌林。相传，乌林是赤壁之战时曹军营寨所在地，那里原本有一片原始森林，结果在那场大战中化为灰烬。

▼ 湖北赤壁市三国赤壁古战场景区

古人言，"折戟沉沙铁未销，自将磨洗认前朝"。近几十年，湖北赤壁出土了大量东汉晚期与孙吴时期的文物，似乎印证了这里是"武赤壁"的所在地。

文、武赤壁今犹在，当年的王侯将相早已作古，唯有江上清风，亘古不变。

长江中游最为重要的支流和湖泊，主要是"三江两湖"——"三江"指的是主要流经湖北的汉江，主要流经湖南的湘江以及主要流经江西的赣江；"两湖"指的是位处湖南的洞庭湖和位处江西的鄱阳湖。

公元前601年，楚庄王为了打通汉江和长江，下令开凿了扬水运河（也称扬口运河），从此得以更加便捷地控制江汉地区。在水利运输的支撑下，楚庄王先后兼并了30多个小国，使楚国发展成为"地方五千里，带甲百万"的南方大国，并在前述的邲之战中击败晋国，进而逐鹿中原，成为"春秋五霸"之一。

不得不说，楚庄王及楚国的崛起，与楚国充分利用扬水运河沟通汉江与长江中游，打通物资运输的渠道，有着重大关系。在古代交通不便的情况下，楚国境内纵横交错、便利往来的交通网络，是克敌制胜的重要法宝。

在中国军事地理史上，有几个关键地理区域决定了王朝的兴衰胜败。在宋代以前，关中平原和淮河流域是两个至关重要的区域。

当初，秦国就是依托关中平原，得以击败关东六国，最终统一天下。后来，刘邦也是在屡次被项羽击败的情况下，凭借关中平原才能一再兴兵，最终反胜项羽、夺得天下。北周灭北齐，隋朝灭南陈，唐朝李渊父子统一天下，也无一不是以关中平原为基地。

安史之乱（755—763）后，由于黄河中上游长期战乱频仍、动荡不安、人口南迁、江淮经济不断开发等，到了唐朝中后期，中国的经济重心，已经逐渐从西向东转移到了江淮流域，淮河的军事地理地位日渐重要。

从军事地理的角度去看，中国南北相争的分界线，并非在长江流域，而是在长江以北的淮河流域。三国时期，吴国就是凭借长期坚守淮河流域，才得以与曹魏和西晋对抗，在魏蜀吴三国中坚持到最后。而吴国最终灭亡，也是因为在战争中逐渐失去了淮南地区。

在军事地理界，长期流传着一句话："南得淮则足以拒北，北得淮则南不可复保。"

1234年，南宋与蒙古联合灭了北方的金国。第二年，蒙古人随即南下进攻南宋，从而掀开了此后长达44年的宋蒙战争。蒙古人从1235年开始，几次试图突破淮河流域，以进攻南宋首都临安（今浙江杭州），但都被宋人猛烈阻击。南宋建国伊始，南宋军民就意识到了淮河流域的重要性，因此以重兵坚守该地区，以致蒙古人始终无法从淮河流域取得突破。

此后，蒙古人又先后试图通过进攻四川沿长江而下、绕路大理国偷袭等方式进攻南宋，但都先后受挫，蒙古大汗蒙哥甚至被南宋军民击伤，死于重庆合川钓鱼城下。

而南宋的最终灭亡，也是从长江中游被突破开始的。接连三十多年进攻受挫后，1267年，忽必烈接受南宋降将刘整的计策，决定从南宋的"龙腰"——长江中游进行突破。此后，蒙古人集中兵力，对长江中游的上端、濒临汉江的襄樊进行了长达近

6年的围攻，最终于1273年攻陷樊城，然后逼迫驻守襄阳的吕文焕出城投降。

襄樊陷落后，蒙古人沿着汉江直下武汉，直接就切入长江中游。长江中游的门户洞开，使得坚持了近40年的南宋防御体系逐渐瓦解。此后，蒙古人沿着长江中游直下，沿岸的鄂州、黄州、蕲州、江州、德安、六安等城池的守将全部不战而降。1275年，沿长江推进的蒙古人又在丁家洲（今安徽铜陵东北）之战中，击败了南宋最后的主力军，随后于第二年攻占临安。

临安沦陷后，陆秀夫、张世杰、文天祥等人又连续拥立宋端宗和宋帝昺（bǐng）两个小皇帝。然而南宋大势已去，在1279年的崖山海战中，南宋最后的10万军民战败，大部分人不甘投降，选择了跳海殉国。至此，南宋灭亡。

追究南宋防御的崩溃点，就是1273年的襄樊沦陷。襄樊的沦陷，其结果就是长江中游的门户洞开，从此使南宋失去了国土防御体系的"龙腰"，最终走向崩溃。

由南宋的灭亡可以看出，随着中国经济重心的南移，江汉平原、江汉流域的战略地位也越发突出。

作为长江中游的三大支流之一，汉江发源于陕西秦岭南麓，全长1532千米，有中源漾家河、北源沮河、南源玉带河三条源流，其中北源沮河是汉江的主源。

汉江源头从北向南流淌，其中干流在湖北丹江口以上为上游，全长约925千米；从湖北丹江口至湖北钟祥段为中游，长约270千米；从湖北钟祥至武汉段为下游，长约382千米。

由于战略地位突出，汉江在历史上与长江、淮河、黄河并列，合称"江淮河汉"。

1952年，毛泽东在视察黄河时，提出了一个设想："南方水多，北方水少，如有可能，借点水来也是可以的。"这就是南水北调工程的首次构想。到了1953年，毛泽东前往武汉，视察了汉江和长江两岸，在与长江水利委员会负责人谈话时，毛泽东特地提出："三峡问题暂时不考虑开工，我只是先摸个底，但南水北调工作要抓紧。"

在毛泽东的指示下，1958年，《中共中央关于水利工作的指示》颁布，南水北调第一次被正式提出。此后南水北调工程一直未有大的进展，一直到1979年，水利部正式成立南水北调规划办公室。经过多年论证和反复研讨，2000年6月，南水北调工程最终定调，决定将工程分为西、中、东三条线路，分别从长江流域上、中、下游调水。

▼ 荆州引江济汉工程的运河风光

2002年12月，南水北调工程正式动工。到了2013年，南水北调东线一期工程正式通水运行。2014年底，南水北调中线工程一期也实现了通水运行，当年12月，北京市民正式用上了来自汉江中游丹江口水库的汉江水。

截至2020年6月，南水北调中线一期工程累计向北输水达300亿立方米，惠及沿线6000万人口，并使得中线工程所惠及的河北、北京等地的地下水水位逐渐回升。不得不说，这是汉江对南水北调中线工程所惠及的河南、河北、天津、北京等四个省市所做出的巨大贡献，同时也使得中国的水资源实现了南北调配、东西互济。

截至2021年，南水北调东线、中线一期工程累计调水约494亿立方米，其中仅从汉江流域北调的水流量就达到了441亿立方

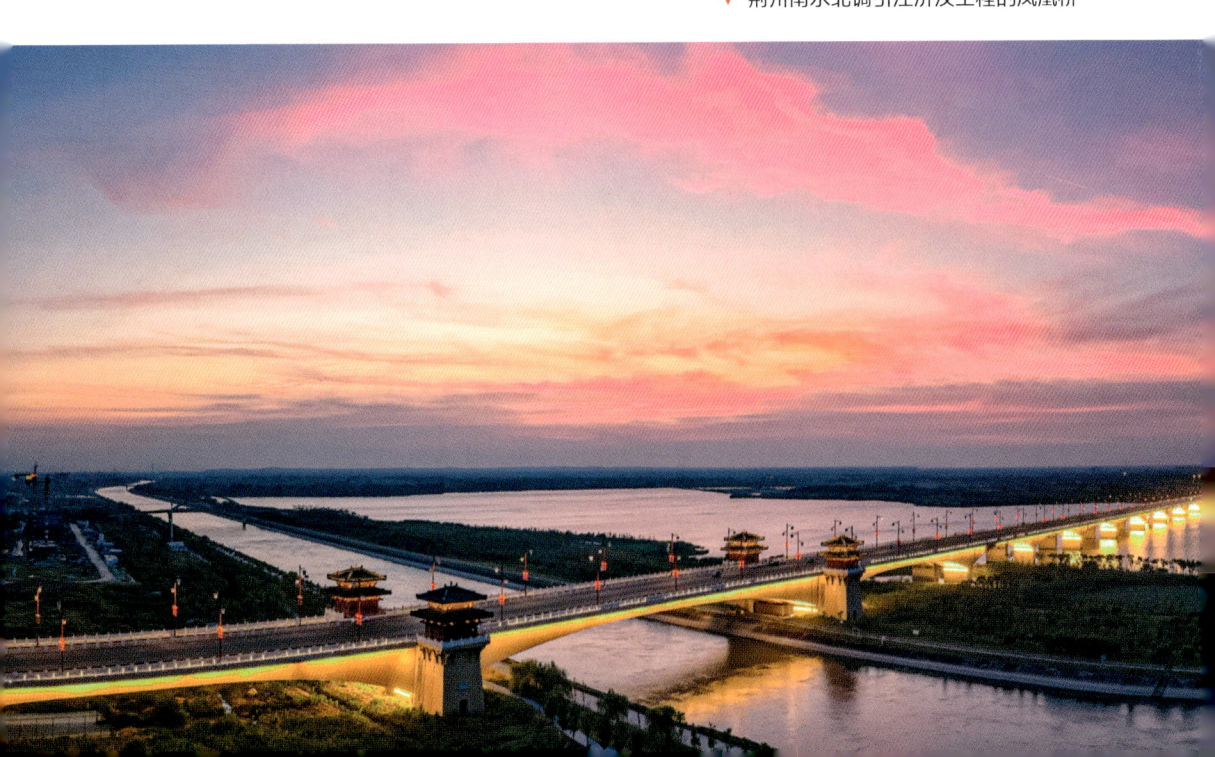

▼ 荆州南水北调引江济汉工程的凤凰桥

米。汉江，对于中国北方的可持续发展，功不可没。

南水北调工程开始后，汉江流域也出现了流量减少，生态、灌溉都受到影响等问题。为此，2010年，国家正式启动了引江济汉工程，并于2014年正式通水。

引江济汉工程，是从长江荆州段龙洲垸（yuàn）引水至汉江潜江段高石碑。工程连通长江和汉江，穿越长湖，全长约67千米，造就了1949年以来最大的人工现代运河。其主要任务是补充南水北调后汉江减少的水量，并满足汉江兴隆段以下地区的生态、灌溉、供水及航运用水需求。工程通水通航后，对汉江中下游地区的生态环境修复具有重大意义。

汉江之畔，被淹没的千年古镇均州，曾是武当山连接北京紫禁城的起点。明永乐年间（1403—1424），篡位成功的明成祖朱棣下了一道诏书，敕建武当山。圣旨中如此写道："我自奉天靖难之初，神明显助威灵，感应至多，言说不尽。"用现代话说就是，我能顺利称帝，多亏神明保佑，感应之多，一两句话说不清楚。

方圆400千米的武当山，屹立于湖北十堰，取"非真武不足以当之"之意，供奉着道教中的北方之神——真武大帝。朱棣通过靖难之役夺得皇位后，为加强皇权，对真武大帝顶礼膜拜。他假托真武大帝旨意，在建设北京紫禁城工程的同时，调派工匠军民，从四川等地采购了10万根木材，耗费数十万人力营建武当山，将皇权至上的设计理念，融入道教建筑中。史称，"北建故宫，南修武当"。

武当山天柱峰顶，铜铸鎏金金殿，用纯铜与黄金铸造。据考究，金殿构件都是在北京铸造好，经过京杭大运河，沿长江运抵

▲ 武当山云海雪景

武当山，工匠们再依照榫卯结构，进行拼接安装。金殿建成后，每当雷电交加之际，屋顶上一片电光石火，宛如真武大帝正在施受雷电涤身，这一奇观被称为"雷火炼殿"。600多年过去了，金殿完好如初，光彩夺目。

有明一代，武当山作为"君权神授"的象征，被升格为"天下第一仙山"，朱棣也成了真武大帝在人间的代言人——相传，武当山的真武神像就是以朱棣的相貌为原型建造的。

武当山在汉水之滨傲然而立，宛如仙境。山水之间，皆是动人的传说。据说，东周时期的函谷关令尹喜，在得到老子传授的《道德经》后，一路南下，归隐于武当山，成为开山祖师。

金庸的武侠小说中，武当派与少林派齐名。现实中，以松溪内家拳为基础的武当拳术早已名扬天下，成为省级非物质文化遗产。

现在，这座被誉为道教圣地的仙山，即便褪去了以往的神秘色彩，仍是奥妙无穷。

人类活动为大自然的造化增添了传奇色彩，而在长江中游，有一处地方保留了最原始的野性，这就是神农架。

神农架位于湖北省西部，属大巴山区，也是长江和其支流汉江的分水岭。传说上古的神农氏曾来到此地采药，遍尝百草，因山势陡峭，搭架上下，神农架之名由此得来。

地理学上的神农架，为一处穹隆状构造山地。这里山川交错，云雾茫茫，境内有以长江流域为主的河流300多条。而"华中第一峰"神农顶，海拔3106.2米，为长江中游的屋脊。

自古以来，神农架都是猎奇览胜的秘境，常盛传有类似人形的野人出没其间。

如今的神农架，作为中国唯一以"林区"命名的行政区划，受到国家重点保护。当地保留了人迹罕至的原始森林，

▶ 武当山南岩宫龙头香

那是金丝猴等珍稀动物的栖息地，野生动物多达数百种；还先后发现了30多种白化动物，如白林麝、白鬣羚、白蛇、白熊等。

长江水在湖北塑造山川形胜，也氤氲了烟火人间。在湖北省洪湖市与监利县之间，洪湖东西均通长江，如晶莹的碧玉，点缀于江汉平原南端。这里不仅有秀丽的湖光山色，还有丰富的水生资源，培育了鱼、虾、蟹、莲、藕、菱等上百种水生动植物。单单是洪湖的小龙虾，2017年产量就达8.53万吨，位居全国县市第二位，你吃过的街边夜宵就有可能来自洪湖水中。

有学者认为，洪湖是古云梦泽分割、残留的一部分，自然条件得天独厚。云梦大泽的遗产，至今藏身于浩荡的长江中。远在长江南岸，与洪湖隔岸相对的，便是三湘大地的鱼米之乡——洞庭湖。

长江中游的发展，人口的增殖是至关重要的一环。在中国历史上，曾经出现过三次因为战争导致的北方人口南迁浪潮，这对长江中游的发展起到了重大的促进作用。

西晋永嘉之乱（307—313）以后，一直到公元5世纪中期的刘宋元嘉年间（424—453），来自今天的河北、山东、山西、河南、江苏、安徽等地的民众出于战争动荡等原因，纷纷南下，其中一条重要的迁徙路线就是沿着汉江南下，抵达今天的襄阳以及更南方的长江中游湖北地区。

唐朝安史之乱（755—763）以后，北方移民再次大规模南迁。这次他们更加深入到今天长江中游的湖南南部、江西北部地区。当时，江西北部的洪州（今南昌）、饶州

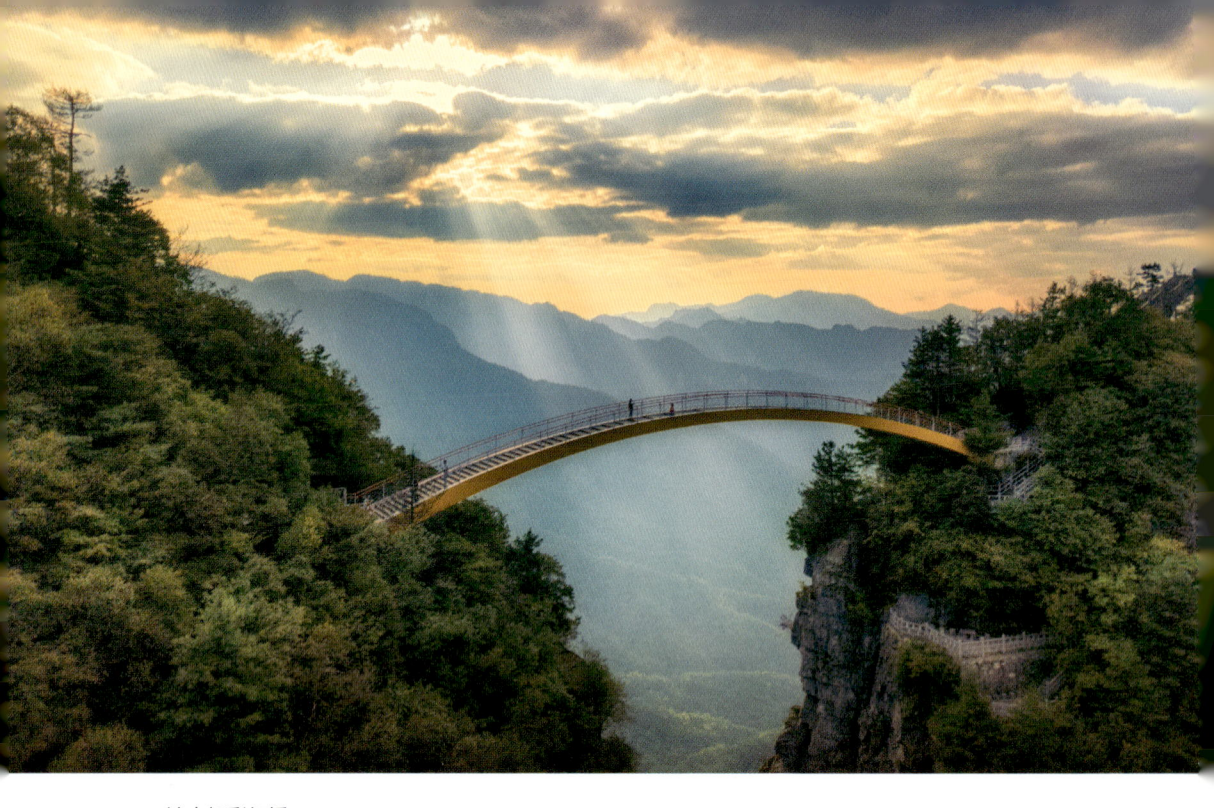

▲ 神农架彩虹桥

▼ 神农架官门山绝壁蜂巢

▲ 神农架神农坛

▼ 神农架林区国宝——金丝猴

（今除婺源、玉山两县外的鄱江、信江流域）人口增长量都在60%~80%之间。

在长江中游南岸的鄂南、湘北地区，当时仅荆州的户口就暴增了10倍。鄂州在晚唐时期的户口也比盛唐时期增加了1倍，从一个下州升级为观察使治所，下面还领着一个蕲州和黄州，成为晚唐时期中央财赋主要来源的东南八道之一。

北宋在靖康之变（1127）中灭亡后，北方再次掀起了移民大规模南下的浪潮。在长江中游的江西，由于赣北的鄱阳湖流域开发较早，基本被占，北方移民便渡过鄱阳湖，顺着赣江南下赣南、闽西、粤北山区。这些南迁的汉人与当地土著不断斗争、融合，最终形成了今天的客家民系。

在长江流域的开发过程中，除了上游的巴蜀地区，下游地区的江淮流域也在两汉三国以后逐渐得到了大规模开发，到了宋代，出现了"苏湖熟，天下足"的谚语，意思是说如果江浙地区的苏州、湖州粮食丰收，则天下都可富足。

宋时，中国的粮食供应基地主要集中在长江下游的太湖流域，当时的苏州、湖州、常州、松江等地区都是重要的粮食产地，以致在"苏湖熟，天下足"的谚语之外，也有"苏常熟，天下足""苏松熟，天下足"等谚语流传。

进入明清时期，江浙地区的农村开始大规模改种经济效益更高的棉花和桑树，江浙地区也因此逐渐发展成国内的棉丝纺织中心。由于开发较早、人口稠密，加上粮食种植面积下降，到了明清两代，江浙地区的粮食供应已经出现不足。就在此时，中国的粮食供应核心区，也从长江下游的江浙地区转移到了长江中游的湖广（湖南、湖北）地区。

到了清康熙年间，从湖广地区调拨外运的粮米就达到了每年

▲ 湖北荆门的梯田风光

500万石左右，以致当时长江下游地区有这样的说法："即在丰收之年，亦即仰食于湖广。"

在物质交流之外，长江中游的文化也不断沿着长江输出到了下游地区。

1958年，毛泽东视察武汉，在听黄梅戏时，毛泽东突然问了一个问题：黄梅戏发源于湖北，为何传到安徽去了？这就要讲到黄梅戏的起源和传播了。起源于明代后期的黄梅戏，大概在清乾隆时期开始成型。关于黄梅戏的起源，有的说起源于湖北黄梅，有的则说起源于安徽安庆，更有说起源于江西的。

以湖北黄梅来看，这个位处长江北面、南望鄱阳湖的小县，早在明代时就开始盛行采茶歌。在经历"独角戏""三小戏""三打七唱"等前期阶段后，黄梅采茶调开始进入黄梅戏的成型前期。

清嘉庆、道光年间，长江水患逐渐增多，由于黄梅位于江北的低洼地带，使得大量黄梅灾民不断沿着长江东下，黄梅采茶调也因此得以不断东传到安徽，在安庆经当地艺人加工改进并吸取安徽本地徽调和青阳腔，最终形成了后来的黄梅戏。

在黄梅戏之外，长江中游还先后涌现出了汉剧、楚剧、荆州花鼓戏、南戏、湘剧、湖南花鼓戏、赣剧、采茶戏、宜黄戏等地方剧种。

以汉剧为例，1912年，汉调正式定名为汉剧，并逐渐进入发展高潮。1934年3月，京剧大师梅兰芳到汉口大舞台演出京剧《霸王别姬》，与之同时，汉剧大师陈伯华也在武汉长乐戏院演出汉剧《霸王别姬》，成为当时戏曲界的一大盛事。

不仅戏剧艺术星河灿烂，长江中游还成了佛教中国化的重要基地。佛教自从东汉末年传入中国后，一直停留在翻译印度佛经、转介思想的阶段，一直到佛教禅宗中国化之后，才出现真正的转变。

公元6世纪的南朝梁时期，后来被尊为中国禅宗初祖的达摩祖师从印度坐船东渡广州，后来又北上建康（今南京）和嵩山少林。达摩祖师带来的佛教禅宗，起初在中国传播并不顺利。

唐武德七年（624），禅宗四祖道信来到了位处长江北岸的湖北黄梅双峰山，在此处创办道场，是为后来的四祖寺。四祖圆寂后，承继衣钵的五祖弘忍又于黄梅另开道场。也就是在黄梅，后来对禅宗实现了中国本土化改造的六祖慧能出场了。

六祖慧能（638—713）本是孤儿，出生于岭南新州（今广东新兴县），三岁时父母就已去世。慧能孤苦成长，以砍柴卖柴谋生。有一天，慧能听到有人在念诵《金刚经》，竟心生颤动。于是，这个目不识丁的小伙子经人指点，决定北上今天湖北黄梅的凭墓山，听从弘忍大师讲解佛经。

弘忍见到这个卖柴的孤儿，就问道："你从哪里来？"

慧能回答："岭南。"

弘忍问道："你想干什么？"

慧能回答："求法作佛。"

弘忍又问："岭南蛮荒之地，人民野蛮，怎能学佛？"

慧能反问说："我听说人有南北，难道佛性也有南北吗？"

或许这番对话触动了弘忍，他决定留下慧能，让他在碓房踏碓舂米，平日里也跟着门众一起听法。

慧能舂米八个月后，弘忍宣布自己要授传衣钵，选择禅宗的下一代传人。按照当时的规则，传法要作偈以见高低，于是，弘忍座下的首席弟子神秀作偈道：

身是菩提树，心如明镜台。

时时勤拂拭，勿使惹尘埃。

不识字的慧能则口诵偈句说：

菩提本无树，明镜亦非台。

本来无一物，何处惹尘埃？

这个目不识丁的勤杂人员，随口诵出的真经，即将在此后剧烈地改写中国的禅宗思想史。五祖弘忍知道，他的传人来了。

于是，弘忍悄悄来到慧能舂米的碓房，用法杖在石碓上敲了三下。

慧能悟出了真意。半夜三更时分，慧能悄悄进入了弘忍的方丈卧室，听取弘忍传授真经。

大概几天后，弘忍决定在夜间偷偷授予慧能作为禅宗传嗣的法物——据称来自禅宗初祖达摩的钵盂和袈裟。当时，在弘忍门下和大唐国内，觊觎禅宗衣钵的大有人在，而以弘忍门下首座弟子神秀为首的众僧，更是对禅宗衣钵虎视眈眈。当夜传授衣钵后，弘忍立马对慧能说："你手持衣钵，已入险境，速速离开此地。"

于是，师徒二人连夜来到长江边，弘忍为慧能送行，让他逃难岭南，以避杀身之祸。慧能邀请弘忍一起南下，他说："和尚请随徒弟南下，弟子摇橹送师傅渡过长江。"弘忍坚持留在凭墓山善后。弘忍说："本来该我来渡你。"慧能明了，于是向弘忍告别："迷时师渡，悟了自渡。"弘忍慨叹一声说："3年后我将圆寂，禅宗佛法，就有赖于你了。"

于是，慧能拜别弘忍南下。在东躲西藏5年后，也就是唐高宗乾封二年（667），他现身于广州法性寺（今光孝寺），最终在此亮明身份，剃度后升坛讲法。唐先天二年（713），六祖慧能于故乡仙逝，他的真身则被迁回他长期讲法的广东韶关南华寺，至今保存完好。

门人弟子将慧能生前讲法的内容汇集成书，就是后来的《坛经》，为禅宗中国化最重要的著作，也是唯一一本由中国人创作而被尊称为"经"的佛教经典。

这场中国禅宗往事，话说它的故事源头，还是在长江中游的湖北黄梅。

02　三湘四水，灵秀湖南

让我们的目光再次回到荆江。长江在蜿蜒东下至湖南岳阳后，在岳阳城陵矶接纳洞庭湖水，然后继续奔腾，开始了它的下一段旅程。

有意思的是，荆江在岳阳城陵矶接纳洞庭湖水之前，它本身有一部分就已经分成四条支流流入了洞庭湖，然后再从洞庭湖继续流入长江。这四条支流，就是著名的"荆南四河"，即位于荆江南岸的松滋河、虎渡河、藕池河、调弦河。这四条支流与长江、洞庭湖构成了复杂的江与湖分流又合流的关系。

接纳"荆南四河"的洞庭湖，向南向西，又分别接纳湘、资、沅、澧四水及汨罗江等小支流，然后在岳阳城陵矶注入长江。以水系格局来看，湖南省最重要的特点，就是湘、资、沅、澧等四水共聚洞庭一湖。

古代的洞庭湖，南横五岭，北连云梦，极盛时期面积达6000平方千米，号称"八百里洞庭"。唐代诗人刘禹锡路过岳阳，登岳阳楼，遥望洞庭湖水色，写下《望洞庭》一诗：

湖光秋月两相和，潭面无风镜未磨。

▼ 洞庭湖水面的渔网

▲ 岳阳楼，屹立于洞庭湖边

遥望洞庭山水翠，白银盘里一青螺。

  诗人别出心裁地将八百里洞庭比作掌中的银盘，湖中俊秀的君山则为盘中一枚青螺。现在从岳阳楼望去，这个比喻依然传神。洞庭之名，即源自湖中的洞庭山，即现在的君山岛，有"神仙洞府"之意。

  宋代，范仲淹受好友滕子京之托，写下千古名篇《岳阳楼记》。当时，范仲淹因公务繁忙，未能亲自来到洞庭湖，多亏滕子京写信时附上了一幅《洞庭晚秋图》，让他得以想象这一方烟波浩渺的水土。

  到了明代中后期，洞庭湖地区取代长江下游的太湖地区，成为全国最大的粮食出产地。即使是现在，洞庭湖区的粮食总产量仍占湖南全省的1/4以上，而水产品产量则占全省的一半，堪称真正的"鱼米之乡"。

洞庭湖扼长江之中游，被称为"长江之肾"，是一个巨大的天然水库，其湖泊容积高达200多亿立方米。

在古代，洞庭湖一度号称"八百里洞庭"，但根据1995年的测量数据，洞庭湖的实际湖泊面积已从鼎盛时的6000多平方千米，萎缩至当年的2625平方千米，降格成为中国第二大淡水湖——第一是江西的鄱阳湖。尽管洞庭湖的湖泊面积已不如鄱

▼ 岳阳楼近景

阳湖，但多年平均入湖水量却为鄱阳湖的3倍，它吞吐着长江洪水，守护着沿岸的生灵，濒危的长江江豚也曾在洞庭湖中露出微笑的面容。

　　湘江是洞庭湖最主要的水量来源。洞庭湖所处的湖南，也正是因为湘江而简称"湘"。

　　中国的江河，大多是自西向东走向，但流入洞庭湖的湘江，与流入鄱阳湖的赣江一样，都是自南向北走向。湘江有东源和南源两个源头，其中东源白石河是主源，发源于南岭山脉的广西兴安县；南源则发源于南岭山脉的广西灵川县。它在从南向北奔腾了800多千米后，在湖南湘阴注入洞庭湖。

　　关于湖南为何有"三湘"之称，有一种解释是，因为湘江上游与漓水合流，简称漓湘；中游与潇水合流，简称潇湘；下游则与蒸水合流，简称蒸湘。

　　作为洞庭湖主要支流，湘江上游有秦始皇时期开凿的灵渠。秦国统一天下后，秦始皇派屠睢率兵50万南征百粤。由于南岭山路崎岖，军粮物资转运艰难。为了解决运输问题，秦始皇二十八年（前219），秦始皇命史禄督工，在今广西兴安境内的湘江与漓江之间修建一条人工运河，耗时5年，最终于公元前214年凿成，是为灵渠。

　　灵渠的出现，将长江水系和珠江水系连为一体，这对于秦朝军队从北向南的军事征服和物资运输来说，意义重大。灵渠凿通后不久，凭借着便利的水路运输，秦朝军队最终征服百粤，占领了今天的广西、广东等地，将南粤大地纳入了秦朝的版图。

　　湘江中游，则有五岳之一的南岳衡山。传说北雁南飞，至衡山而返。而道教所称的"三十六洞天，七十二福地"，就有四处位于衡山之中。

衡山山体由雄伟的花岗体构成，呈南北走向，坐拥大小山峰72座，以祝融、天柱、芙蓉、紫盖、石廪（lǐn）五峰最为著名。最高峰祝融峰海拔1300.2米，为尊崇传说中的火神祝融氏而命名。

由于地处湖南，南岳的气候也如火般热情，山上终年翠绿，奇花异草四季郁香，并建有万亩植物园。

与其他四岳一样，南岳衡山也有专属于本地的信仰。南岳集贤峰下，有一座供奉衡山夫人的黄庭观。相传，魏晋大臣魏舒生有一女，名叫魏华存，她酷爱老庄，志慕神仙，后来出家成为一名女道士。后逢永嘉之乱，魏夫人携二子南渡避乱，隐居修道，被后世称为"衡山夫人"。衡山夫人在湘江流域留下诸多传说，

▼ 南岳衡山望日台之上，远眺湘江与东方群山，平流雾中群山如万马奔腾

也开创了古代女子出家修道的先河。

湘江下游，则有岳麓山等风景名胜。作为南岳七十二峰之一，岳麓山坐落于湘江畔，俯瞰江中的橘子洲，每逢秋季，"万山红遍，层林尽染"。岳麓山脚下，是享有"千年学府，百年名校"之誉的湖南大学。而其前身，为中国古代四大书院的岳麓书院。历史上，朱熹、张栻（shì）、王阳明等大师，与曾国藩、左宗棠、谭嗣同等风流人物，都曾在岳麓书院留下足迹。

清嘉庆年间，岳麓书院来了一位新山长（相当于院长）——湖南宁乡人袁名曜。袁名曜接任书院掌门人后，门人请他题写书院大门门联。袁名曜说："我出个上联，你们对出来就是门联。"接着他说道："惟楚有材！"学生们苦思良久，这时，湖南贡生张中阶走进来，应声对道："于斯为盛！"

袁名曜所出的上联出自《左传·襄公二十六年》的"虽楚有材，晋实用之"。张中阶的下联则出自《论语·泰伯》"唐虞之际，于斯为盛"。二联皆语出典籍，又一语双关，可谓天下绝对。

而今，岳麓山上处处典故，爱晚亭在红叶簇拥下尽显诗意；黄兴、蔡锷、陈天华、禹之谟等近代爱国志士的墓碑静静伫立；儒、释、道三教遗址遍布山间，天人合一。

"惟楚有材，于斯为盛"，这副天下闻名的门联，至今仍是岳麓书院的门面担当，也承载着大江两岸的楚湘文化。

洞庭湖水系中，湘、资、沅、澧四水中的资水也称资江，全长653千米，沿岸山高谷深、行船险峻，有七十二险滩之说。1962年，位处资水干流的柘溪水电站开始投入运营，这使得资

▲ 岳麓书院

水航路从此被阻断，虽然险滩和英勇船工的风光不再，但他们的故事仍然流传在资水两岸。

湘、资、沅、澧四水中的沅水也称沅江，全长达1033千米，是洞庭湖水系中最长的河流。沅江流经贵州、湖南，其西北是武陵山，东南是雪峰山，皆呈东北-西南走向。

东汉时，在沅水注入洞庭湖处，曾经设立武陵郡的郡治临沅县。东汉时的武陵郡包括了今天的整个湘西地区，以及今贵州的东部地区。

汉末三国时期，孙权与刘备在赤壁之战击败曹操后，约定两分荆州，双方约定长沙、桂阳、江夏归属孙权，刘备则控制武陵、零陵、南郡，相当于孙权控制原来的北荆州地区，刘备则控制南荆州地区。由于刘备控制了武陵郡，一旦其越过武陵山，则长沙等郡基本无险可守。为了解决北荆州的隐患，孙权决定趁关羽北伐襄阳时偷袭南荆州，使得关羽进退失据，最终被杀，而刘备则因此彻底丧失了从荆州北伐的可能性，从此在军事战略上陷入被动。

三国已成往事。到了东晋，出生在今江西九江的诗人陶渊明，却对西边的武陵产生了极大的兴趣。在耳濡目染之下，怀揣着对安宁生活的向往，陶渊明在乱世之中写下了《桃花源记》："晋太元中，武陵人捕鱼为业。缘溪行，忘路之远近。忽逢桃花林……"

因为陶渊明的一篇《桃花源记》，"世外桃源"从此成了人们心生畅想的浪漫名词。位处湖南省桃源县的桃花源风景区，留下了李白、孟浩然、王昌龄、王维、杜牧、刘禹锡、韩愈、苏轼、陆游等古代文化名人的诗词墨迹。桃花源还被称为中国古代道教圣地，享有"三十五洞天、四十六福地"的美誉。

除了桃花源，沅江的二级支流沱江，也因为孕育了湘西名城凤凰而闻名遐迩。凤凰县在汉代隶属于武陵郡。到了民国时期，凤凰名人辈出，如民国第一任民选内阁总理、教育家熊希龄，著名作家、历史学家沈从文，著名画家黄永玉等都是凤凰人。

1934年，作家沈从文发表了中篇小说《边城》。在小说中，沈从文以1930年代的一座湘西小城为背景，叙述了一名船家少女翠翠的爱情故事。小说中描绘的纯美湘西山水和风土人情，使得作为沈从文故乡的湖南凤凰县声名鹊起。从此，凤凰开始成为国人心中象征浪漫纯美的名词。

湘、资、沅、澧四水中长度最短的澧水，全长只有388千米（一说407千米）。澧水的上游，有世界地质公园武陵源风景名胜区，分别由张家界国家森林公园、索溪峪自然保护区和天子山自然保护区等组合而成。

以绝美风光闻名于世的张家界，原为大庸县，是古庸国所在地。明弘治年间，永定卫大庸所指挥使张万聪镇守有功，朝廷就从这片土司占据的山林中，划出一块作为其封地（今张家界国家森林公园一带）。张万聪极为感动，举家上山，守山护林，传了几代人后，这一带被老百姓叫成"张家界"。再后来，"张家界"成为一个景区，甚至是城市的名字。

然而直到20世纪80年代之前，张家界仍然不为人知，画家吴冠中评价它"养在深闺人未识"。就在20世纪80年代，张家界成为中国第一个国家森林公园。此后，神秘的张家界逐渐向外人露出其奇绝的面目，并在此后成为火爆几十年的网红打卡地。

▼ 天子山

张家界中，大自然雕刻的天门山，巍然支撑在天地之间，四面绝壁矗立。远眺过去，穿过999级台阶，那个巨大的天然石洞，宛如通天之门。

湘、资、沅、澧四水共聚洞庭一湖的水系格局，是长江中游格局的重要组成部分，也是湖南的水系命脉所在。但是由于开发较晚，湖南全省在晚清以前，人才一直不太兴盛。湖南安化人陶澍（1779—1839）在国史馆参与编纂《嘉庆一统志》的过程中曾感慨说，湖南除了王夫之以外，几乎没有产生多少有影响力的文化名人，这让陶澍觉得很没面子。

民国社会活动家丁文江，曾经对"二十四史"列传中的人物进行籍贯考订，统计出有籍可考的人物共5780多名，属于湖南籍的只有50多名，占比不到1%。而位列前五的省份——河南（912人）、河北（619人）、浙江（528人）、陕西（505人）、江苏（505人），远多于湖南。

但从晚清陶澍之后，湖南的人才呈井喷般爆发。后来官至两江总督的陶澍，一生大力提倡实学，认为"有实学，斯有实行，斯有实用"，主张"研经究史为致用之具"，强调读经是为了经世济时，为现实所用。

在他的提拔赏识下，胡林翼、曾国藩、左宗棠等人才开始崭露头角，而胡、曾、左三人同时名列个别版本的晚清中兴四大名臣之中。尽管有的版本没有胡林翼，但是曾国藩和左宗棠却是各个版本都公认的晚清中兴四大名臣之二。作为湘军三大主将，胡林翼、曾国藩、左宗棠的出现，标志着近代湖南人才井喷的开始。

清咸丰二年（1852年），因为母亲去世返乡丁忧的曾国藩，在太平天国席卷东南的形势下，主动请求建立地方团练武装对抗太平军。在获得清廷批准后，曾国藩以自己的老乡湖南人为班底，开始组建一支此后影响中国近半个世纪的武装部队——湘军。

此后，以曾国藩为首，湘军队伍中涌现出了左宗棠、刘锦棠、王德榜、曾纪泽等人才。到了1864年，由曾国藩的弟弟曾国荃率领的湘军攻破太平天国首都天京（今南京），最终历时近14年的太平天国运动宣告失败。

在鼎盛时期，仅曾国藩名下拥有的湘军就达30万人。后来，曾国藩为了规避清廷的猜忌，急流勇退，主动裁撤湘军。

整个晚清时期，从湘军中共走出了15位总督、14位巡抚，其他文武官员不计其数。而在1842年到1912年的70年中，大清的375名总督、巡抚中，湖南人占据了40名，高居各省榜首，占全国的10.67%，以致晚清有"中兴将相，什九湖湘"的说法。

湘军的创办者曾国藩于1872年去世后，湘军另外一位主将左宗棠，又率领大军先后平定陕甘之乱和新疆的阿古柏之乱，为晚清平定西北、收复新疆立下了不世奇功。在此后进行的中法战争中（1883—1885），由左宗棠派出的湘军将领王德榜及其所率领的恪靖军，也在镇南关战役和谅山战役中立下了大功。

当时，湘军势力几乎掌握了半个清朝的军政大权，而湘军从将领到士兵，也以"耐得烦、吃得苦、霸得蛮、舍得死"而闻名天下。湘军的兴盛，也直接带动了湖南的崛起。近代以来，有个说法是"湘运之兴，从湘军起"。随着湘军的崛起，经济上富有的湘军将士纷纷返乡建设，这直接带动了长沙乃至湖南全省的公共设施建设和经济发展。

作为"湘运之始"，以曾国藩为首的湘军势力，也开始在湖南境内大规模发展文化教育事业，创办书局、刊印书籍，为近现代湖南的人才崛起，奠定了教育和思想基础。

  湘军崛起后，湖南人才不仅在军政两界称雄全国，在文化科教领域，各类人才也开始不断涌现，如数学人才丁取忠、黄宗宪、左潜、曾国藩之子曾纪鸿等；外交人才郭嵩焘、曾纪泽等；文史人才王先谦、王闿运、周寿昌、皮锡瑞等。而参与戊戌变法，在1898年遇害的"戊戌六君子"之一谭嗣同，就是湖南浏阳人。

  对此，史学家谭其骧评价说："清季以来，湖南人才辈出，功业之盛，举世无出其右。"对于这种局面，当时的湖南人也非常自豪，喊出了"国家不可一日无湖南"的口号。

  清末民初的湖南湘潭人杨度（1875—1931），有两句话曾广为流传："凭兹百战英雄气，先救湖南后中国"，"若道中华国果亡，除非湖南人尽死"。湖南人

▼ 湘潭韶山毛泽东同志故居

的这种地域自信，是这一时期其他省份的人所无法企及的。

尽管湘军后来衰落了，但湖南这个人才库，依然源源不断地走出一流人物。

紧接湘军人才群，湖南先后又涌现出两拨人才：

一是光绪年间，以唐才常、熊希龄为代表的湖南维新志士。他们是全国变法维新运动的激进派，在湖南建学堂、办报刊、设学会、倡办近代工矿企业，使湖南成为"全国最富朝气的一省"。

二是辛亥革命时期，以黄兴、宋教仁、蔡锷为代表的资产阶级革命派。他们是同盟会的核心，多次武装起义的组织者、领导者。湖南是武昌起义后的首应之省，湖南人又是反袁护国战争的主要发起者和领导者。

▼ 长沙橘子洲烟花

在国共合作的北伐时期，军队高级将领中湖南人最多。蒋介石也深受曾国藩影响，由他出任校长的黄埔军校一期到七期的毕业生中，湖南学生有2526人，占比高达28.9%。

03　江右文脉，奇秀江西

长江吸纳洞庭湖水后，转弯北上武汉，然后出湖北黄梅进入江西九江。在九江，长江将与鄱阳湖融合。

江西省名出自唐玄宗设立的"江南西道"，流经江西九江的长江段，也有一个古老的名字——浔阳江。在江西境内的鄱阳湖，犹如一个宝葫芦，系于万里长江的腰上。

鄱阳湖，古称"彭蠡泽"，与中国其他大湖一样历经沧桑。早在《尚书·禹贡》中，就有"彭蠡既猪（通'潴'），阳鸟攸居"的说法。唐宋时期，古彭泽随着自然演变与人类活动，逐渐向东南扩展，遂为鄱阳湖。

元朝末年，朱元璋与陈友谅大战于此，这场惊天动地的大战，极大地影响了中国历史的走向。最终，朱元璋以少胜多，陈友谅60万大军几乎全军覆没，一个新

▼ 丰水期的落星墩——鄱阳湖水域的标志性景观，始建于宋朝

生的王朝，逐渐崭露头角。

如今，鄱阳湖位于长江中游南岸，接纳赣、抚、饶、信、修五水，补充长江水量，形成了南北长约173千米、东西宽约70千米的中国第一大淡水湖。流经鄱阳湖的五大支流，以赣江最大，江西因此有了"赣"这一简称。

鄱阳湖地跨长江中下游平原、中国东南山地两大地貌单元，地势低平，四周山丘环绕，在九江湖口向北敞开，不像洞庭湖那样有四口相通，可承泄大量洪水。因此，鄱阳湖的泄洪功能相对不如洞庭湖。

阳春三月，江南草长，鄱阳湖风光妩媚。秋冬之际，鄱阳湖水位回落，珍禽翔集，正所谓"渔舟唱晚，响穷彭蠡之滨；雁阵惊寒，声断衡阳之浦"。

▼ 枯水期的落星墩——每到枯水期，鄱阳湖水位下降，草滩浮现，这座千年石岛就会露出全貌

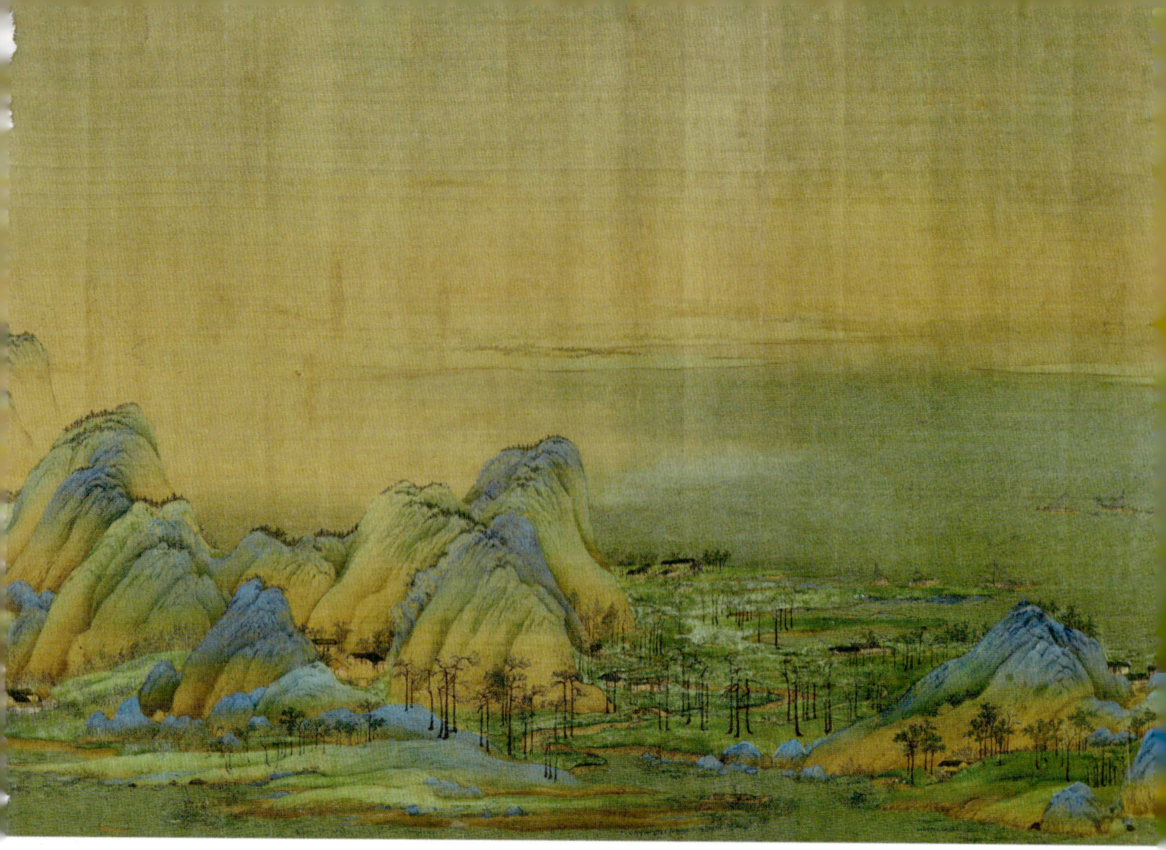

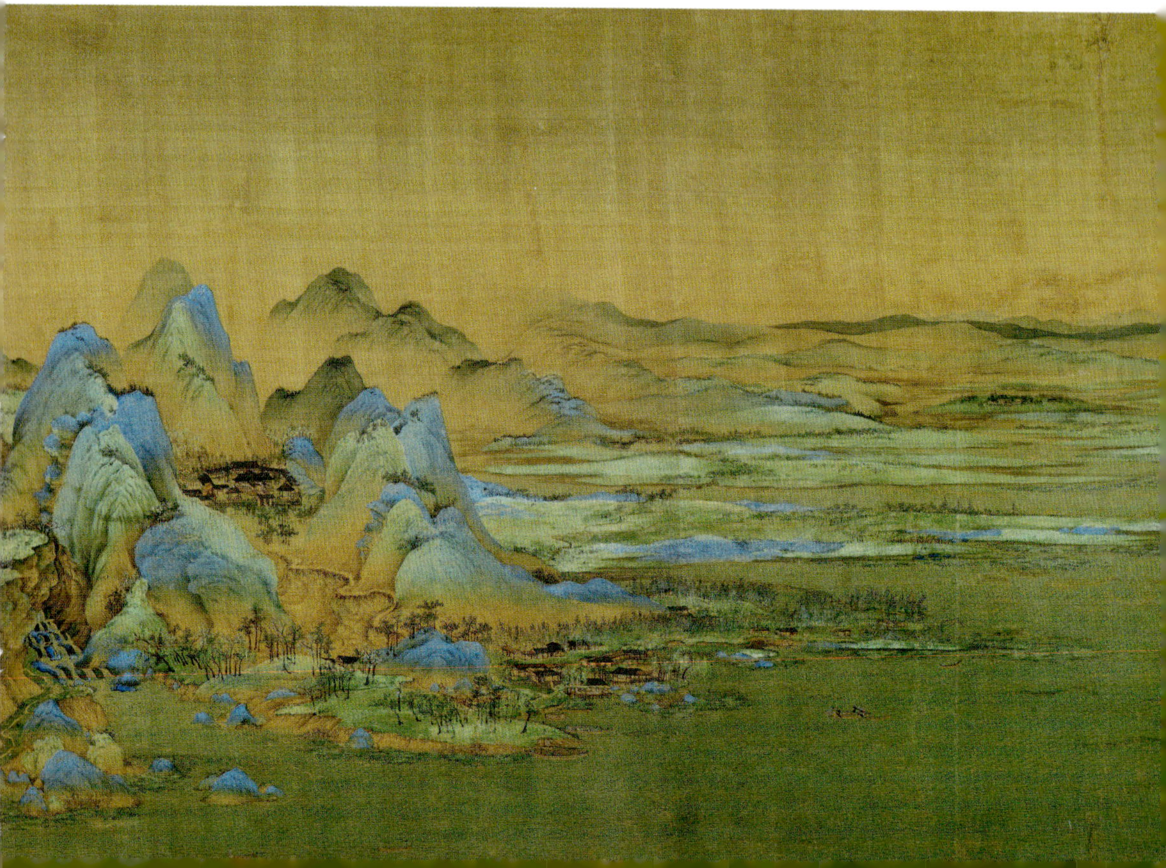

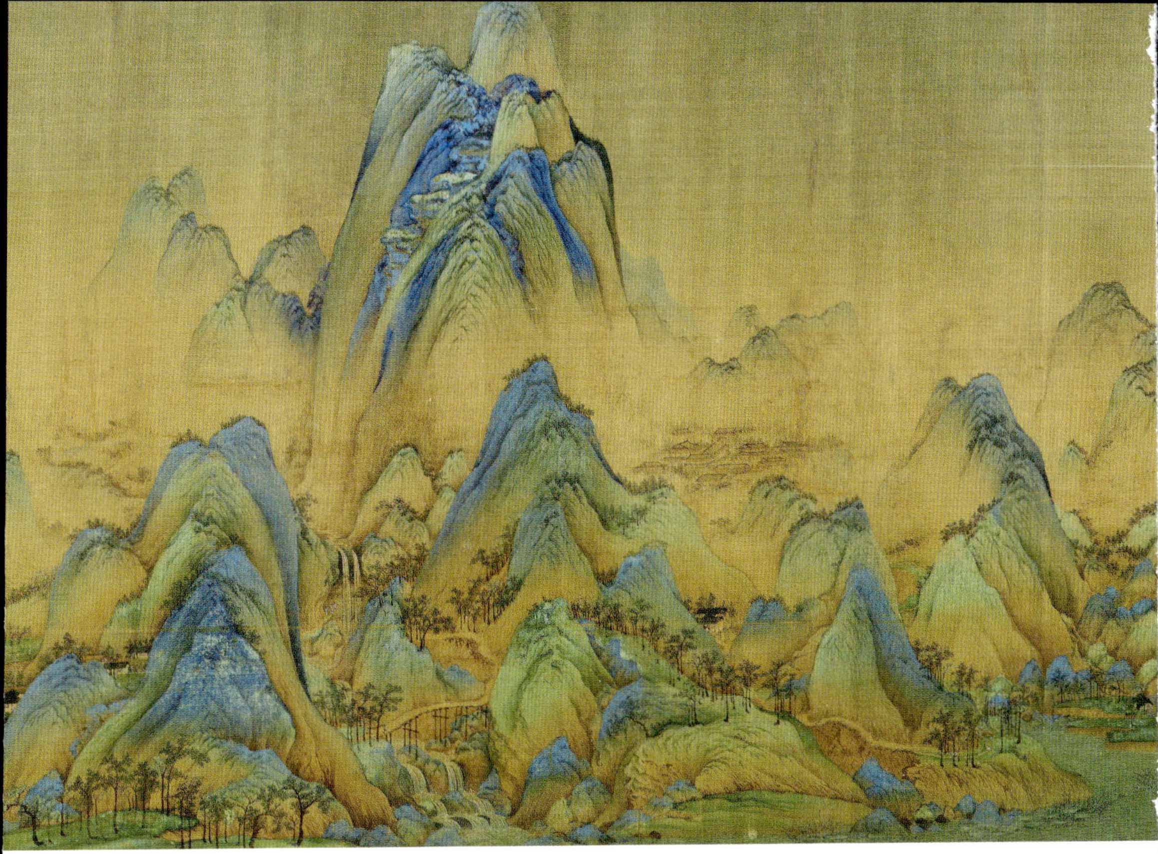

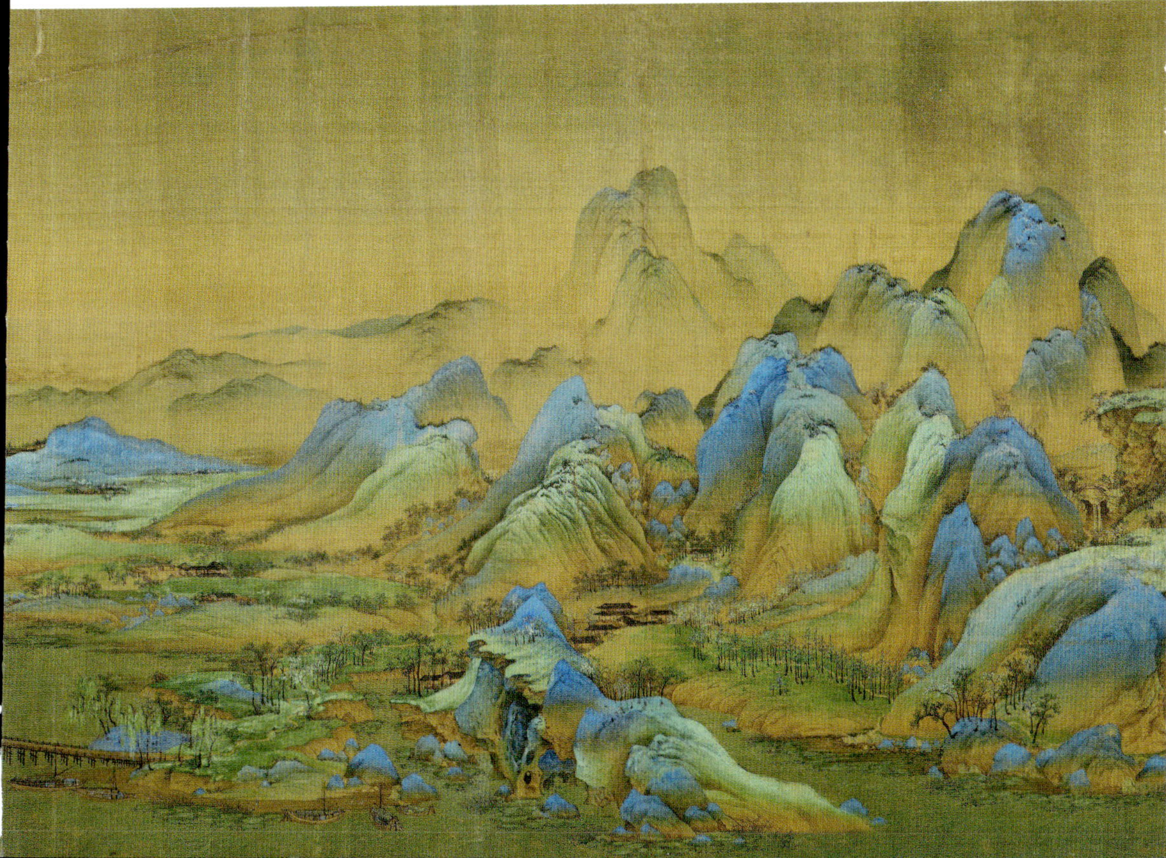

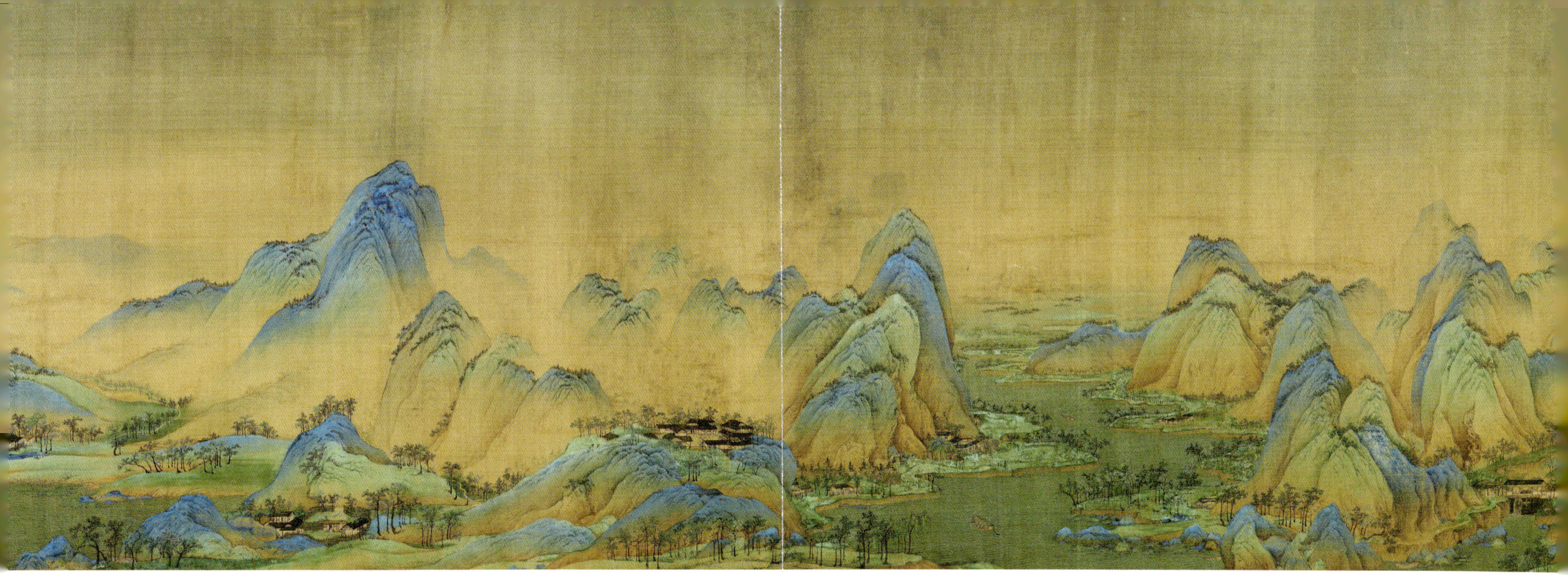

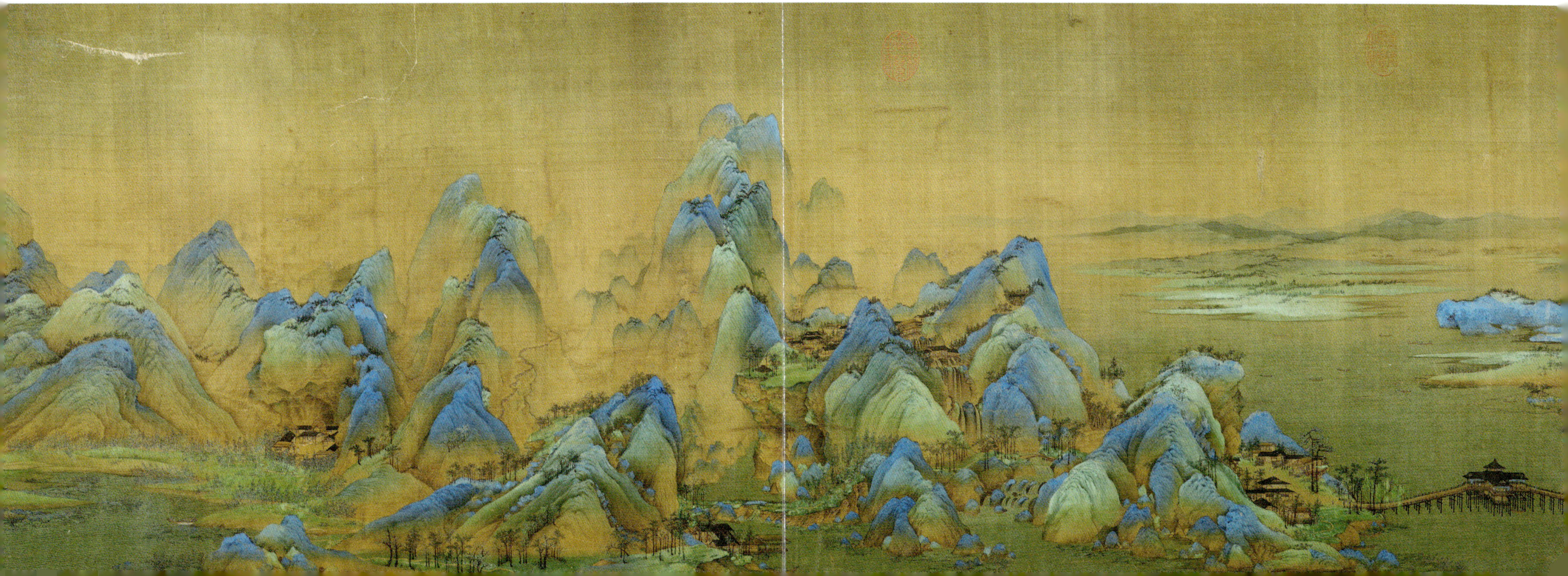

■《千里江山图》（局部）北宋 王希孟
中国十大传世名画之一，全卷以青绿山水画法，以庐山和鄱阳湖的景观为蓝本，勾勒出层峦起伏的群山和烟波浩渺的江水。画面气象恢宏，水天相接，其间点缀亭台楼阁、庄园瀑布、人物渔船，展现了天人合一的江南水乡之美和中国锦绣山河之壮观。

长江干流在中游流经广阔平原，几乎一马平川，唯独在九江市以南、鄱阳湖之畔，"一山飞峙大江边"。雄伟的庐山拔地而起，在湖光潋滟之中托出了匡庐奇秀。

传说千百年前，匡俗七兄弟在庐山筑庐修道，此山被称为"神仙之庐"，得名庐山。庐山位于江西的北大门前，北望长江，东临鄱阳湖，素有"奇秀甲天下"之称。

云雾缭绕的庐山，有陶渊明隐居"采菊东篱下，悠然见南山"的闲适，有李白笔下"飞流直下三千尺，疑是银河落九天"的壮观，有苏轼所写"不识庐山真面目，只缘身在此山中"的境界，藏着厚重的文化底蕴。

唐代，江州（今九江）刺史李渤及其兄长、诗人李涉，曾在庐山五老峰南麓读书隐居。据说，李渤养过一头白鹿，世人又称他为"白鹿先生"。后来，李渤隐居的地方被辟为书馆，题名为"白鹿洞书院"，经宋代朱熹重修，名列古代四大书院之一。

到了近现代，1937年7月，著名的《抗战宣言》在庐山发出："地无分南北，人无分老幼，无论何人，皆有守土抗战之责任。"

1938年7月，日军进攻庐山，3000多中国官兵奉命坚守庐山。他们在山上与日寇展开激烈战斗，一直坚守到了1939年4月，才因汉奸出卖、阵地被日军攻破而不得不撤退。坚守庐山九个多月的时间里，过半官兵在此殉国。庐山孤军的英勇流传后世，他们用自己的鲜血护卫了庐山的山河壮丽。

改革开放之初，电影《庐山恋》赋予了庐山新的浪漫，许多中国人第一次在电视中看到了庐山，也开启了对新时代的向往。为了纪念这部电影，山上有专门的电影院不间断地上映该片，至今已连续放映了40多年，创下了吉尼斯世界纪录。

庐山之外，龙虎山作为江西和道教的宝地，也驰名中外。龙虎山位处信江中下游的江西鹰潭。东汉中期，正一道创始人张道陵曾在这里炼丹，传说"丹成而龙虎现"，龙虎山也因此而得名。

作为中国第八处世界自然遗产、世界地质公园和国家自然文化双遗产之地，龙虎山也是道教的发祥地。根据道教典籍记载，张道陵的曾孙张盛，在三国或西晋时就已在龙虎山定居。此后张天师后裔世代定居龙虎山，至今传承了六十三代，历经1900多年。

四大名著之一《水浒传》开篇第一回的"张天师祈禳（ráng）瘟疫，洪太尉误走妖魔"，讲的就是宋仁宗因为京师开封瘟疫蔓延，特地遣派太尉洪信前往江西龙虎山延请张天师祈禳瘟疫。没

▼ 庐山夕阳

想到洪太尉上山后求见张天师不成，竟然不顾众道士劝阻，强行打开"伏魔之殿"，放出妖魔，以致酿成大祸。

《水浒传》虽然是小说，但该情节却反映了宋元时期龙虎山已成为全国性的道教仙山，其在道家系统中的至尊地位，非其他名山所能撼动。

作为鄱阳湖的五大水系之一，信江全长313千米，发源于浙赣边界的江西怀玉山，并在江西余干一分为二，分别汇入鄱阳湖。

唐朝安史之乱期间，陆羽为了躲避战乱而南下长江流域定居。其间，他实地考察了三十二个州，历时十余年，最终写成了世界史上第一部茶叶专著《茶经》。在今天信江沿岸、江西上饶信州境内，有一座始建于唐代的茶山寺，寺内有陆羽泉，传说茶圣陆羽曾在这里写作《茶经》。

而信江中游的铅山县，则是南宋爱国词人辛弃疾（1140—1207）晚年的定居之地。宋宁宗开禧三年（1207）秋，南宋朝廷决定起用辛弃疾，但诏令到铅山时，辛弃疾已患重病，卧床不起。同年农历九月，辛弃疾在铅山病逝，据说他临死前还大声叫喊着："杀贼！杀贼！"

在信江流域，还有另一座道教仙山三清山。传说早在晋代，著名医药学家、道士葛洪就曾在三清山结庐炼丹。唐宋元明时期，三清山的道教传播渐趋鼎盛，并建了一系列流传至今的道观建筑。2008年，三清山获评成为中国第七个、江西第一个世界自然遗产。2012年，三清山又被联合国教科文组织正式列入世界地质公园名录。

长江与鄱阳湖交汇处，为九江市湖口县，这也是长江中游与下游的分界点。在湖口临江而立的,是被称为"千古奇音第一山"的石钟山。石钟山,因山石多隙,水石相搏,击出有如钟鸣之声而得名。此处居高临下,如同扼守长江的"江湖锁钥"。

宋代,苏轼送他的长子苏迈到饶州德兴县(今江西德兴)为官,路过湖口,夜泊石钟山下,在鄱阳湖畔写下《石钟山记》,辨明石钟山命名的由来。长江自此东去,带走了似水流年,道不尽永世不老的万古山川。

全长744千米的赣江,共有东源、西源两个源头,其中东源贡水出自福建武夷山,西源章水出自广东大庾岭。赣江与湘江一样,流向都是从南向北,比较特殊,最终汇入鄱阳湖,注入长江。

在今天看来,江西是一个略显偏僻落寞的省份,但在古代,因为赣江通联鄱阳湖和长江,这种水运优势,使得江西在唐宋元明清长达千年的时间里,一直是一个重要的经济、文化大省。

中唐以后,中国的经济重心逐渐南迁到长江下游的江淮地区,而位处长江中下游衔接处的江西,也因此迎来了发展红利期。

唐朝安史之乱和北宋靖康之变后,北方人口出现了中国历史上继永嘉之乱以后的第二次和第三次大规模南迁。这些南迁的人又从江淮地区沿着鄱阳湖、赣江南迁到了赣南地区和福建、广东交界的山区,成为今天汉族客家民系的祖先,并解决了江西原来人口存量不足的问题。

在经济上,唐宋元明清以来,广州、泉州一直是中国重要的国际贸易港口。由于农业社会陆路运输不便,在沟通南北贸易时,水运便有了一种特殊优势。因此,利用鄱阳湖—赣江水运路线，江西在北京—大运河—长江—鄱阳湖—赣江—大庾岭（北江）—广州这条长达3000千米的南北黄金水道上占据了核心地位。鄱阳湖—赣江水道全长约1000千米，占了这条南北黄金水道的1/3。江西在鸦片战争以前，是中国沟通南北最重要的通道之一。

以江西境内的景德镇为例，景德镇在唐宋时期隶属于浮梁县，当时那里出产的瓷器和茶叶已经非常有名。手工业的发展，刺激了景德镇商业的兴起。南宋人汪肩吾说，浮梁之民，"富则为商，巧则为工……士与工商，皆出四方以就利"。

通过水路运输，江西商人一方面将本省景德镇的瓷器、长江

▼ 景德镇的瓷杯

三角洲的丝绸、闽浙的茶叶等"外贸三大宗"运往广州供出口；另一方面在本土从事大规模的贸易往来，将本省的大米、木材、纸张、药材、夏布等南调北运。

如今看起来交通相对闭塞的江西，在明清人的眼里，全省都是"水上高速公路"。以木材为例，江西抚州、赣南出大木，砍伐后运入赣江，溯流而下，就能一路漂浮到鄱阳湖，然后入长江，一路东下转销江南，或入大运河运往华北。明朝中后期至清朝前期，江西商业繁荣，沿着水路形成了樟树、景德、吴城、河口四大著名商镇。

在独占优势的鄱阳湖—赣江水路运输刺激下，早在北宋时期，赣商就开始兴起。到了明朝初期，被称为江右商帮的赣商，更是成为一时翘楚，当时甚至有"无江（右）不成市"的说法。

江西在唐宋以后的经济崛起，也带动了江西的文化和人才崛起。我们今天所熟知的唐宋八大家中，欧阳修、王安石和曾巩三人都是江西人。此外，江西还走出了晏殊、晏几道、陆九渊、文天祥、汤显祖等文学、哲学大家及仁人志士，由此可见宋明两代江西的文化与人才之鼎盛。据统计，《全宋词》收录的1397位词人中，江西词人就有170人，占比1/8。

中国科举史上的约10万进士，约1/10出自江西。江西在科举史上的辉煌地位，更是在明朝初期的百年间达到巅峰。

建文帝在位的第三年（1400），科举考试的结果公布后，大家发现得中一甲（状元、榜眼、探花）的胡广、王良和李贯三人竟然都是江西人，而且还都是江西吉安人。不仅如此，二甲头名和第二名，依然是江西人。也就是说，这场科举考试的全国前五名都被江西人"承包"了。四年后，也就是明成祖永乐二年

（1404）举行的科举考试中，前七名竟然全是江西人。

统计整个明代进士籍贯分布可以发现，来自浙江、江西、江苏、福建的进士分别有3697人、3114人、2977人、2374人，江西省排名全国第二，仅次于后来崛起的浙江。

但是，从中唐以后开始发展，宋明两代趋于鼎盛的江西，却在鸦片战争以后逐渐走向衰落。

1853年，太平军开始进入江西，一直到1865年太平军余部最后退入广东，13年间，太平军与清军在江西连年争战，导致江西省境化为焦土。根据历史学家曹树基的测算，1851年，太平天国运动刚爆发，尚未波及江西，江西人口达到2400多万；1865年，太平天国运动结束，江西人口锐减为1200多万。13年的战乱，导致江西人口减少一半。

与在镇压太平天国运动中崛起的湘军带动湖南发展不同的是，太平天国运动带给江西的是彻头彻尾的破坏和打击。太平天国运动期间，清军对江西商民课以重税以支持战争，导致江西商民被敲骨吸髓，这让江西经济遭受重创。

对近代江西更致命的影响，则是来自鸦片战争以后中国经济地理格局的转变。

在19世纪中期两次鸦片战争以前，江西凭借着南北黄金水道，多次在战乱中重生崛起。但是随着鸦片战争以后上海的开埠，中外贸易重心逐渐由广州转移到上海，加上后来外国轮船获许在长江上通航，全国的内外商货流通改道，使得鄱阳湖—赣江的南北通航区位优势一去不返，传统上由江西至广东的商业运输路线完全衰落。江西一下子从经济干道变成商路死角，地位陡降。

晚清时期，中国也跟随世界开启了铁路时代。在晚清的铁路兴建浪潮中，当时的南北通道京汉—粤汉铁路，选择了北京—河北—河南—湖北—湖南—广东的走向。此后，原本与江西毗邻、一直默默无闻的湖南，在湘军和铁路等多重优势扶持下迅速崛起；而被南北运输干道"抛弃"的江西，则在中国近代化的交通格局中被彻底边缘化。尽管此后又修建了浙赣铁路，但其仅从赣北穿境而过，整个赣中、赣南远离交通线，过境贸易稀少。

至此，江西成了中国陆运（铁路）和水运（海运）的双重盲区。最终，在多重因素的共同作用下，江西在鸦片战争和太平天国运动以后，逐渐从原本的全国经济、文化翘楚，沦落成为边缘落寞的省份。

此后至新中国成立的180多年中，或许江西较为拿得出手的"成绩单"，就是诞生了全国最多的开国将帅。据统计，新中国开国将帅中，江西共有325人，占比20.14%，是全国各省份中最高的。但是，革命事业在江西的蓬勃发展和江西在民国时期走出来的新中国将星群体，恰恰很大程度上得益于江西因山地多、交通相对闭塞而易守难攻的地理优势，而不是经济发达或资源丰富，尽管祸福相依，但也值得深思。

然而，江西的文化影响力仍然顽强地持续下来，并走出了像修水陈氏这样的名门望族。

修水，是鄱阳湖的五大水系之一。籍贯江西义宁（今修水县）的陈氏家族，其祖上是于清朝雍正末年，从福建上杭迁居江西义宁的客家移民——当时被称为"棚民"。但是，经过几代人的耕读和奋斗，这个家族培养出了晚清的湖南巡抚陈宝箴。

陈宝箴是维新变法的积极拥护者。戊戌变法期间，他积极支持光绪帝变法，使得当时的湖南风气一新，得全国之先。变法失败后，陈宝箴被革职，永不叙用，后来甚至被慈禧赐死。

陈宝箴虽死，但他的儿子、诗人陈三立却不屈不挠。维新变法期间，陈三立与谭嗣同等人一起，被称为"维新四公子"，名动一时。陈三立擅长诗歌，也被称为中国"最后一位古典诗人"。1937年抗战爆发后，陈三立拒绝逃难，他对人说："我决不逃难！""中国人岂狗彘耶？岂贴耳俯首，任人宰割？"当时，日本人试图招降陈三立，陈三立让用人拿扫帚逐客。之后，为表抗议，这位已八十五岁高龄的老人连续绝食五日，忧愤而死。

陈宝箴、陈三立两代人为理想而死，而陈三立的五个儿子、修水陈氏的第三代，也个个都是人杰。陈三立的长子陈衡恪（陈师曾）是著名书画家，是吴昌硕之后、齐白石之前中国画坛最重要的人物，没有之一；陈三立的次子陈隆恪是著名诗人；三子陈寅恪更是蜚声国际的史学大师；四子陈方恪也是著名诗人，风流倜傥，被称为"金陵最后一个贵族"；五子陈登恪则是著名古典文学研究专家，武汉大学外文系原主任、中文系"五老"之一。

而修水陈氏的第四代、陈衡恪的儿子陈封怀（1900—1993），是中国现代植物园的创始人之一。

可以说，修水陈氏是江西乃至长江流域的文化巨族，堪称赣人之光。

从湖北宜昌至江西九江，广大的长江中游流域流经湖北、湖南、江西三地，无论山川河湖，还是物华天宝，长江的这处地带，都以深沉的历史、壮阔的地理、璀璨的人文影响着中华文明，并成为其中的重要组成部分，让长江中游无愧于"龙腰"之称。

二　长江中游名城：风云激荡英雄地

1938年，湖北宜昌，长江流域最大的航运私营企业民生公司总经理卢作孚，面临着人生中最大的考验。

由于长江中游要塞武汉在当年10月沦陷，日军正沿着长江不断进犯。当时，从武汉等地迁移而来的中国最后24000多吨民族兵工业器材和十几万吨货物、数十万军民拥堵在宜昌城内外，绝望地等待从宜昌乘船撤往重庆。而日寇则企图将中国最后的抵抗火种扼杀于长江之滨。

当时，从宜昌沿长江溯流至重庆，单程航行至少需要四天时间，而且宜昌以西的三峡航道狭隘，大船难以通行，要想赶在日军进攻之前抢运如此之多的物资、人员入川，任务之艰巨，操作之困难，非常人所能想象。

尽管卢作孚旗下民生公司仅有46艘轮船，但为了挽救抗战最后的希望，他当机立断，提出采用分段航行等措施，并临时雇用3000多人，征用850多艘民间木船。最终，在他奋不顾身、夜以继日的指挥下，民生公司仅用一个多月的时间，就将上述物资及人员抢运入川，为抗战的胜利保留了火种和希望。

在宜昌大撤退中，民生公司共被日寇炸沉炸毁轮船16艘，另有116名公司职员牺牲，61人受伤致残。在这场民族抗战中，卢作孚和民生公司的功绩将永远铭刻在抗战胜利的纪功碑上。

01　宜昌：三峡门户，川鄂咽喉

位于长江上游与中游交界地带的宜昌，素有"三峡门户""川鄂咽喉"之称，自古就是兵家必争之地。宜昌古称夷陵，因"水至此而夷、山至此而陵"得名，清朝时取"宜于昌盛"之意改称"宜昌"。

夷陵属古荆州地，春秋战国时曾是楚国的西塞要地，并建有城邑。东汉末年，由于曹操在208年的赤壁之战中落败北撤，三国格局逐渐形成。当时，曹操、孙权、刘备三方围绕古荆州展开激烈争夺，三国历史故事不少就发生在夷陵境内。

◀ 宜昌灯影石，号称『万里长江第一石』

蜀汉章武元年（221），刘备为了报复孙权偷袭荆州、斩杀关羽，带兵10万从四川沿长江直下，孙权派大将陆逊率军应战。双方相持至翌年，陆逊最终利用火攻，火烧连营，击败了蜀汉大军，史称夷陵之战（猇亭之战）。

夷陵之战的失败，使得蜀汉继丢失荆州后，再受重创。此后，刘备一病不起，最终于223年病逝于夷陵上游的白帝城。

宜昌地形险要，吸引了许多名人到此游玩。如宜昌境内位于西陵峡外的三游洞景区，在唐代时曾经吸引了白居易、白行简、元稹三位著名诗人一同来此，人称"前三游"；到了宋代，苏洵、苏轼、苏辙父子也一同游过此洞，人称"后三游"。因此，此洞被后人称为"三游洞"。

▼ 三游洞

南宋初期，著名的诗人陆游随军抗击金人，在入蜀时途经三游洞。当看到黄庭坚、欧阳修等人题刻时，陆游感慨万千。

整个抗战时期，长江流域成为中国军民誓死抵抗日寇侵略的重要依托。1937年，中国海陆军先在长江下游的江阴要塞，拼死抵抗日寇达三个月之久。中国海军第1舰队、第2舰队更是以全军覆没为代价，在江阴战斗到了最后时刻。

日军攻占长江下游的上海和南京后，中国军队又于1938年6月至10月以长江中游的武汉为中心展开会战，并在长江南北两岸的湖北、安徽、江西、河南等四省广大地区奋勇抗击日寇。

武汉沦陷后，国民政府迁都长江上游的重庆。为了护卫陪都重庆，阻断日军控制长江上游，1940年，中国军队第三十三集团军总司令张自忠率军战至最后一刻，殉国于湖北襄阳十里长山。

张自忠殉国后，蒋介石下令不惜一切代价抢回其遗体。灵柩运抵宜昌后，宜昌军民顶着日军飞机盘旋轰炸的威胁，不顾一切扛着将军灵柩，一直送行到了江边灵船上。

日寇一时无法攻占宜昌，不能沿着长江推进，便对陪都重庆进行了惨无人道的长达五年半的大轰炸，重庆军民达1万多人被炸死，超过17600幢房屋被炸毁，重庆市区大部分繁华地区被炸成残垣断壁。

中国军民誓死不屈，在当时的重庆城，曾广泛流传着一曲民歌：

让你龟儿子轰！让你龟儿子炸！老子们有很好的防空洞，不怕！

让你龟儿子轰！让你龟儿子炸！老子们有广大的农村，

不怕!

让你龟儿子轰!让你龟儿子炸!老子们总要大反攻,怕啥!

到了1943年,宜昌城区已经沦陷,中国军队又在宜昌上游的长江石牌要塞坚持抵抗,日本集结了10万大军进攻石牌。

石牌是长江三峡西陵峡右岸的一个小村庄,位于今宜昌夷陵区境内。长江在行经石牌时,突然右拐110度,构成战争天堑。为了守卫陪都这个最后的屏障,当时中国军队第十八军第十一师师长胡琏奉命死守石牌。大战前,胡琏对属下的团长们下令说:

"从明天起,我们将与敌人短兵相接……战至最后一个,将敌人枯骨埋葬于此,将我们的英名与血肉涂写在石牌的岩石上。"

当时,年仅36的胡琏,特地在石牌要塞附近的凤凰山上,带领师部人员设案焚香祭天。这位誓死捍卫石牌、保卫重庆的年轻师长,喊出了这样的祭天誓言:

我今率堂堂之师,保卫我祖宗艰苦经营遗留吾人之土地,名正言顺,鬼伏神钦,决心至坚,誓死不渝。汉贼不两立,古有明训。华夷须严辨,春秋存义。生为军人,死为军魂。后人视今,亦尤今人之视昔,吾何惴焉!今贼来犯,决予痛歼,力尽,以身殉之。然吾坚信苍苍者天必佑忠诚,吾人于血战之际胜利即在握。

此誓

日军不断推进至石牌要塞附近,战斗进行至短兵相接时,中国军队官兵集体冲锋而出,与日军展开了激烈的白刃战,无数战士在此殉国。最终，中国军队击退了日军的进攻，牢牢守住了石牌要塞。

至此，从1937年的江阴保卫战、淞沪会战，到1938年的武汉会战，再到1939年至1944年的四次湘北会战，以及1943年的石牌保卫战，中国军民沿着长江流域誓死抵抗，最终牢牢守住了陪都重庆，守住了四川这个中华民族最后的战略要地，并以此为基地，最终坚持到了抗战胜利。

从1931年九一八事变开始，历经14年艰苦抗战，中华民族最终光复国土，迎来了抗战的最终胜利。

回顾这场涅槃重生的史诗级民族战争，依托长江进行的长江系列抗战，也终将铭记在所有后世国人心间。

宜昌在全民族抗战中功绩彪炳，但它的城市作用并不仅限于此。由于宜昌位处三峡末段，万里长江在此经由狭隘的通道倾泻而出，这使其具备了兴建水利设施的天然优势。1988年，历时18年的"万里长江第一坝"葛洲坝水利枢纽兴建竣工，发挥了蓄水发电、扼制洪水下泄、护卫中下游亿万百姓安危的重大功效。

在葛洲坝经验的基础上，三峡工程于1994年正式动工，并于2020年完成整体竣工验收程序，建设任务全部完成。作为迄今（截至2023年）全球装机容量最大的水电站，三峡工程在2020年的发电量达到1031亿千瓦时，创单座电站年发电量的世界纪录。

三峡工程的建设，也使得长江上游的三峡地区原本险滩众多、江面狭隘、不利通航的诸多难题得到解决。三峡工程建成后，随着长江上游水位抬高，水面壮阔的原三峡江面，已经可以通航万吨级船舶。

从营建葛洲坝到建设三峡工程，宜昌对长江和中国的贡献，谱写了新的辉煌篇章。

▲ 葛洲坝水利枢纽工程

▼ 三峡大坝全景

02　荆州：兵家必争之地

长江出宜昌后，开始进入荆州。由于控扼长江中游，荆州自古就是兵家必争之地。

《尚书·禹贡》中曾列举了天下九州之地：冀、兖、徐、青、扬、荆、豫、雍、梁，荆州是其一。春秋战国时，由于荆州位处当时的楚国境内，因此"荆楚"也经常合称使用。

东汉末年，拥有今天的湖北、湖南等地的荆州，在北方一片动荡的形势下，保持长期的和平。这使得北方士人纷纷南迁，到此避难。诸葛亮家族就是在此时期南迁到当时隶属荆州的襄阳的。后来刘备三顾茅庐，诸葛亮在隆中为他做出了三分天下的战略建议。

始建于东汉时期的荆州古城，被誉为"中国南方不可多得的完璧"。荆州古城原为土城，南宋时始建砖城，历经兴毁。现在的古城墙，是清顺治三年（1646）依旧基重建的——高近9米，厚约10米，东西最长处为3.75千米，南北最宽处为1.2千米，城墙周长达到10.28千米。

荆州古城分为三层，外面是水城（护城河），中间是砖城，里面是土城。其中水城西通太湖，东连长湖，既有天然防卫优势，又兼备交通、水利功能。

东晋永和八年（352），荆州治所定于江陵。从荆州崛起的东晋权臣桓温，就以荆州作为根据地，厉兵秣马，先后西平四川，三次北伐，名震天下。

到了402年，桓温的儿子桓玄干脆以荆州为基地，挥兵沿长江东下，并于次年逼迫晋安帝禅位，建立了短暂的桓楚政权。尽管一年后桓玄就兵败被杀，但仍能看

▲ 荆州古城

出荆州在整个魏晋南北朝南北对峙的背景下，其战略地位对于南北两边特殊的重要性。

东晋政权在来自荆州军阀的冲击下濒临瓦解。桓玄死后第17年（420），东晋被刘宋取代，历史正式进入南北朝时期。此后，齐和帝、梁元帝，以及隋末唐初的后梁萧铣（xiǎn），都曾经以荆州为国都。

荆州还曾经发生过一次中国文化史上的劫难。南梁承圣三年十二月辛未（555年1月27日），西魏派兵南下包围南梁首都江陵，嗜书如命的梁元帝萧绎在投降前命人将当时的14万卷国库藏书付之一炬，并且称："文武之道，今夜尽矣！"

萧绎投降后，有人问他为何要纵火焚烧国库藏书，他的回答是："读书万卷，犹有今日，故焚之。"满身书呆子气的萧绎最终被西魏人用酒灌醉后，以土袋闷死，江陵城则"阖城长幼，被虏入关"。

萧绎的此次焚书，也使得诞生于南梁时期以前的无数典籍从此消失人间，堪称中国文化史上的一大损失。

总结荆州的城市历史地位，可以发现，在中国历史上的分裂时期，如汉末三国、魏晋南北朝时期，南北的对峙分裂，会使得位处长江中游、控扼华中的荆州地位更显重要，而进入大一统时代，荆州的历史地位就会相对下降。

但这并不妨碍地处江汉平原的荆州人才辈出，到了晚明时期，荆州就走出了一个一度为大明力挽狂澜的著名宰相张居正（1525—1582）。

22岁就考中进士的张居正，曾经担任明朝内阁首辅十年。他在职期间，财政上清丈田地、推行"一条鞭法"，使得明朝财政一度重振——"太仓粟可支十年，囧寺（掌管皇家车马的官署）积金，至四百余万"；军事上，重用戚继光、李成梁等名将镇守北方，用凌云翼、殷正茂等平定西南叛乱。这些都使得整个大明从内到外一度回光返照、富裕强盛，从而为后来的"万历三大征"、护卫大明安定奠定了物质和军事基础。

尽管张居正死后，其家族被翻脸无情的万历皇帝整顿抄家，但到了万历皇帝的孙子天启皇帝时，他得以翻案，恢复了名誉。

尽管毁誉参半，但张居正的大手笔改革，仍然赢得了后世的高度赞誉和尊重。这个从荆州走出的一代名相，不愧是荆州的骄傲。

历史之外，荆州的城市水系也非常发达，在全国堪称独特。荆州湖泊众多，拥有千亩以上湖泊30多个，总面积约8万公顷，其中洪湖更是湖北省内第一大湖，面积约3.5万公顷；另外，荆州还拥有面积约1.2万公顷的长湖。除湖泊密集外，荆州还有大小近百条河流，其中著名的"荆南四河"更是洞庭湖的重要水源。

明正德十五年（1520），明武宗在南巡途中贪玩捕鱼，结果不慎落水，受惊染疾，于次年去世，年仅30岁。明武宗无子，于是其生母张太后与内阁首辅杨廷和商议后，决定由皇室近支、明武宗的堂弟、兴王朱厚熜（cōng）继承皇位。

出生于湖广安陆（今湖北钟祥）的朱厚熜，其父亲朱祐杬（yuán）是明宪宗第四子，同时也是明孝宗朱祐樘（chēng）的同父异母弟弟和明武宗朱厚照的叔叔。12岁那年，朱厚熜就承袭爵位成为兴王。本来一辈子都将在钟祥度过的藩王朱厚熜，没想到因为堂哥明武宗朱厚照的去世，在14岁那年阴差阳错成了皇帝，是为明世宗，也称嘉靖皇帝。

无意间成为天下至尊，嘉靖皇帝便想着给自己的亲生父亲朱祐杬上尊号，追认其为"皇考"。但廷臣坚持认为，嘉靖以小宗入大宗，应该追认明孝宗朱祐樘为"皇考"。由此，嘉靖皇帝与廷臣之间，爆发了一场长达三年之久的"大礼议"之争。双方的较量最终以嘉靖皇帝胜利而告终。

此后，嘉靖皇帝下令将父亲朱祐杬的兴献王墓升级为皇陵，并进行升级改造，施工持续了40多年，一直到嘉靖四十五年（1566），也就是他自己去世的那一年才告完工。由兴献王墓升级而来的明显陵，占地面积约183公顷，是明代帝陵中单体面积最大的皇陵，也是中国中南地区唯一的一座明代帝陵。

2000年，明显陵作为"明清皇家陵寝"的一部分，被联合

▲ 明显陵

国教科文组织列入《世界遗产名录》。另外，明显陵的配套建筑——位处钟祥境内的元佑宫，也于2006年被列为全国重点文物保护单位。位处江汉平原中部的钟祥，原本在长江流域默默无名，却因明显陵的存在而显名，走向了世界。

03　岳阳：洞庭天下水，岳阳天下楼

长江从荆州蜿蜒而下，途经湖南岳阳，并在此吸纳洞庭湖水继续东下。岳阳素有"湘北门户"之称。作为长江中游战略地位仅次于武汉的城市，岳阳地处一湖（洞庭湖）、两原（江汉平原、洞庭湖平原）、三省（湘、鄂、赣）交会的中心，周边还有长江、京广铁路、浩吉铁路、京广高铁、京港澳高速、杭瑞高速等水系和交通线网纵横交错。

岳阳在古代称"巴丘""巴陵"或"岳州"，因原郡治位于天岳幕阜山之南而得名。相传春秋战国时期，长江上游的巴国与楚国在今天的岳阳地区交战，最终巴人战败、全军覆没，其兵士合葬于此，"巴丘""巴陵"等名由此而来。

208年，赤壁之战前，曹操曾经派遣水军追击刘备到了岳阳，一直到后来赤壁之战失败，曹军才退出岳阳地区。据记载，到了清末，岳阳境内还有周瑜墓。如今，岳阳周瑜墓已经不知踪迹（三国时期有"一人多墓"的习俗，除岳阳外，全国尚有多处周瑜墓）。

由于岳阳控扼长江，因此历朝历代，岳阳一直战祸连连。无论是南宋初年的杨幺，明朝末年的李自成、张献忠，还是后来的吴三桂，他们都曾在岳阳地区攻战不休。晚清太平天国运动，太平军曾经三次攻占岳阳；到了抗战时期，中国军队曾经在岳阳、长沙等地区组织了四次"湘北会战"以抗击日军。

作为岳阳的城市名片，始建于东汉建安二十年（215）的岳阳楼，与湖北武汉黄鹤楼、江西南昌滕王阁并称为"江南三大名楼"，是"中国十大历史文化名楼"、古代四大名楼之一，世称"天下第一楼"。

岳阳楼自古便有"洞庭天下水，岳阳天下楼"之美誉，历代多次毁坏和重修。北宋庆历五年（1045），知岳州军州事滕宗谅重修岳阳楼，并请好友范仲淹撰文

▲ 岳阳楼

以纪念此事,范仲淹后来写下了闻名千古的《岳阳楼记》。文中表达的"不以物喜,不以己悲"和"先天下之忧而忧,后天下之乐而乐"的宏大格局与政治情怀,为历代知识分子所称颂和追求,岳阳楼也因此文而名满天下。

04　长沙：湖南文脉，英雄之城

岳阳市内的洞庭湖，吸纳了湖南境内众多河流。而在洞庭湖最重要的支流湘江流域，长沙是绝对不容忽视的城市。

长沙位处湘江下游和长沙盆地西缘。作为湖南省会，长沙早在秦代就是全国三十六郡之一。进入西汉后，朝廷为了开发岭南，在此建立过长沙国，下辖13个县。长沙正是在汉代时开始大开发，政治地位迅速提升。

20世纪70年代初，在今天的长沙地区发现了西汉初期长沙国丞相、轪（dài）侯利苍的家族墓地——马王堆汉墓。马王堆3座汉墓共出土珍贵文物3000多件，其中有一件素纱单衣——长1.6米，重量仅48克，织造工艺冠绝古今。

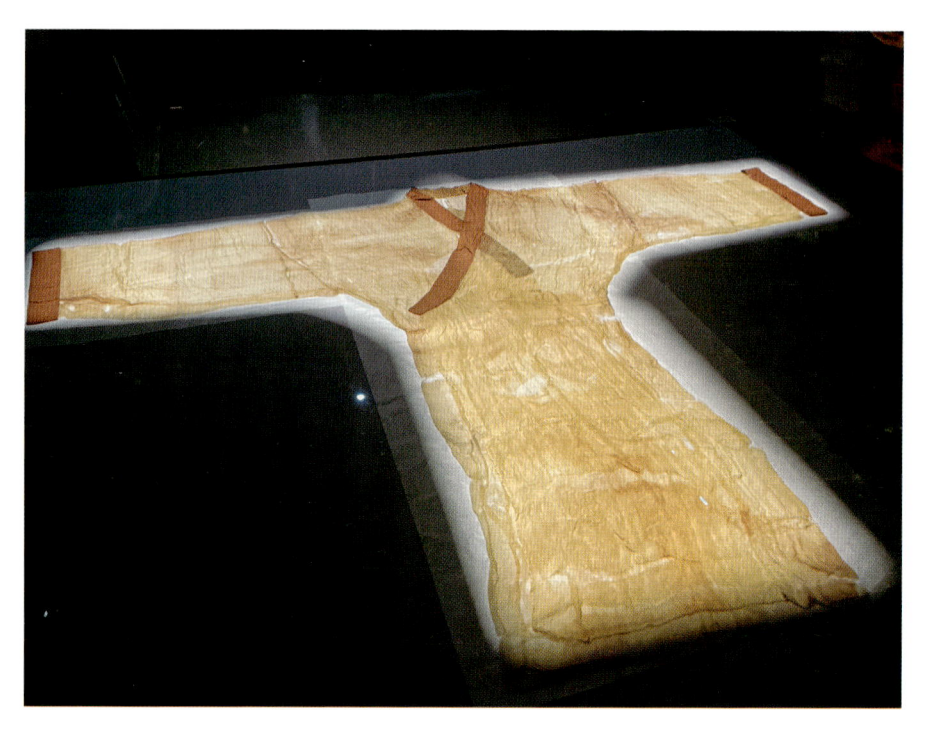

▲ 马王堆汉墓出土的素纱单衣，重量仅有48克

另外，此墓还出土了迄今年代最为久远的甲、乙本《老子》，在天文领域占有举足轻重地位的《五星占》，以及比《黄帝内经》还要古老的医书《五十二病方》，这些作品皆堪称中国典籍考古的无上珍宝。

马王堆汉墓内还出土了历经两千多年不腐的女尸（利苍的妻子辛追），这也是世界上已发现的保存时间最长的一具湿尸。由于墓藏文物丰富且珍贵，2021年，马王堆汉墓入选了全国"百年百大考古发现"。

北宋开宝九年（976），潭州（长沙）太守朱洞在僧人办学的基础上，主持创办了岳麓书院。鉴于岳麓书院办学的成功，40年后，曾经写下"书中自有颜如玉""书中自有黄金屋"的宋真宗，特地召见岳麓书院的山长周式，并御笔赐书"岳麓书院"四字门额。

作为全国公认的宋明两代"四大书院"之一，南宋的理学大师朱熹、明代心学大师王阳明都曾在岳麓书院讲学论道。尽管历经兴废，但岳麓书院在此后千年里，一直是长沙乃至整个湖南的文脉中心。到了清末，岳麓书院与湖南省城大学堂合并改制为湖南高等学堂。1926年，湖南高等学堂正式定名湖南大学，并于岳麓书院的旧址进行扩建。

可以说，作为湖南的文脉，岳麓书院至今仍滋养着三湘大地学子的灵魂。

1911年，18岁的毛泽东从韶山来到湖南省城长沙求学。

1925年，毛泽东再次来到长沙，在重游橘子洲时，感慨万千，写下了《沁园春·长沙》：

▲ 湖南大学老图书馆

　　独立寒秋，湘江北去，橘子洲头。看万山红遍，层林尽染；漫江碧透，百舸争流。鹰击长空，鱼翔浅底，万类霜天竞自由。怅寥廓，问苍茫大地，谁主沉浮？

　　携来百侣曾游，忆往昔峥嵘岁月稠。恰同学少年，风华正茂；书生意气，挥斥方遒。指点江山，激扬文字，粪土当年万户侯。曾记否，到中流击水，浪遏飞舟？

　　橘子洲位处湘江长沙市区段。史载橘子洲生成于晋惠帝永兴二年（305），经过一千多年的泥沙冲积，最终形成了今天绵延十多里的沙洲。由于沙洲上盛产美橘，因而得名橘子洲。湘江北上，橘子洲头，激发的是一代伟人的意气风发。

　　1894年，甲午战争爆发。次年，远征辽东的湘军与日军展开决战，不料溃败而归。甲午战争的惨败，使得湘人上下极为震

▲ 橘子洲夜景

惊，昔日在镇压太平天国运动和收复新疆之战中所向披靡的湘军，却败于日寇之手，这使得湖南人开始了深刻的反思。

在此后的百日维新中，湖南人在巡抚陈宝箴的带领下，积极响应光绪皇帝号召，开展维新变法。不料变法失败后，陈宝箴先被罢黜，后被赐死。但在维新派的推动下，长沙的工商、水利、邮政、电报等近代化事业持续发展，并争取到粤汉铁路从江西改道湖南。在铁路的带动下，长沙步入了近代化的快车道。

1904年，长沙正式开埠。随着国外资本和人员的涌入，长沙一跃成为整个湖南的航运和外贸中心。随着经济的发展，长沙人的思想和眼界日益开放和开阔，并由此走出了一位本土的革命家——黄兴（1874—1916）。

出生于长沙府善化县高塘乡（今长沙县黄兴镇凉塘）的黄兴，先后参与了晚清的萍浏醴、黄花岗等多次起义。辛亥革命时，黄兴亲赴武汉担任战时总司令。他为革命奋不顾身，最终促成了晚清的崩溃和民国的建立,黄兴也因功勋卓著,而在民国初期与孙中山一起被合称为"孙黄"。

可以说,在中国整个近现代化过程中,从长沙到整个湖南,这些持续涌现的仁人志士,为推动中国的革命进程立下了不朽功绩。

抗战期间,尽管长江流域的南京、武汉、宜昌等要塞相继沦陷,但长江以南的长沙军民却顽强抵抗。从1939年至1942年,中国军民先后组织了三次长沙会战,将日寇驱逐于湘江之北。一直到1944年,日军第四次强攻,才最终攻陷长沙。但日寇很快就耗尽国力,并于1945年宣布无条件投降。在整个抗战史上,长沙是长江中下游城市中抵抗最为坚决、最为持久的城市。多年的抗战,长沙无愧于"英雄之城"的光荣称号。

改革开放后,长沙的工程机械、电视娱乐等产业异军突起,为国人奉献了过硬的基建利器和丰富的娱乐产品。而长沙,这座处处洋溢着欢乐、奔放却又沉着勇毅的城市,既有亲民的房价,又有优质的生活环境,堪称国内众多省会城市中难得的宜居之城。

长沙城市夜景风光

05　武汉：九省通衢，革命先锋

大江从岳阳东去，流经的是长江中游最为险要的城市：武汉。

简称"江城"的武汉，在长江中游的历史发展中起步相对较晚，它不像荆州和宜昌一般古老，但当代考古显示，早在3500多年前的商代早期，中原文明就已南下，并在其北部建立了古老的盘龙城。

作为当今中国版图的经济地理中心，武汉拥有"九省通衢"之称，是中国内陆最大的水陆空交通枢纽和长江中游航运中心。按照规划，未来武汉将形成衔接"两纵（京广高铁、京九高铁西通道）两横（沪汉蓉铁路、沪渝蓉高铁）两斜（福银高铁、胶桂高铁）"的"超米字形"高铁网络，并进一步夯实武汉的中部交通枢纽地位。从武汉出发的万吨巨轮，可以直达上海，通往全球。

传说，孔子曾经进入楚国推广其政治主张。孔子一行抵达今天的武汉时，夫子还曾派遣弟子向当地人询问渡口在哪里，这就是所谓的"问津"，由此引申出"指点迷津"的典故。

春秋战国时，琴师伯牙弹琴，遇到了来自今武汉的知音钟子期。钟子期是樵夫，却能深刻领悟伯牙的琴意，两人相识相知，成为知己。后来，钟子期病死，伯牙伤心欲绝，于是将心爱的古琴摔碎，此后终身不再抚琴，因为在他看来，高山流水虽在，但世间已无知音。

虽然武汉早在商代初期已有盘龙古城出现，但其真正的建制是在西汉时期。到了东汉末年，当时割据荆州的刘表派遣部下黄祖担任江夏太守，黄祖将江夏郡治设在了今天汉阳龟山的"却月城"中，这是武汉市区已知的最早的城堡。

东吴黄武二年（223），孙权派人在今天的武昌蛇山修筑夏口城，同时在城内的黄鹄矶上修筑瞭望塔，并取名黄鹤楼。湖北黄鹤楼在后世成为与湖南岳阳楼、江西滕王阁齐名的"江南三大名楼"。

唐玄宗开元十一年（723），年仅20岁的崔颢高中进士——尽管出身唐朝顶级士族"博陵崔氏"，但崔颢一生郁郁不得志。就在这一年，崔颢来到了长江边的黄鹤楼，写下了那首千古名诗《黄鹤楼》：

> 昔人已乘黄鹤去，此地空余黄鹤楼。
> 黄鹤一去不复返，白云千载空悠悠。
> 晴川历历汉阳树，芳草萋萋鹦鹉洲。
> 日暮乡关何处是，烟波江上使人愁。

后来，李白也登上了黄鹤楼。正当他诗兴大发时，却惊讶地看到了崔颢的题诗，李白为之折服，失落地说："眼前有景道不得，崔颢题诗在上头。"

再后来，李白也仿照崔颢的诗，在金陵（今南京）写下了一首《登金陵凤凰台》：

> 凤凰台上凤凰游，凤去台空江自流。
> 吴宫花草埋幽径，晋代衣冠成古丘。
> 三山半落青天外，二水中分白鹭洲。
> 总为浮云能蔽日，长安不见使人愁。

与岳阳楼和滕王阁一样，黄鹤楼在历史上也历经过多次损毁与重建。如今屹立在长江边的黄鹤楼，是1985年重修的。登上这里，可以远眺汉江与长江交汇处——万里江山，邈其一望。

月圆之夜的黄鹤楼

北宋靖康二年（1127），金人南下攻陷北宋首都开封，俘虏了宋徽宗和宋钦宗父子，北宋灭亡，是为靖康之变。此后，为了消灭残存的南宋政权，金人不断南下。

为了抵御金人，抗金名将岳飞就曾在鄂州（今武汉武昌）驻军达8年之久。南宋高宗绍兴四年（1134），岳飞从鄂州领兵渡江北伐。临行前，他慷慨激昂地说："飞不擒贼帅，不涉此江！"

随后，岳飞奋战收复了襄阳六郡，为南宋在长江中游打开了战略主动的局面。几年间，岳飞又多次以鄂州为基地北伐。绍兴十年（1140），岳飞再次从鄂州出兵，多次击败金军，北伐兵峰直逼河南朱仙镇，北宋首都开封光复在即。

然而，畏敌如虎的宋高宗却决意与金人媾和，在与奸相秦桧合谋后，最终以十二道金牌强迫岳飞退兵。一年多后，宋高宗下令将岳飞杀害于南宋都城临安。

唐朝中期以前，中国的政治经济中心主要在黄河流域，但安史之乱以后，中国的经济中心日益南迁到江淮流域。北宋在1127年灭亡后，随着宋室南迁，加上大量人口移居南方，使得长江流域得到了加速开发，中国的经济中心也因此从南宋开始，彻底转向了长江中下游流域。

可以这么说，武汉在中唐以后的崛起，尤其是在南宋时期的崛起，也象征着中国经济重心已经从黄河流域迁徙到了长江流域。

经过南宋一代（1127—1279）的开发，武汉的政治经济地位日益上升。南宋灭亡后，元世祖至元十八年（1281），武昌正式成为湖广行省的省治，这也是武汉在历史上第一次成为一级

▲ 黄昏时分的武汉城市风光

行政单位的治所。

明朝中期以前，武汉的城市格局主要是以长江为界，分为江南的武昌府和江北的汉阳府。到了明朝成化年间（1465—1487），汉江改道从武汉龟山以北汇入长江，这使得武汉江北原来的汉阳府被一分为二——长江以北、汉江以西区域成为老汉阳，长江以北、汉江以东区域成了新兴的汉口（含今江岸、江汉、硚口三区）。在此基础上，武汉形成了武昌（含今武昌、青山、洪山三区）、汉阳、汉口三足鼎立的武汉三镇格局。

由于坐拥长江和汉江水运之利，因此新形成的汉口迅速崛起。到了明朝末期，汉口已经与河南朱仙镇、江西景德镇、广东佛山并称为全国四大名镇。

进入清朝后，汉口因为水运便利，继续成为华中地区最大的内河航运中心。当时，汉口码头汇聚了来自全国各地的商船和粮船。据记载，清朝乾隆年间（1736—1796），汉口码头发生过船舶失火事件，三四千艘商船和粮船被烧毁，大火足足烧了两天，由此可见当时汉口的商业之繁盛。

第二次鸦片战争后，清朝咸丰十一年（1861），被辟为对外通商口岸的汉口正式开埠。随后，英、德、俄、法、日等国先后在武汉设立租界。随着外国资本的涌入，汉口在内外贸易的加持下加速崛起，成为当时的国际性大港。

为了与洋人抗衡，发展国内经济，清光绪十五年（1889），两广总督张之洞上奏朝廷，请求修筑从北京卢沟桥至武汉汉口的卢汉铁路，是为后来的京汉铁路。认识到铁路与工业化威力的清廷，调派张之洞转任湖广总督，坐镇武汉指挥修建卢汉铁路南段。

作为晚清洋务派的代表人物和晚清中兴四大名臣之一，张之洞到武汉赴任后，马不停蹄地谋划华中地区的洋务运动。他先是指挥筹建了汉阳铁厂、大冶铁矿、湖北织布局，以及湖北纺纱局、织布局、缫丝局、制麻局等一系列工厂，为武汉和湖北地区建立了工业化雏形。

不仅如此，张之洞在任职湖广总督期间，还先后创办了两湖书院、经心书院，又设立农务学堂（今华中农业大学前身）、工艺学堂（今武汉科技大学前身）、自强学堂（今武汉大学前身）、商务学堂等教育机构，成为武汉现代教育的奠基人。

此外，在此期间，张之洞还主持编练了

▲ 武汉长江二桥

湖北新军。有意思的是，张之洞训练新军的本意是拱卫大清王朝，但1911年10月10日，由张之洞生前训练的湖北新军，却在武汉打响了推翻清朝的第一枪。此后，大江南北迅速响应，仅几个月时间，清廷土崩瓦解。1912年2月12日，清帝发布退位诏书，清朝宣告覆灭。

因此，后人在高度评价张之洞为湖北近代工业化和教育事业做出的杰出贡献时，也调侃他训练湖北新军、最终酿成辛亥革命是"种豆得瓜"。孙中山的评价则是，张之洞"可谓为不言革命之大革命家"。

清朝虽然灭亡，但武汉却因为张之洞留下的遗产而迅速发展。1906年，由张之洞倡建的京汉铁路全线竣工通车；到了1936年，从广州至武昌的粤汉铁路也全线竣工通车。1957年，随着武汉长江大桥建成通车，隔着长江南北对望的京汉铁路和粤汉铁路正式接轨贯通，并改称京广铁路。

位于京广铁路中央的武汉，也因此成了中国南北交通大干道上的"龙腰"城市，堪称华中枢纽。据统计，仅2013年，武汉铁路客运量就达到1.2亿人次，首次超越北京成为全国第一，并成为中国铁路运输的最大中转站。

▲ 武汉鹦鹉洲长江大桥

除了铁路交会的黄金优势外，武汉的水运优势也非常明显。

在航运方面，武汉不仅是长江中游航运中心，还是中国内河通往沿海、近洋最大的启运港和到达港。武汉至上海洋山港的江海直达航线，还是长江中上游地区首条通江达海的优质航线。

位处汉江与长江交汇地的武汉，全市8569平方千米的土地上，拥有大小湖泊166个，是名副其实的"百湖之市"。其中，汤逊湖水域面积高达47.6平方千米，是武汉市内最大的城中湖。

另外，武汉市内还有留下过屈原、李白等古代名人足迹的东湖。东湖也是新中国成立后毛泽东同志除了中南海以外，居住时间最长的地方。1949年以后，他曾在武汉多次畅游长江和东湖。1956年，毛泽东在畅游长江后，曾住在东湖梅岭，写下了著名的《水调歌头·游泳》：

才饮长沙水，又食武昌鱼。
万里长江横渡，极目楚天舒。
不管风吹浪打，胜似闲庭信步，今日得宽余。
子在川上曰：逝者如斯夫！

风樯动，龟蛇静，起宏图。
一桥飞架南北，天堑变通途。
更立西江石壁，截断巫山云雨，高峡出平湖。
神女应无恙，当惊世界殊。

由于武汉各类江河、湖泊等水域面积占据全市高达1/4的地域。因此对于武汉来说，如何在被江湖阻隔的市内修建桥梁，就成了城市大事。根据统计，截至2023年，武汉全市建成了近700

座桥梁。其中，1957年建成通车的武汉长江大桥是"万里长江第一桥"。

此外，武汉还拥有"万里长江第一隧"——武汉长江隧道和"万里长江地铁第一隧"——武汉地铁2号线过江隧道，以及"万里长江公铁第一隧"——武汉长江公铁隧道。可以说，对于武汉这座江湖之城来说，桥和隧道都是沟通这座城市的毛细血管与纽带。

在畅游长江之后，毛泽东同志念念不忘"武昌鱼"，可武汉的美食，远远不止于武昌鱼。作为生活在江湖之上的武汉人，他们对美食的挑剔与讲究丝毫不亚于南方的广州人。对于武汉人来说，美食的经典，体现在"一早一晚"上。

一早，武汉人俗称"过早"；一晚，夜宵也是武汉的城市灵魂。在武汉，有"早尝户部巷，夜吃吉庆街"之美谈，因此，初到武汉的人，切切不可错过户部巷的早餐和吉庆街的夜宵。

另外，武汉的鄂菜虽然不如湘菜走遍大江南北，但其口感丝毫不逊色于湘菜；特色小吃和美食方面，武汉的热干面、三鲜豆皮、鸭脖、面窝、米粑、排骨藕汤和洪山菜薹，更是颇负盛名，值得细细品尝。

在武汉众声喧哗的城市背后，也潜藏着多方净土。始建于南朝刘宋年间的宝通禅寺，就深藏于武昌闹市之中。这座武汉现存最古老的寺院，占地面积超过11万平方米，是中南地区占地面积最大的寺院。至今，宝通禅寺内还有唐铸铁佛、宋代"万斤钟"、元代修建的洪山宝塔以及明代石雕狮子等文物。

宝通禅寺附近，还保留着始建于元代的长春观。这座由道

▲ 宝通禅寺一景

教全真派弟子为纪念其师尊、重阳祖师弟子丘处机（道号"长春子"）而修建的道观，早在明嘉靖年间就"为湖北丛林特著，屋宇百余间，道友万数，香火辉煌"。

作为一个口岸城市，武汉市内的宗教场所不止于传统的佛道两教。在外来文化的影响下，武汉市内还有伊斯兰教汉口民权路清真寺，天主教汉口上海路教堂，基督教汉口荣光堂等外来宗教建筑留存至今，足以见证武汉的包容与开放。

1861年开埠后，武汉逐渐发展成为国内仅次于上海的商业城，当时有"东方芝加哥"的美誉。在汉口的租界区内，更是涌现出了大量古典西洋建筑，其中就有江汉关大楼、大智门火车站、德明饭店、俄国东正教堂、民众乐园等经典欧式建筑。

作为第六批全国重点文物保护单位，汉口近代建筑群也跟上海外滩历史建筑群一样，见证了长江中游与长江下游两座城市在过往百年间经历的屈辱与奋起，成为武汉和长江历史的另外一种化身。

06 九江：不为五斗米折腰

东晋义熙元年（405），人过中年的陶渊明决定辞去彭泽县令的职务，开始他的归隐生活。彭泽，位处长江之滨，隶属于江西九江。而陶渊明自己，则是今天九江境内的柴桑人。官场无可留恋，不愿为五斗米折腰的陶渊明，在重归自然后写下了《归园田居·其一》：

> 少无适俗韵，性本爱丘山。
> 误落尘网中，一去三十年。
> 羁鸟恋旧林，池鱼思故渊。
> 开荒南野际，守拙归园田。
> 方宅十余亩，草屋八九间。
> 榆柳荫后檐，桃李罗堂前。
> 暧暧远人村，依依墟里烟。
> 狗吠深巷中，鸡鸣桑树颠。
> 户庭无尘杂，虚室有余闲。
> 久在樊笼里，复得返自然。

此后，陶渊明大概在九江一带生活了二十多年，并在此终老。一段长江往事，孕育的是中国山水田园诗歌的开始。

陶渊明出生于九江，这个地名最早见于《尚书·禹贡》中"九江孔殷""过九江，至东陵"等记载。九江的称谓来由有两种说法，一种是说中国人以"九"为大，"九"是虚数，"九江"泛指"众水汇集"；还有一种说法是认为"湖汉九水

▲ 九江长江大桥

入彭蠡泽也"，九水即赣江水、鄱水、余水、修水、淦水、盱（xū）水、蜀水、南水、彭水，彭蠡泽是鄱阳湖的古称，意思是说湖汉九水在九江这里汇入鄱阳湖。

地处赣北的九江，流淌于长江、鄱阳湖、京九铁路三大经济开发带交叉点。观察地图可以发现，九江位处赣、湘、鄂、皖四省交界处——东与江西上饶和安徽池州毗邻；南接南昌和宜春；西与湖南岳阳和湖北咸宁交界；北与湖北武穴、黄梅以及安徽宿松、望江隔长江对望。

作为长江中下游的分界点，九江早在清末民初时就是全国四大大米交易市场之一，其"南面庐山，北负大江，据江、湖之口，为喉之地"。

两晋南北朝时期，今天的九江地区有时称寻阳，有时称江州，名称多有变动。

317年，西晋灭亡后，中国南北方陷入长期分裂局面。对于南方的东晋和刘宋、萧齐、萧梁和南陈来说，当时的长江中下游地带主要分为荆州、江州、扬州三大区域，而治理长江中游荆州地区的军将，例如东晋的桓温，后来的梁元帝萧绎等人，都是在荆州地区拥兵自重。为了抑制荆州军阀沿长江直下威胁建康，位于长江中下游交界的九江，其地理位置就变得重要起来。

可以说，当中国处于南北方割据时，扼制长江中下游的九江，其军事政治地位就会上升；而当国家大一统时，九江的重要性就会下降。589年，隋文帝派兵征服南陈，结束了自西晋灭亡以来持续近300年的大乱世。随着隋唐进入大一统时代，九江的战略地位下降。这一沉默，便是数百年。

唐宪宗元和十年（815），拥兵自重的藩镇势力派人进入长安城，刺杀了力主削藩的宰相武元衡。在上班路上刚好目睹惨案的诗人白居易慷慨陈词，主张缉拿真凶，没想到自己却卷入朝堂政治，被贬到了九江郡担任司马。

翌年秋，白居易在浔阳江（长江九江段，一说是龙开河）边送别客人，没想到却偶遇一位善弹琵琶的长安歌女。一番交流后，感慨万千的白居易写下了千古名诗《琵琶行》，其中的两句更是感人至深：

　　我闻琵琶已叹息，又闻此语重唧唧。
　　同是天涯沦落人，相逢何必曾相识！

今天，在九江长江大桥东侧有一座琵琶亭，这座始建于唐代的建筑因白居易的《琵琶行》而得名。它虽历经兴衰复建，却已在长江边伫立凝望千年之久。

前面说过，九江在进入隋唐的大一统时代后，一度沉寂无名；但是，随着安史之乱以后北方大量人口南迁，以及中国经济中心逐渐南移，九江的发展逐步加速。

在大规模人口南迁带来的劳动力、技术和资本的加持下，九江所在的鄱阳湖流域逐渐崛起。据记载，从明朝初期的14世纪到晚清19世纪末，每年经由九江转运北京的江西漕粮高达47万~57万石（明朝一石约合150斤，清朝一石约合180斤）。

当时，九江周边的鄱阳湖流域，以及湖南的洞庭湖流域和湖广的江汉平原，已经成了当时中国最重要的粮食产地，号称"湖广熟、天下足"；而九江控扼长江的险要位置，也使得这个城市成为南粮北运的重要交会点和出发地。到了明末清初，九江已经"为全省之噤喉，又为湖广、江南之腰膂（lǚ）也"。

起初，从北方南下的移民，先是定居在九江周边的鄱阳湖平原一带。进入唐宋后，后来的移民在鄱阳湖周边土著密集的情况下，只能沿着汇入鄱阳湖的赣江逆流而上，进入赣南地区定居。这些后来自称为客家人的汉人族群，此后在人口繁衍和战乱等压力下，又开枝散叶搬迁到闽北、粤东北等地，从而形成了今天赣、闽、粤交界地带相连的客家方言区。

由于水路便利，作为江西北方门户的九江在接纳各方移民的同时，也带来了各种宗教的汇合。

位于九江境内的庐山，毗邻长江和鄱阳湖之滨。在庐山上面，既有被列为道家第八小洞天的庐山洞和始建于南朝宋的简寂观，又有始建于东晋年间的佛家寺庙东林寺，东林寺也是中国佛教净土宗的发源地，日本人尊其为净土宗祖庭。

另外，庐山上还有始建于唐代的儒家白鹿洞书院。1861年

▲ 九江八里湖大桥，与京九铁路、昌九城际铁路并行

▼ 九江日落风光

▲ 庐山如琴湖

▼ 庐山冰雪风光

九江开埠后，传教士也走上了庐山，并在此建立起了庐山天主教堂。

可以说，仅仅一座庐山，就融合了儒释道和中外多种宗教，这也显示出九江的融会贯通和包容开放。

太平天国运动期间，太平军与清军围绕九江多次展开争夺战。1858年，清军在围攻九江17个月后，最终攻陷九江。此后，太平军失去了控扼长江中下游的主动权，始终被清军按在长江下游纠缠，战略上日益被动，最终走向灭亡。

1861年，清廷在第二次鸦片战争失败后允许九江开埠，开始沦为半殖民地。当时，江西地区的棉布、茶叶、大米、瓷器等产品经由九江转运全国乃至国外，带动了九江的现代化。但好景不长，随着洋货的冲击，以及云南普洱茶、福建茶、广东潮州陶瓷等产业的兴起，江西土产的竞争优势日益消失。

1906年，卢汉铁路通车，粤汉铁路也已开工建设，这两条南北铁路大动脉绕开了江西，改由湖南连接通勤。随着铁路的崛起，内河航运逐渐衰落，依托长江—鄱阳湖—赣江黄金水路的九江，不可避免地走向了没落。

太平天国运动、铁路冲击等多重因素叠加下，原本在宋明时期独领风骚的江西，陷入了长达100多年的沉寂。即使到今天，九江尽管控扼长江中下游，但与长江流域城市链中的其他城市如重庆、宜昌、岳阳、武汉、安庆、南京、上海等相比，仍然显得低迷没落。

幸运的是，九江正在迎头赶上。作为江西省内仅次于南昌和赣州的区域中心城市，九江如今迎来了京九铁路、京港高铁、武九铁路、合九铁路、铜九铁路、昌九城际铁路、武九高铁、九景衢铁路、合安九客运专线、阜冈九客运专线、昌九高铁等多条铁路的穿插贯通。

另外，位处长江段赣、湘、鄂、皖四省结合部的九江，也是京港高铁沿线难得的水陆联运交通枢纽，同时还是江西全省唯一可以通江达海的外贸港口城市。可以说，随着高铁时代的到来，九江乃至整个江西，都将迎来一个新时代机遇，并力争牢牢把握，迎头赶上。

07　南昌：襟三江而带五湖，控蛮荆而引瓯越

唐高宗上元二年（675），文采飞扬的少年天才王勃途经洪州，恰逢当时洪州城内的滕王阁重修完毕。在洪州都督阎伯屿的邀请下，王勃欣然登阁赴宴，并写下了此后传颂千古的《秋日登洪府滕王阁饯别序》。在序文中，王勃极力称赞毗邻赣江的滕王阁景致优美：

落霞与孤鹜齐飞，秋水共长天一色。渔舟唱晚，响穷彭蠡之滨；雁阵惊寒，声断衡阳之浦。

始建于唐朝永徽四年（653）的滕王阁，因为王勃和他的序文名闻天下。但此后的1300多年间，这座位列"江南三大名楼"之一的古楼，先后重修和重建达28次之多。如今最新的滕王阁，是1985年重建的仿宋建筑。

如今，登临滕王阁之上，可见赣江和整个南昌城市的宏伟景致——大江北上，让人有畅想古今、恢宏激荡之感。

滕王阁所在的南昌，秦代时属于九江郡。秦末汉初，刘邦在垓下打败项羽后，又派大将灌婴率兵平定江南"吴、豫章、会稽郡"。灌婴在平定豫章后，首立南昌县为豫章郡之附郭，并取"昌大南疆""南方昌盛"的用意，用"南昌"命名，这也成了南昌开城之始。

"粤户闽庭，吴头楚尾"的江西省省会南昌，向东可对接长三角，向南可连接大湾区，从来就是"襟三江而带五湖""控蛮荆而引瓯越"的兵家要地。

明代以前，南昌曾经先后有豫章郡（汉代）、洪州（隋唐）、隆兴府（宋代）等多个名字。元朝末年，朱元璋在鄱阳湖之战中大败陈友谅后，占领了江西全境，

▲ 南昌红谷滩建筑群与滕王阁隔江相望

后来下令使用老名字南昌，此名沿用至今。

2011年，由于盗墓贼的惊扰，文物部门开始对南昌境内一座古墓进行保护性发掘，没想到无意中解开了一个千古之谜。历经5年的考古研究，最终确认古墓主人竟然就是汉武帝的孙子、仅仅当了27天皇帝就被权臣霍光所废黜的汉废帝刘贺（前92—前59）。

刘贺被废后，被贬到豫章郡海昏县（今江西省南昌市新建区一带），赐爵海昏侯。刘贺此后一直在监视中居于此地，直至去世，享年33岁。

一生荒诞传奇的刘贺此后沉寂两千多年，没想到却因为盗墓贼的惊扰而重新得到人们的关注。海昏侯墓自2011年发掘以来，先后出土一万余件（套）珍贵文物，并于2021年入选全国"百年百大考古发现"。

明武宗正德十四年（1519），宁王朱宸濠在南昌发动叛乱，并挥兵北上，试图攻取南京。当时，汀赣巡抚、佥都御史王阳明听说后立即举兵勤王，仅仅一个月间就攻克了宁王的老巢南昌，迫使宁王回师南昌救援。随后王阳明又指挥部队将宁王一举擒获，而从宁王发动叛乱到王阳明平叛，前后仅持续了43天。

王阳明在南昌平定宁王之乱，使得这位心学大师名震后世。王阳明也因系列军功而获封新建伯，成为明代凭借军功封爵的三位文臣之一。

宁王朱宸濠尽管因叛乱被杀，但他的子孙仍然世居南昌。明朝灭亡后，朱宸濠的后代朱耷（1626—约1705）长期居住在南昌城郊的天宁观。后来，朱耷将天宁观改建并更名为"青云圃"（清嘉庆年间，状元戴均元将其更名为"青云谱"），并长期在此创作书画。

60岁那年，朱耷开始用"八大山人"署名题诗作画。他在署名时，常把"八大山人"四字连缀起来，像"哭之""笑之"字样，以此寓意他在明清更迭的乱世之中，作为明朝皇室遗民的痛苦煎熬。当时的诗人叶丹曾为朱耷写了一首名为《八大山人》的诗歌，其中这样说道：

    遗世逃名志，残山剩水身。
    青门旧业在，零落种瓜人。

▲ 海昏侯墓出土的金饼

后来,"八大山人"朱耷病逝于南昌。他走得如此静谧,以致后人连他确切的去世年份都不清楚。天地广阔,俱化山水于无形。

南昌不仅有悠久的历史,更有优美的自然风光。作为著名水城,南昌境内不仅有赣江、抚河、玉带河、锦江、潦河等众多河流,而且还有青岚湖、军山湖、金溪湖、瑶湖、白沙湖、南塘湖等数百个大小湖泊分布其间。

据统计,南昌全市有7195平方千米的面积,水域就占了2204平方千米,可谓名副其实的江湖之城。因此,南昌城内很早就有民谣传唱:"七门九洲十八坡,三湖九津通赣鄱。"

南昌有唯美的风光,也有饕餮热爱的美食。作为赣菜的代表之一，南昌菜讲究辣、烂、脆、嫩。从鄱阳湖胖鱼头、竹筒粉蒸肠到藜蒿炒腊肉，这些经典南昌菜，丰富了赣菜的味蕾和视觉美感。而超接地气的瓦罐汤和拌粉，则成了南昌的美食符号，甚至走向全国，让国人得以一享来自赣江之畔的醇香美味。

08　景德镇：千年瓷都

南昌曾是江西地区最早的"瓷都"，以南昌古名洪州命名的洪州窑，其烧制的青瓷是唐朝人的真爱。当时，就连唐玄宗和"茶圣"陆羽都喜欢用洪州瓷。但洪州窑毕竟过于久远，真正让江西瓷器声名鹊起的，还是景德镇。

景德镇设镇于东晋时期，刚开始称为"昌南"，后更名"新平"，唐玄宗时期又更名为"浮梁"，北宋真宗赵恒景德元年，最终定名"景德镇"，辖于浮梁县。

地处"五山、两湖"（黄山、庐山、九华山、龙虎山、三清山，以及鄱阳湖、千岛湖）中心的景德镇，是一座群山环绕的江南山城，昌江在市区内穿城而过。早在汉代，景德镇就有了制陶业。南北朝时期，景德镇开始制瓷。到了宋真宗时期，

▼ 景德镇瓷器烧制前的坯胎

▲ 景德镇丙丁柴窑一角

景德镇已经成为北宋皇室瓷器的生产重地。

元代时，景德镇进一步发展，成为当时全国制瓷工艺最高的窑场。进入明清后，景德镇更是成为全国瓷业中心，与湖北汉口、河南朱仙镇、广东佛山合称全国四大名镇。后人评价说："有明一代，至精至美之瓷，莫不出于景德镇。"

据记载，到了清康熙六十一年（1722），当时的景德镇已经聚集了百万人口。作为千年瓷都，从这里烧制出来的北宋青瓷、元代青花瓷和明代的釉里红、五彩、斗彩，再到清代的粉彩、珐琅彩等珍贵瓷器，至今仍在中外享有盛誉。

纵观长江中游，从湖北宜昌、襄阳、荆州、武汉，到湖南的岳阳、长沙，再到江西的九江、南昌、景德镇，这一系列城市撑起了长江中游和中国"龙腰"的脊柱。

2016年，《长江经济带发展规划纲要》正式印发，其中明确在长江上、中、下游地区，将分别打造成渝城市群、长江中游城市群和长江三角洲城市群。

▲ 景德镇丙丁柴窑一角

2018年11月，《中共中央国务院关于建立更加有效的区域协调发展新机制的意见》明确要求，以武汉为中心引导长江中游城市群发展。整个长江经济带总人口约5.99亿，其中中游地区约1.75亿；GDP总量约40.3万亿元，其中中游地区9.78万亿元。在长江中游城市群中，以武汉为中心，分别拥有武汉城市圈、环长株潭城市群、环鄱阳湖城市群，这几大城市群总占地面积约31.7万平方千米，约是长三角的1.5倍和珠三角的6倍。到了2020年，长江中游城市群总人口约为1.3亿，GDP达到11.1万亿元。

2022年2月，国务院发布通知，原则上同意《长江中游城市群发展"十四五"实施方案》，并提出要彰显湖北、湖南和江西三省的特色和优势，将长江中游城市群打造成为中国中部崛起的重要支撑，以及具有国际影响力的重要城市群。这也意味着，长江中游城市群，有可能成为继京津冀、长三角、大湾区和成渝城市群之后，全国经济增长的第五极。

假以时日，长江中游城市群，也必将以中国"龙腰"的地位强势崛起。

三　长江防洪史

219年，蜀将关羽率荆州军队北上，攻打曹魏重镇樊城、襄阳。曹操派魏将于禁、庞德统领七路大军，星夜赶来救援樊城。

到了七月，连日暴雨，"汉水暴溢"，汹涌的洪水高达数丈。面对突如其来的水灾，于禁、庞德所部只有少数小船，根本无处可躲，只能上堤避水。常年镇守荆州的关羽却胸有成竹。他熟悉荆襄气候，提前准备了大型战船，第一时间封堵了魏军退路，擒于禁，斩庞德，抓了3万名俘虏，遂使曹操援军"七军皆没"。

根据《三国志》的记载，历史上著名的"水淹七军"是汉水洪灾所致，而非小说《三国演义》里所说的关羽决堤放水。史学家何兹全认为，如果没有这场洪水，关羽无法轻松取胜。

长江的洪水，因其与两岸人民的复杂关系，就这样成为历史不容抹去的一部分。

中华民族与洪水的斗争已有几千年历史，从最早的大禹治水传说就可觅其踪迹。

万里长江是一条典型的雨洪河流，沿岸历来是洪灾多发区，尤以长江中下游洪水峰高量大，洪灾最为频繁。据不完全统计，自汉代到清末，长江中下游地区发生的较大水灾有214次，约平均10年一次，没有被记录在册的更是不可胜数。其中，洪灾肆虐最严重的是长江中游荆江河段，故有"万里长江，险在荆江"之说。

01　长江洪水天上来

水,是生命之源。古代人类生产能力较低,为了便于用水,往往选择临河、湖之地定居,于是诞生了以黄河、长江流域为代表的大河文明。从游牧民族"逐水草而居",到江河沿岸居民"择丘陵而处之",人类因水而生,也时常受到洪水的威胁。

洪水,本是一种自然现象,因江河湖泊水量迅猛增加及水位急剧上涨而产生,每年都有河水规律性上涨的"汛期"。当洪水对自然环境与人类活动产生危害,就成了自然灾害,即所谓的"洪灾"。

除江源与川西高原地区外,长江流域的洪水主要由暴雨形成(不包括水库垮坝引发的洪水)。又因洪水分布和覆盖范围的大小,长江洪灾分为区域性大洪水与流域性大洪水两类。

在中华民族的悠久历史中,长江每次暴发大洪灾,都会导致饿殍遍野,生灵涂炭。

明万历十一年(1583),长江支流汉江发生过一场异乎寻常的流域性大洪水。当年夏天,汉江上游安康段连续下了几天的大暴雨,形成洪峰,并迅速漫延至沿江千余公里的城镇,范围之广,极为罕见。

汉江发源于秦岭南麓,濒临汉水的陕南名城安康位于其上游,战国时期就已设置郡县,历经千余年而不衰,却在这场凶猛的洪水中成为重灾区。当时人口2万~3万的这座古城,洪水过后,沦为一片废墟。据《陕西通志》记载,"全城淹没,公署民舍一空,溺死者五千余人"。

汉江中游的县城亦难逃此劫,如湖北郧阳县"冲决城垣,寺尽沦没";谷城县"大小淹没万余家";钟祥县"漂没田庐人畜无算"。凡是汉江沿岸的地方志,大多有关于这一年洪水的记载。有人认为,这场大洪水乃"九百年一遇"。

安康城的西堤,史称"万春堤",是安康城的防洪屏障,建于北宋熙宁年间(1068—1077)。自建成以来的900多年间,它亲历过多次大洪水,其中全城被毁之程度与伤亡之惨重,都以明万历十一年(1583)的洪灾为最。

为了避免再遭洪水侵袭,当时的州府决定放弃老城,于翌年将安康城迁至城南高处,重筑新城。然而此后几百年间,安康城仍多次遭遇洪水,城池一毁再毁。在无情的大洪水面前,人类的迁徙也成了徒劳。

清乾隆五十三年(1788),发生于长江中游的另一场大洪水,震惊了当时在位的乾隆皇帝。

这一年夏季,长江上游岷、沱、涪诸水骤涨,下游沿江地区也普降大雨,而在长江中游,洪水冲垮了万城堤(今荆江大堤的前身),冲向沿岸城镇,瞬间淹没整座荆州城。

整个荆北地区受灾,万城堤决口20余处,水深五六米,两个月后才退去。当地损失惨重,据《荆州万城堤志》记载,荆州"兵民淹毙无算,号泣之声,晓夜不辍。登城全活者,露处多日,难苦万状。下乡一带,田庐尽被淹没"。活下来的人失去家园田地,只能露宿街头,惨不忍睹。

后世多认为,这场大洪水与乾隆年间长江中游"盲目围垦"有关。当时的府县衙门都是"各自为政"修堤垸,防洪工程基本是无序进行的,无法抵御洪水。

乾隆皇帝得知洪水泛滥后,愤怒不已,一连下了24道谕旨,对相关官员进行惩处,并下令拨银200万两进行救灾,并加固万城堤。

自此以后，长江中下游防洪引起清廷重视，有人提出"废田还湖""浚湖、塞口与疏江"等主张。这一措施在近代以后演变为"蓄洪垦殖"，即利用湖泊洼地，大水年退田还湖，中小水年与水争地，"估计可有四五年之收，而可能有一年之失，仍有利可图"。

在科学技术并不发达的年代，人们只能选择向大自然妥协，甚至祈求神灵的保佑。修建于明朝的荆州万寿宝塔，便是当年的镇水塔，塔基距今荆江大堤7.9米。乾隆五十三年（1788）安放的镇水铁牛，早已被大水冲得无影无踪。

同治九年（1870），长江流域的四川、湖北、湖南三省出现了特大洪水。根据历史文献考证与实地调查，这场洪灾是长江上游与中下游的洪水相遇造成的。

同年7月，巴蜀一带连续出现暴雨（一说下了七天七夜）。嘉陵江、渠江、涪江三江交汇后，流至重庆注入长江，致使嘉陵江下游洪水暴涨，合州（今重庆合川区）几乎全城被淹没。

洪水顺江而下，在宜昌出峡谷后一泻千里，直达长江中游的荆江，致使荆江南岸的松滋口溃决，数百里洞庭湖与辽阔的江汉平原连成一片汪洋。湖北枝江、公安等州县，水逾城垣数尺，庙宇、民舍、田亩淹没殆尽，受灾者不计其数，为"数百年未有之奇灾"。

当时，嘉陵江至宜昌河段出现了数百年来最高的水位，而宜昌至汉口间的淹没范围，较后来几次洪灾中更广。

如今，在重庆各地发现的洪水题刻中，1870年洪水的水位高度，在南宋绍兴年间（1131—1162）以来的历次大洪水中排

▲ 从空中俯瞰长江流域洪水流经景象

名第一，堪称"八百年一遇"。

随着流域的开发与数据的完善，可以看到清末民初，长江几乎每年都有洪灾发生的记载，尤其是荆江段。

荆江北岸为江汉平原，南边是洞庭湖平原，流域河道纵横，水网密布，可以说是荆江及其数量众多的支流孕育了楚湘文化。河水与泥沙冲积出肥沃的土地，形成"鱼米之乡"。江汉—洞庭盆地成就了两岸名城的富庶，却因地势低洼，河流汇聚，自古为洪水重灾区。

20世纪30年代，长江中游发生过两次特大水灾，留下了惊人的数字。

1931年7月，气候反常，暴雨成灾，灾区遍及中国16个省，受灾范围南到珠江流域，北至长城关外，东起江苏北部，西至四川盆地，受灾人数多达数千万。时人有"洪水横流，弥溢平原，化为巨浸，死亡流离之惨触目惊心"的记载。

其中，武汉三镇没入水中长达月余，安徽芜湖、江苏高邮等地灾情之惨也骇人听闻。长江流域洪灾不止，再加上灾后瘟疫流行、水环境污染等灾难，受灾区死亡人数多达14.5万。

也有学者认为，这场洪灾及一连串自然灾害，是促使日本帝国主义发动九一八事变的原因之一。

当年9月，国联（"一战"后，《凡尔赛条约》签订国组成的国际组织）好不容易通过救华水灾办法，决定"一切会员国非会员国一齐救助中国水灾"。国联卫生部部长前脚刚到南京，9月18日，日军就趁中国南方忙于救灾之机，以"柳条湖事件"为借口发动战争，侵占中国东北。

仅仅4年之后的1935年7月，长江中游再度发生特大洪水，自鄂西、湘西的武陵山和大巴山到长江中游清江、三峡、汉水中下游，都处于暴雨笼罩中，汉江溃堤决口，一夜之间淹死数万人，江汉平原近成泽国。由于荆江地区长期被淹，当地还流传了一句歌谣，诉说连年洪灾中的生活："沙湖沔阳州，十年九不收。若是一年丰收了，狗子不吃红米粥。"

从古至今，中国人多次为躲避洪灾而奔走，也在与洪水反复斗争中学会了建造防洪减灾的工程。

02　防洪大业永不停歇

两千多年前，长江上游的成都平原还不曾以"天府之国"的美名誉满天下，古蜀国都城一带，长期受洪灾侵袭。

公元前316年，秦惠文王派遣大将司马错等人从关中南下，分别消灭了长江上游的蜀国和巴国，从而攻占了今四川和重庆所在的巴蜀之地。战前，司马错认为，秦国兼并巴蜀，不仅可以扩充国土面积，拥有巴蜀地区的人口和财赋，从而富国强兵；还可以自巴蜀顺江东下，进攻楚国："得蜀则得楚，楚亡则天下并矣！"

但是，当时的成都平原经常洪水泛滥。为了驯服洪水，秦国派出李冰担任蜀郡郡守。最终，李冰通过修建都江堰，将岷江分流，把以前洪涝高发的成都平原治理成一个水旱从人、物产丰饶的天府之国。秦国也得以依靠巴蜀的富饶物资，继续统一之路。

长江中游洪水的治理，则是一个长期的棘手难题。长江中下游平原区是我国湖泊最多的区域之一，多由长江干支流泥沙淤积形成"冲积平原"。古荆江氤氲在古云梦与洞庭的湖泊之中，一度有"九穴十三口"，向南北分泄大量江流与泥沙（现仅剩"四口分流"，即前文所提及的与洞庭湖相接的松滋河、虎渡河、藕池河、调弦河）。

秦汉时期，长江所挟带的泥沙在云梦泽长期沉积，形成以江陵为起点的荆江三角洲。但是，荆州长期被江水紧逼，亟须修筑一道抵御江水的大堤。

从考古发现中可知，长江中游地区在先秦就已出现圩堤。到了东晋，荆州刺史桓温意识到防洪的重要性，命人在荆州沿江修筑防水大堤，称之为"金堤"，此为"荆江大堤"的雏形。

此后，因为唐代的安史之乱和宋代的靖康之变，北方人口为避战乱，纷纷南下，参与南方的经济建设，荆江两岸的堤垸得到较快发展。南下士民为了解决粮食问题，大量围垦，导致泥沙不断淤积，迫使洪水水位进一步抬升。

元末明初，由于战乱与天灾，荆江两岸堤垸受损严重，经过数十年才得到恢复。从明朝中期至今的近500年间，荆江两岸堤防的布局基本保持不变。随着人口增加，围垦不断，古时的云梦泽已然支离破碎，但长江防洪，仍是永恒的话题。

在长江防洪史中，三峡是一个特殊的存在，其位于长江上游来水进入中下游平原的咽喉地带，紧邻洪灾形势最为严峻的荆江。因此，控制三峡流出的水量，可以缓解长江中下游的防洪压力。现在，已经投入使用的三峡工程有重要的防洪功能，可控制荆江河段95%的洪水来源，有效减少洪水造成的灾害。

据统计，近些年来，长江上游地区陆续修建了30余座大型水库，包括溪洛渡、向家坝和乌东德等，使得三峡以上水库的防洪库容增加到660亿立方米以上。

当洪水超过水库蓄水量奔腾而下时，长江沿岸还有蓄滞洪区。蓄滞洪区指临时贮水的低洼地区及湖泊等，外围是高大的堤防，上面设置闸门。当洪水流至地势低洼的地方时，便被隔离在外；而当分洪时，闸门又可将洪水引至该去的地方，降低河流水位，具有"上吞下吐"的能力。

迄今为止，长江中游已在干流两岸和鄱阳湖、洞庭湖周围建成42处主要蓄滞洪区，包括荆江分洪区（公安县）、涴（yuān）市扩大区（松滋市）、东西湖蓄滞洪区（武汉市）等，总面积1.2万平方千米，防洪库容可与长江控制性水库群

▲ 2020年长江第5号洪水经过三峡

相当。

　　为了改变盲目围垦导致的湖泊缩小现象，我国还实行了"平垸行洪，退田还湖"的措施，即平退影响江湖蓄水的洲滩民垸，恢复江湖调蓄洪水的能力。同时，沿岸地区纷纷植树造林、退耕还林。除了以上措施，传统的堤防也与时俱进。

　　与荆江大堤一脉相承，上起湖北，下至长江三角洲的长江中下游干堤长达3000多千米，为中国最长的江河堤防。此外还有无数支流堤防，分布在纵横交错的水网之间，共同构成防御洪水的"围墙"。

　　整个长江流域的堤防超过3万千米。2016年长江汛期时，长江中下游五省就有400万人坚守长江干堤一线，为这条占据全国河流径流量1/3，带来全国40%的GDP以及全国30%粮食产量的亚洲第一长河，建起了一张江湖安澜的保护网。

回首历史，洪水频发的荆襄之地，也是兵家必争之地。219年，汉江那场大洪水改变了三国名将关羽与于禁的命运。关羽水淹七军后，威震华夏，许昌岌岌可危，吓得曹操几欲迁都。

不承想，江东的孙吴政权背弃与刘备的同盟，偷袭荆州重镇江陵，断了关羽的后路。关羽得知荆州失守后，进退失据，士卒渐渐溃散。关羽撤退到位于江汉平原与鄂西山区之间的今湖北远安县，陷入吴军的重重包围，最终身首异处。

此前被蜀军俘虏的于禁也是晚景凄凉。他从荆州获释后到了东吴，并于曹操之子曹丕称帝后被遣送回魏国。曹丕起初还尊重这位曹魏老将，认为七军覆没是洪水所致，制曰："樊城之败，水灾暴至，非战之咎，其复禁等官。"

然而，后来于禁拜谒曹操陵墓时，曹丕故意命人画关羽大胜、庞德愤怒、于禁降服之状，讽刺于禁战败被俘。于禁看了，不久后羞愧而死。

天灾无情，命运无常，但是，只要尽人事、尽心为，一切灾害皆可防患于未然。

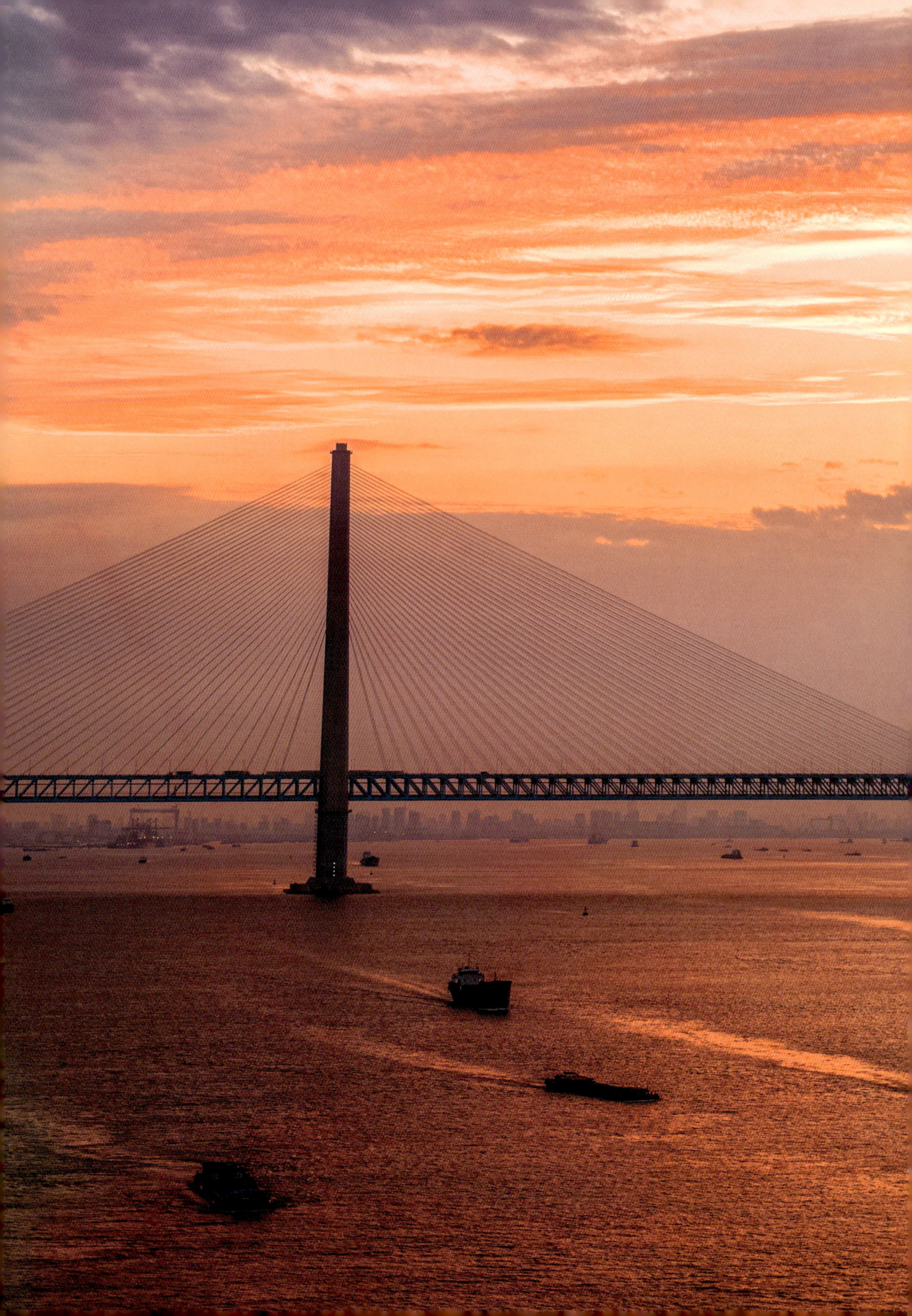

第二部分 长江下游

一　江南水土，物华天宝

东汉末年，随着曹操统一北方，南下荆州，"襟江带湖，背倚庐山"的柴桑一度成为孙权的抗曹前线。孙权手下的大都督周瑜亲赴柴桑屯兵，借鄱阳湖之壮阔训

练水军。

大军压境之际，孙权这边人心惶惶，不少元臣宿将皆言投降，唯周瑜支持孙权矢志一战。值此关键时刻，刘备军师诸葛亮驾一叶扁舟往返孙刘之间，凭着三寸不烂之舌，顺利促成孙刘联盟，共抗曹操。

在孙权、周瑜、诸葛亮等人运筹帷幄下，孙刘联军从柴桑出发，将号称80万的曹操水师，一把火烧溃于长江之上，奠定了三国鼎立的基础。

柴桑，古称浔阳，又称寻阳、江州，即今天的江西省九江市，其因赤壁一战成名，成为历史上著名的军事重镇之一。在这里，滚滚江水汇聚一处，开启了长江下游的旅程。

▼ 鄱阳湖秋色

01　三百里浔阳江

长江下游，泛指从江西省九江市湖口县开始一直到长江口的河段，干流长度约930千米。滔滔长江水在九江接纳鄱阳湖水系后，随着地势的平缓下降，流经江西、安徽、江苏、浙江、上海等四省一市，并在上海与最后一条支流黄浦江相遇，最终汇入东海。

与上游、中游类似，长江下游也被分作几段，第一段号称"三百里浔阳江"。"浔阳江头夜送客，枫叶荻花秋瑟瑟。主人下马客在船，举杯欲饮无管弦……"这首中学生必背的《琵琶行》，正是中唐诗人白居易被贬任九江郡司马时所作。

那时，白居易因越职言事被贬，心情十分苦闷。在一个深秋的夜晚，送客离去的他在浔阳江上偶遇一个擅弹琵琶的歌女。她"自言本是京城女，家在虾蟆陵下住。十三学得琵琶成，名属教坊第一部"。

白居易"移船相近邀相见，添酒回灯重开宴"。岂料，京城来的琵琶女，身世遭遇竟比老白还惨。她说，自己原本是京城负有盛名的歌女，因年老色衰、家人离散，只好嫁给商人为妻，并随之四处漂泊，备受冷落。在琵琶女"嘈嘈切切错杂弹，大珠小珠落玉盘"的演奏下，诗人竟不自觉地泪湿青衫，又无可奈何。

"同是天涯沦落人，相逢何必曾相识"。这个孤独寂寞的琵琶女，或许就是白居易本人的化身，一个真正的悲剧形象。这首千古名诗也让世人记住了浔阳江的秋风萧瑟。

对比白居易的惨境，《水浒传》中的宋江则要豪放洒脱许多。在浔阳江边的浔阳楼上，宋江题了一首诗："心在山东身在吴，飘蓬江海谩嗟吁。他时若遂凌云志，敢笑黄巢不丈夫！"由此拉开了梁山起义的序幕。

江州也好，浔阳也罢，常年受浔阳江哺育的九江城，从古至今，从来不缺他乡过客。

依靠鄱阳湖的助力，长江的中游与下游在此形成了一个"Y"字形的中心点。同时，东依武夷、西接罗霄、南踞南岭的三面环山之势，为九江提供了天然的屏障。

至迟从晋朝开始，九江便成为江西地区重要的货物集散和人员会聚之所。

在这里，中国山水诗派鼻祖谢灵运从建康乘船溯流而上，在鄱阳湖口留下了千古名篇《入彭蠡湖口》。该篇中有两句为："金膏灭明光，水碧辍流温。徒作千里曲，弦绝念弥敦。"——他的放浪形骸常为世人津津乐道。

唐朝时，一代田园诗人孟浩然也经由长江航道到达这里，欣赏着鄱阳湖的月色，静待旭日从庐山山顶升起。

作为史上最著名的食客文人，充满猎奇之心的苏轼也曾到此地。在浔阳江上，苏轼不走寻常路，除逛了闻名遐迩的庐山外，还去了一座似山非山、能发出异响的石钟山。

据北朝地理学家郦道元所述，两座小岛相连形成的石钟山，之所以能发出声响，全因水底藏着两口大钟。苏轼不信邪，跑去一看，发现在岛屿之下暗藏着一个巨大的溶洞。当长江水与鄱阳湖水灌注溶洞内，风浪大作，水波连续猛烈地冲击洞顶与四壁，砰訇之声回环四起，余韵绵绵，犹以物击钟，声布四方。

除满足古代文人墨客的游山玩水之心外，随着京杭大运河的

▲ 石钟山

▼ 除了经常发出钟鸣声的石钟山，九江还有一座怪山，因像遗落在湖里的鞋子，故称鞋山。图为鄱阳湖高水位期的鞋山

▲ 江湖两色——长江与鄱阳湖在石钟山附近交汇融合，形成清浊分明的景象。黄褐色为长江水，蓝色为鄱阳湖水

开通，浔阳江还迎来了一个更大的发展机遇。

那时，来自景德镇的瓷器需通过水路运往各地。作为长江黄金水道的十大港口之一，九江水系发达，正是这些瓷器走向天下、通往世界的首选集散地。因此，九江在众多长江港口中脱颖而出，坐拥全国三大漕仓中的豫章仓、钓矶仓，一举成为长江漕运货物储备的重要中转站。

大量资源的集中，为浔阳江沿岸带来了经济腾飞。九江借助南来北往的商贸运输，很快发展出了当地的茶文化和米文化。至迟到宋代，在九江文士"话茶吟诗，叙事谈经"的风气中，茶市、米市初现雏形。随着西方茶文化的兴起，到了明末清初，九江更是成了中国三大茶市之一，闻名海外。

当米、茶贸易兴盛时，浔阳江的财富也吸引了历史上各路枭雄的驻足。在人生最后时刻，已取得长江以南霸主地位的元末豪杰陈友谅，将其政权的国都设于此，以便借助长江天险对抗朱元璋。哪料，双方在鄱阳湖一战，陈友谅树倒猢狲散，成就了朱元璋的大明风华。而朱元璋的老家，就在紧挨着浔阳江的另一个省份——安徽。

02　吴楚分疆第一州

皖江，顾名思义，就是安徽境内的长江段。长江干流横贯安徽省416千米，西起江西九江与安徽宿松县交接处，东至马鞍山市和县流入江苏，流经安徽省中部偏南的安庆、池州、铜陵、芜湖、马鞍山等城市，号称"八百里皖江"。

过宿松县，远远就可看到一座古塔，那是古安庆的地标——振风塔。振风塔为七层八角楼阁式建筑，坐落于迎江寺内，虽为明代佛塔，但长期起到导航引渡的作用。以前的水手沿长江而下，到达振风塔，就知进入安徽境内。

山水之间，秋浦河、裕溪河、青弋江、皖河、水阳江、滁河等支流，分别从江淮丘陵和皖南山区汇入长江。在长江大堤修筑之前，今安庆望江境内一片水域，江湖相连，被称为"雷池"。成语"不敢越雷池一步"即来源于此，说的是皖江昔日的壮阔。

中国文化独有的诗意，描绘了皖江山川的风韵。据记载，诗仙李白一生三上九华，五游秋浦。

> 天门中断楚江开，碧水东流至此回。
> 两岸青山相对出，孤帆一片日边来。

这首入选教科书的唐诗《望天门山》，是李白赴江东经过今马鞍山时所作。他远远望见两岸的西梁山与东梁山隔江对峙，形似天门，江面上一片孤舟从水天相接的远方慢慢驶来，别有一番壮美。而古代的皖江地区是"吴头楚尾"之地，故写皖江为"楚江"。

"一生好入名山游"的李白，在晚年失意之后终老于斯，留下了"捉月而死"

▲ 安庆天柱山是长江与淮河的分水岭

的传说。安史之乱时，李白因曾入永王李璘幕府而下狱，被判流放夜郎。尽管在半路上遇赦而归，但这桩旧事也成为其政治上的污点，彻底宣判了李白人生理想的失败。

在人生的最后时光，李白乘舟而下，重游皖江。渡采石矶至当涂（在今马鞍山市）时，他已然穷困潦倒，病重卧床，遂投奔当地县令李阳冰（一说为李白从叔）。长江之水，无数次地激荡李白的诗情，也拥抱了他的诗魂。相传，流寓当涂的李白泛舟于采石矶，喝醉了酒，看到江面上的月亮，心中似有所动，伸出手想要将水中的倒影捞起，不慎落入长江中溺亡。

李白去世后，葬于皖江之畔。在今安徽当涂县城东南的大青山西麓，可找到一座苍松掩映、翠柏环绕的古墓。千百年来，来此凭吊祭奠的人络绎不绝。

除李白之外，中国历史上深深陶醉于皖江山水的文人墨客数不胜数。

宋孝宗乾道六年（1170）八月，陆游途经皖江，倚立船头，凭栏远眺，看远山苍苍，江水茫茫，天地分外妩媚可爱。四年前，他力主抗金恢复中原却遭受打压而被罢官，如今被起用，斗志昂扬。

今安徽安庆宿松县东南65千米，江中突立一孤峰，高不过百米，如出水芙蓉，山上林木葱郁，庙宇亭台依山而筑，这便是被称为"长江绝岛"的小孤山。陆游坐船至此，见状啧啧称奇，在日记中写道："凡江中独山，如金山、焦山、落星之类，皆名天下，然峭拔秀丽皆不可与小孤比。"他举目眺望，小孤山与另一个"长江绝岛"——鄱阳湖中的大孤山遥遥相对，形成"大孤小孤江中央"的壮观景色。

在陆游之前，苏轼观赏完唐代画家李思训的《长江绝岛图》后，还为小孤山及与其隔江相望的澎浪矶编织出一个美丽动人的爱情传说："舟中贾客莫漫狂，小姑前年嫁彭郎。"诗中的小姑即小孤山的拟人化，而彭郎指代澎浪矶——江山秀美，两者宛如一对恩爱夫妻。诗人不忘"提醒"一下过往的商船，莫要轻狂放荡，因为"小姑"早有伴侣。

安徽大地锦绣多姿，旅游资源丰富，境内拥有许多有名的山峰，如天柱山、九华山、黄山、琅琊山、齐云山等。

安徽省安庆市内除了屹立江中的小孤山，还有集北国山川之雄伟与南国山川之秀气于一体的天柱山。天柱山的得名，源于其主峰天柱峰犹如神柱可以擎天，相传由太上老君的坐骑青牛和灯柱所化。

当年李白出蜀，乘船顺江而下，望见拔地入云的天柱峰后，放声高歌："奇峰出奇云，秀木含秀气。清晏皖公山，巉（chán）绝称人意。"另一个大诗人白居易更是直叹："天柱一峰擎日月，洞门千仞锁云雷。"

皖江山水中，让李白流连忘返的，还有今安徽池州市内的九华山。南朝时，因为峰峦异状，其数有九，九华山也叫九子山。但立志壮游天下的李白来玩了很多次后，觉得这九座山峰在云雾萦绕中远看更似九朵莲花，于是就跟朋友写诗唱和改"九子山"为"九华山"（古代"华"通"花"）。

"天河挂绿水，秀出九芙蓉"，九峰如莲花，也许恰恰照应了九华山的佛教灵山色彩。九华山以地藏菩萨（以"地狱未空誓不成佛，众生度尽方证菩提"为誓愿）的道场闻名天下，与山西五台山、浙江普陀山、四川峨眉山并称为中国佛教四大名山。自唐以来，九华山寺院日增，僧众日集，香火日旺，晨钟暮鼓，梵音袅袅，成为长江边上人佛并存的心灵净土。

九华山北俯长江，南望黄山。黄山号称"天下第一奇山"，有奇松、怪石、云海、

▲ 黄山梦笔生花松。原古松已衰老枯死，今为后来新移植的黄山松

温泉、冬雪"五绝",徐霞客对黄山松和云海推崇备至。1616年的冬天,徐霞客在黄山上待了11天,也写足了11天的游黄山日记。在他看来,这是他平生最奇妙的一次游览。他曾用双脚丈量中国大地,走遍千山万水,却始终觉得黄山最为奇绝:"登黄山,天下无山,观止矣!"后来的人们据此引申为"五岳归来不看山,黄山归来不看岳"。

没有到过黄山的人可能很难想象人们为了拍一张纪念照竟然会排起长队。来到那有着超过1300年历史的迎客松前,人们见松如见安徽。在人民大会堂的安徽厅上悬挂着的也正是迎客松的铁画——迎客松早已成为黄山的象征。

还有那突起的石柱上生长着的花一样的梦笔生花古松,因为李白醉酒后绕石三呼而充满了浪漫气息和人文情怀。

1979年7月,已经75岁的邓小平徒步登上黄山。四天后,他发表了黄山谈话。谈完改革开放的大事后,他专门提出:"要有点雄心壮志,把黄山的牌子打出去。"那时,中国大地上迎来了发展的春天。

黄山上的冬雪融化后,变作瀑布,涌出山泉,一小部分溪流向东南流入新安江,注入千岛湖中;另一大部分汇集在黄山脚下的太平湖,后经青弋江流入长江,滚滚向东。

位于黄山和九华山之间的太平湖,原名陈村水库,库容为安徽省之最。这里还曾是1987年版电视剧《红楼梦》的拍摄地之一,黛玉北上的剧情就是在太平湖上拍的。

而与太平湖隔长江相望的巢湖,面积更大,为中国第五大淡水湖。关于巢湖如何得名,有人认为因其湖面形似鸟巢,有人则认为因其在春秋战国时隶属于楚的属国巢国。巢湖由于地理位置特殊，诗情画意与兵戈战火集于一身，自古以来就是兵家必争之地。

三国时期，巢湖是三国争雄的古战场。曹操占据巢湖水乡，与孙权展开了长达数十年的拉锯战。由于孙吴将士的智勇善战，曹军"四越巢湖不成"。如今，地处安徽庐江的周瑜墓经过整修，已重新对外开放，而苏轼那句"遥想公瑾当年，小乔初嫁了，雄姿英发。羽扇纶巾，谈笑间，樯橹灰飞烟灭"，也依然在民间广为流传。

元朝末年，巢湖水师在裕溪口打败元军，救出朱元璋，并帮助他挥师渡江，定鼎天下；清末，李鸿章在此编练淮军，巢湖成为淮军的摇篮。到了20世纪，巢湖地区成为革命战争的重要基地——1938年，新四军在这里打响了江南人民抗战第一枪；1949年，中国人民解放军更是从这里"打过长江去，解放全中国"。

▲ 日落时分的黄山松

▲ 巢湖

▼ 九华山

▼ 太平湖

03　皖江文脉永不绝

皖江的"皖",起源于皖江流域的古皖国,在历史上也曾指代安庆,后因安庆长期为安徽省会,演变为安徽省的简称。

安徽建省较晚,明代以前往往以长江、淮河为界,隶属不同州郡、行省。清顺治十八年(1661),江南省一分为二,东称江南右布政使司,西称江南左布政使司。到了清康熙六年(1667),原江南左布政使司所辖府、州、县组成安徽布政使司,衙门驻安庆。近代以前,安徽的中心仍是皖江流域。

从1853年太平军进入安徽境内,至1864年太平天国覆灭,太平军建都天京(今江苏南京),以皖江地区为生命线与西部屏障,向江淮各地扩大战果。即便是在最困难的时期,太平军也不愿放弃皖江地区,并因此与清军展开了多次激烈的争夺战,如三河战役、安庆保卫战等。

皖江地区繁荣的商业,给太平天国带来了丰厚的税收,但战争也让繁华的皖江城市一度人口锐减。正因如此,曾国藩率领湘军顺流而下,以攻下安庆为当务之急。为了阻挡湘军东下,太平军与其在安庆相持两年之久。1861年,曾国藩的弟弟曾国荃率部攻克安庆。太平天国失去皖江枢纽,天京与长江中游的湖北和江西的联系被切断,无险可守,更加速了灭亡的进程。

曾国藩在安庆一住就是四年,并筹建了安庆内军械所。他寻觅徐寿、华蘅(héng)芳等科技人员,仿造西方技术,制造新式军火;又请容闳出国购买先进机器。不久后,安庆内军械所造出了中国第一台实用的蒸汽机以及中国第一艘木壳轮船,这成为中国近代机械工业的开端。曾氏对此颇为自豪,在日记中写道:"窃喜洋人之智巧,我中国人亦能为之,彼不能傲我以其所不知矣!"

1863年,当"中国留学生之父"容闳的茶叶生意做得红红火火时,他收到了一封老友的来信。他的朋友在湘军当差,受两江总督曾国藩所托,邀请容闳到安庆会面。安庆,这座位于皖江北岸的、当时的安徽省会,不久前刚从太平军与湘军的惨烈大战中解脱。湘军攻下安庆后,曾国藩在此筹建安庆内军械所,这是中国近代机器工业出现的标志。

容闳后来回忆说,他当时很纳闷,以为曾国藩听说他跟太平军做过生意,假以礼貌相请,要把他骗去杀掉。怀着惴惴不安的心情,容闳乘船来到安庆,见到了年过半百的曾国藩。曾国藩没有为难容闳,而是想借助他的留学经历,请他为军械所出国采购机器。容闳松了口气,欣然同意,为国奔走。

八百里皖江,成为全国瞩目的风云地,也是湘军的大本营,对整个中国产生了极大的影响。

安庆内军械所拉开了洋务运动的序幕。从安庆开始,自强求富的晚清洋务运动就此展开。之后,南通、宁波、南京、杭州、上海等地纷纷出现了一批近代化企业,一定程度上改变了封建时代的中国落后的面貌。

彼时的安庆,集安徽省城、安庆府城、怀宁县城于一身。但就交通条件而言,安庆腹地狭小,内河航运系统并不发达。安庆近代化转型的成果对长江航运提出了更多的需求,安庆的对外出口却一直不振,致使其始终无法发展为近代长江沿岸的中心市场。于是,同治三年(1864),湘军攻下南京后,曾国藩便将安庆内军械所迁至南京并加以扩充,次年改名金陵机器制造局。

同时,安庆的省会地位也受到威胁,同处皖江的芜湖,大有赶超之势。光绪二年(1876),《烟台条约》签订后,英国势力进一步由沿海渗入中国内地，条约中规定在长江开辟新的通商口岸，其中就包括"长江巨埠"芜湖。

此后，安庆的市场份额，大部分被邻近的通商口岸九江和芜湖夺走。根据时人的观察，安庆经济衰微之势已然十分明显："其地虽号省会，且为沿江商埠之一，但商业不盛，市面冷落。"曾国藩曾经看好的安庆，逐渐敌不过其老部下李鸿章扶持的芜湖。

清末，芜湖坐拥水运和铁路的便利，已经取代安庆，成为安徽新的金融中心，并成长为真正意义上的安徽经济首埠。但芜湖开埠后，也成了安徽首个受西方冲击的城市，进口以轻工业产品为主，出口以原料（如煤、铁、丝、茶、棉花等）为主。这一对外贸易的商品构成，不仅不能给近代工业发展创造条件，反而摧残了原有的本土手工业基础。

到20世纪初，皖江一带的近代工业受困于外国资本压制，再加上封建阻力、天灾战乱、经营不善的影响，发展举步维艰。抗日战争胜利后，皖江流域满目疮痍，安徽省会从安庆迁到了位于"全省中心"的合肥。

时至今日，合肥经济稳居安徽第一。2021年，合肥的GDP比位居其后的芜湖、滁州、阜阳三座同省城市加起来还要高。而曾经的安徽省会安庆已经退居全省第五，GDP总量只有合肥的1/4。八百里皖江上的古老城市，渐渐鲜有人问津，但其文脉却不曾断绝。

安徽自清初正式建省以来，以天柱山及其向东延伸的余脉为界，划分为皖南、皖北。全省又分为三大文化圈：皖北地区属两

▲ 黄山徽州古村呈坎一角

淮文化；皖南有两大文化版块，即以歙（shè）县、婺源为中心的徽州文化；安庆、桐城则是皖江文化的中心。

皖江，在明清时期是中国文化最发达的地区之一。清康熙年间（1662—1722），安徽桐城出了一位名臣张英，当地流传着一则关于他的脍炙人口的故事。

据说，张英的桐城老家宅院旁有一块空地，与吴氏人家相邻。吴家盖房子，欲越界占用，于是引起两家纷争，告到了当地衙门。由于两家人都是高官望族，当地官员也不敢偏袒，老家人只好驰书京城，请张英定夺。张英听说此事后，便写了封信寄回老家，说："千里家书只为墙，让他三尺又何妨。万里长城今犹在，不见当年秦始皇。"张英家人收到信后，便果断拆除围墙，礼让三尺；吴家人深受感动，亦退让三尺。于是，两家人的院子中间，多了一条"六尺巷"。

桐城张氏的家学，引领一地风气。后来，张英之子张廷玉也位极人臣，名垂青史，而张英祖孙三代，一共九人考中进士，一时为人称颂。

除了张英家族，有清一代，皖江之畔出现了多个文化世家，如方苞家族、姚鼐家族、钱澄之家族、戴名世家族、刘大櫆家族、太湖赵氏家族等。

当时有句话叫："天下之文章，其在桐城乎！"引领文坛200余年潮流的桐城派，起源于皖江。早期的桐城派与时俱进，尤其擅长针砭时弊。19世纪初，和珅案的爆发引起部分文人对朝政的批判。桐城人姚鼐不避文祸，写出了著名的《翰林论》，认为出现和珅这类人，是清廷扼杀清议的后果，应该恢复明代的谏争之风。

姚鼐的弟子们展开行动，力图唤醒沉睡已久的"士"之精神。在桐城派人士的领导下，嘉庆、道光年间，黄爵滋、龚自珍、魏源等人在京集会，其中一部分人成为中国第一批睁眼看世界的知识分子。

到了清末民初，桐城派走向衰败，但其积极入世的精神在皖江另一批人身上传承并发生变革。新文化运动的主要旗手、五四运动的"总司令"、安庆怀宁人陈独秀是其中的代表。由陈独秀等人领衔的新文化运动，影响了一代探索救亡图存之路的"新青年"。值得一提的是，当时皖江走出的新一代知识分子，如陈独秀、邓以蛰（邓稼先之父）等，他们的父辈或师长都可以追溯到桐城派。

近现代以来，皖江开风气之先，科技、文化人才辈出，涌现出了思想大师胡适、美学大师朱光潜、小说家张恨水、爱国将领戴安澜、佛学家赵朴初、两弹元勋邓稼先、中国计算机先驱慈云桂、黄梅戏艺术家严凤英、诗人海子等名人。安庆民间至今还流传着"穷不丢书"的古训。

对比北岸的桐城，世代居于南岸的徽州人在创造了"无徽不成镇"的商业神话后，也开始走起"学而优则仕"的通途。通过科举，无数经商发家的徽州人步入朝堂，影响着中国数百年政局的大变动。"祖孙九进士""父子四尚书"等宗族教育成功案例比比皆是，也带动了徽州世家大族的兴盛。从此，徽州人不再是封建时代世人面前末流的商人，优雅高尚的文化气息开始浸润徽州的每一个角落。

与此同时，徽州世家大族倚仗万贯家财，纷纷大兴宗祠。在官派文化的影响下，徽州人的饮食也渐趋细化，在火候、刀工和操作技术上独步天下，徽州美食凭借"酥、嫩、鲜、醇"四大特色，折服天下人心，传遍世界。

"长江万里此咽喉，吴楚分疆第一州"，两岸青山，碧水东流，皖江之水浩浩汤汤，徽州人民勤劳奋进，生生不息。

04　扬子江畔，太湖两岸

长江出安徽，入江苏，经南京，南京以下的江段被称为扬子江。

历史上赫赫有名的扬子江，在古籍中特指今天江苏南京六合区夹江到扬州港的一段，其得名来自古代长江的重要渡口扬子津。后来，人们也将南京以下的长江称为扬子江。西方人从海上远航而来，到长江时最先听到这个名字，所以在外语中，"扬子江（Yangtze River）"也可代表整条长江。

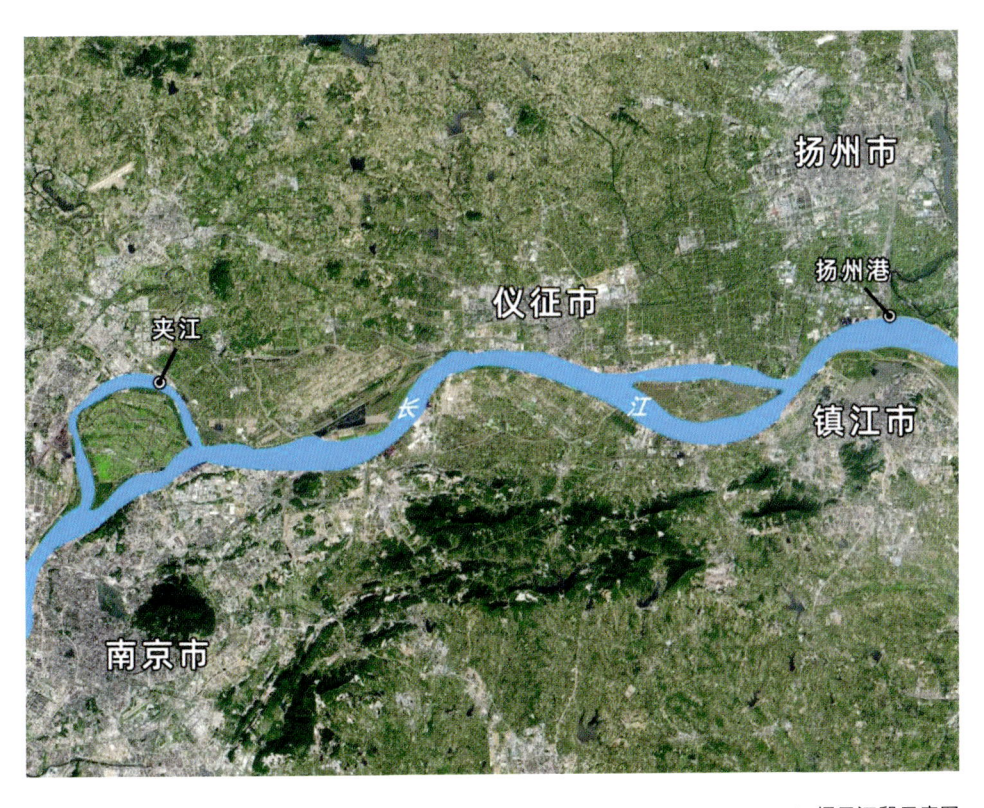

▲ 扬子江段示意图

长江下游以南京为节点，一面背靠大陆，一面朝向大海，海洋、内陆的文化与精神在此激荡潮涌。

作为八朝古都的南京，如其他江南水乡一样，城市因水而兴，文明倚水而昌。穿城而过并最终汇入长江的秦淮河，见证了南京城里千百年来无数的悲欢离合。

明末名士侯方域和秦淮八艳之一李香君在秦淮河边相遇、相知、相爱，题诗桃花扇，却终成一场梦。吴敬梓人过中年屡试不第，反在秦淮河畔写出了长篇讽刺小说《儒林外史》。1923年的一个夏夜，朱自清和俞平伯两位现代文学大家乘舟同游，各自写下了一篇同题散文《桨声灯影里的秦淮河》，摹写了秦淮河的船只、绿水、灯光、月光、歌声等，似真似幻，引人遐想。

位于南京近郊的栖霞山，是江南名山之一，同时也是中国有名的四大赏枫胜地之一。深秋时节，满山枫叶红似火，层林尽染，"霜叶红于二月花"，与黄昏的晚霞交相辉映，天上人间。

历史上曾有五王十四帝登临栖霞山，而乾隆六下江南，见栖霞胜景，誉之为"第一金陵明秀山"。就连孔尚任的《桃花扇》也是以在栖霞山"撕扇"告终。

巍巍钟山（紫金山）盘踞在南京的东郊，山势蜿蜒，形如巨龙，是南京地区的群山之首。山前正中为中山陵——孙中山的陵墓。中山陵西侧为明孝陵和孙权墓。229年，孙权定都当时名为建业的南京，开始了南京的建都史。1600多年后，孙中山当选为中华民国临时大总统，同样以南京为首都。谁承想在历史的嬗递演进中，两位孙姓英雄都在南京建功立业，又同样长眠于钟山之麓。

长江一出南京，江面骤然开阔，"春江潮水连海平，海上明月共潮生"。1000多年前,唐初扬州诗人张若虚在春天的一个夜晚立于扬子江畔,见月光流照下的江潮浩瀚无垠,仿佛和大海连在一起。他有感而发,吟出中国古代诗歌史上号称"孤篇盖全唐"的《春江花月夜》。

江苏南部与浙江交界处,从前原为一个宽浅的大海湾,因长江和钱塘江泥沙淤积,长江三角洲不断向东延伸,海湾因湾口泥沙淤积形成封闭沙坝,慢慢地演变,最终形成了太湖。

太湖是长江流向大海之路上最后一个大的淡水湖,同时也是中国的第三大淡水湖。太湖水孕育了吴越两岸的人民,也孕育了吴越文化。民间古有"苏湖熟,天下足"的谚语,如今太湖流域也是全国经济最具活力的地区之一。

关于太湖的故事有很多。传说春秋末年,范蠡帮助越王勾践

▼ 无锡太湖

▲ 太湖鼋头渚夜间的樱花

灭吴后，为了避免鸟尽弓藏、兔死狗烹的下场，在宫里大摆庆功酒的那天夜里，悄悄地带着西施离开了越国。他们穿过护城河，直向太湖而去。到了太湖北边的五里湖边，见风景优美，山明水秀，他们就搭了几间草房子，隐姓埋名住了下来。五里湖，后来又称蠡湖。

1891年春天，无锡县令廖纶携友一起泛舟太湖，感叹太湖碧水辽阔，烟波浩渺，于是把"包孕吴越"四个大字刻在临湖峭壁上，以誉太湖似母亲般孕育了吴越两岸的人民和文化。题字峭壁位于太湖北岸，岸边还有一块巨石突入湖中，其形状酷似神龟昂首，因而得名鼋（yuán）头渚，有"太湖第一名胜"之称。

太湖之滨坐落着历史文化名城苏州，又称姑苏。苏州西北郊的虎丘山被誉为"吴中第一名胜"。相传春秋时期，虎丘山为吴

▲ 虎丘塔，建成于北宋初年，至今已有一千多年历史。因为地基不均匀沉降，至元明时期开始倾斜，并以倾斜的姿势屹立几百年而不倒，被称为"东方比萨斜塔"

王阖闾的离宫所在，他墓中三千柄宝剑的传说为虎丘山增添了不少神秘色彩。

当年，阖闾在伍子胥和孙武的辅佐下，让吴国迅速崛起。他曾率军攻破了当时的南方强国楚国，以至于直到阖闾去世，楚国都非常惧怕吴国，不敢同吴国正面交锋。只可惜得意忘形之下，阖闾终究败于越王勾践，葬在虎丘山脚下的剑池水中。

长江在扬州与古老的京杭大运河相交。近年来，长江之水也使得这条古运河再度焕发出新的活力。扬州境内的瘦西湖，窈窕多姿，清婉秀丽，景致不输杭州西湖；镇江更是有"京口三山甲东南"之誉。"三山"指的是旖旎的金山、雄秀的焦山和险峻的北固山。

金山的名气主要来源于金山寺，白娘子水漫金山的传说在这里上演。《白蛇传》是我国著名的民间故事，除了白娘子和许仙在西湖断桥相会的情节，或许最扣人心弦的情节要数白娘子水漫金山。

故事里，因此前法海游说许仙在金山寺出家，生生拆散了一对苦命鸳鸯，白娘子怀胎十月奔赴金山寺向法海索夫。白娘子在与法海打斗过程中，施展法术，终致水漫金山，但最后不敌法海，含恨而去，引后人无尽唏嘘。

不同于金山"寺裹山"的张扬，焦山的寺院楼阁大多藏于山内，被称为"山裹寺"。焦山上还珍藏了历代碑刻500余方，仅次于西安碑林，为江南第一碑林，此山因此成为享誉中外的"书法之山"。其中被称为"碑中之王"的刻有《瘗（yì）鹤铭》的碑，享有"大字之祖"的盛名。《瘗鹤铭》相传为王羲之为葬鹤而书。

与金山和焦山相比，北固山常与诗词相伴，辛弃疾的《永遇乐·京口北固亭怀古》是其中不可错过的一首：

千古江山，英雄无觅孙仲谋处。舞榭歌台，风流总被雨打风吹去。斜阳草树，寻常巷陌，人道寄奴曾住。想当年，金戈铁马，气吞万里如虎。

元嘉草草，封狼居胥，赢得仓皇北顾。四十三年，望中犹记，烽火扬州路。可堪回首，佛狸祠下，一片神鸦社鼓。凭谁问：廉颇老矣，尚能饭否？

辛弃疾的这一阕词中，流淌着作者昂扬的英雄气概和报国无

▲ 金山寺，又名江天寺、龙游寺、泽心寺等

门的苦闷情绪，同时也是对南宋朝廷的谏言。

历代歌咏北固山的诗词还有很多，且多为怀古抒情之作。同时，"甘露寺刘备招亲，东吴赔了夫人又折兵"的故事，也让千年前孙刘联姻往事为北固山的历史留下浓墨重彩的一笔。

登临北固山，东看焦山；西望金山；转身朝南，镇江这座历史古城尽收眼底。扬子江往事如烟，尽湮没在滚滚长江之中。

05　吴越春秋往事

八百里皖江以下，不仅风光秀丽，也见证了中国历史上重要的人口迁移与南方经济的发展。

从先秦时代开始，长江下游即出现了早期的商贸活动。当时主导商品贸易的多为达官贵人，抑或是弃官从商的权势人物，如助越王讨灭吴国的范蠡。

在历史上，范蠡是一个谜一样的人物。他本是楚国人，却成了越国的谋士。当越国惨败于吴国后，范蠡劝谏越王勾践前往吴国军中求和，并随勾践同行，做吴王夫差的奴仆，辅佐勾践卧薪尝胆，蛰伏多年，骗取夫差的信任。

勾践获释回到越国后，接受范蠡的"越十年生聚，而十年教训"的长期强国计划。每当勾践要发兵向吴国复仇时，范蠡都按住他，跟他说：时机未到，时机未到！以后几乎每一年，勾践都要催问范蠡：时机到了没？范蠡每次只能苦劝他耐心等待，说当下不是天时未尽，就是人事未尽。勾践闻言大怒说，我跟你谈人事，你就跟我谈天时；现在我跟你谈天时，你又跟我谈人事。你是存心耍我呢？

范蠡解释说，人事必须与天时、地利相结合，方可大功告成。而今吴国遭灾，人民恐慌，君臣上下反而会同心协力，共度内忧外患。大王仍宜歌舞欢饮，迷惑吴国，夫差见此，必然不修德政。待其百姓财枯力竭，心灰意懒，我们便能一举成功。

之后，吴王夫差北上，在黄池之会上完成了吴国的霸业。受勾践麻痹的他，根本没把越国放在眼里。但就在这时，越国向吴国发动了总攻。因为夫差连年北上中原争霸，吴国国力空虚，很快就全线溃败。夫差又谦卑地向勾践求和，而勾践听从范蠡之言，没有像夫差原谅自己一样接受吴国议和的请求，吴王夫差被迫蒙面自杀。

在越王勾践忍辱多年并终于走上人生巅峰的时候，他的身边早已没有了人生导师范蠡的身影。范蠡知道，功臣名将终将面临"蜚鸟尽，良弓藏；狡兔死，走狗烹"的命运。《国语》记载，他在从灭吴的前线返回越国的途中就跟勾践辞行，"遂乘轻舟以浮于五湖，莫知其所终极"，给历史留下一个功成身退的背影。

有史书说，范蠡晚年经商致富，"十九年之中三致千金"，成了历史上早期的富商巨贾。更不可思议的是，他三次创业，三次都成了巨富，每次眼睛都不眨一下，就把钱全捐了，活到了耄耋之年才寿终正寝。

忠以为国，智以保身，商以致富——范蠡的人生成为中国人的一种理想人格镜像，也彰显着江南的文化基因。

先秦时期，因商业发展，吴越之地城市兴起，一座座集聚着能工巧匠智慧的古典建筑拔地而立。

据《越绝书》记载，最早出现在长江下游地区的古城，是今天位于常州市郊的淹城，相传为奄君所建。位于今山东的奄国在周王室开疆拓土时被灭，侥幸逃脱的奄君遂率残部渡黄河，奔赴长江下游，以图东山再起。

但奄国实力弱小，他们迁居江南后，再也没有机会兴复故土、回师中原。周朝东征后，奄国的老家分别封给了周公之子姬伯禽和师尚父姜子牙。那片土地也被代以齐鲁之名，与奄国再无干系。到了江南的奄国人，并没有享受多少偏安一隅的日子。春秋后期，随着吴国崛起，奄国首当其冲。

奄君也许已想到其身处的窘境，因此出于防御需要，建成四面环水的奄城——护城河既为城池提供了外围的屏障，也给城中居住的人们带来了水运的便利。凭借着这座独一无二的城池，奄国长存江南数百年，成功抵御了吴国的多次入侵。

而吴国在长江下游日渐强盛。公元前514年,吴王阖闾派名将伍子胥依姑苏山兴建了阖闾城。从此,长江下游的经济中心转移到了这座被后人称为"苏州"的福地。

与吴国长期处于竞争关系的越国,也在自己的地盘上兴建起了一座都城。这座国都,即后来的绍兴古城。

吴越的地理环境,让这两座古都在江南一众水城中熠熠生辉,也使吴越文化永续流传。

尽管长江下游很早就出现了商贸往来,但因其开发时间比北方晚,故经济水平在很长一段时间内仍无法与黄河流域相匹敌。

史载,秦汉之际,"楚、赵之民,均贫而寡富"。西汉时,司马迁到各地考察,发现江南地广人稀,当地人还在使用较为原始的耕作方式——火耕水耨(nòu),也就是用火烧草来处理耕地,等到稻苗长到一定程度,放水浇灌稻田,淹死杂草,而当时北方已经出现更加先进的铁犁牛耕。

若没有收成,江南地区的人就以渔猎为生,摘野果、捞蛤蜊来填饱肚子。因此,司马迁在《史记》中说,"江淮以南,无冻饿之人,亦无千金之家",这里的人饿不死,但也难以致富。

▲ 苏州古城

▼ 绍兴古城

06　长江流域的"移民潮"

直到三国之后,两晋动荡,才使南北方的经济差异发生改变。

西晋永嘉之乱后,无数避难的北方士民南下,既给江南带来了大量劳动力和先进的生产工具与技术,也将他们引领的中原文化引入江南,成就了长江下游地区的长足发展。经过六朝(东吴、东晋及南朝的宋、齐、梁、陈)的长期经营,到了隋唐时期,长江下游地区的经济迎来了一次质的飞跃。

生产技术的进步,使耕地面积持续扩大,加上气候适宜,一年两至三熟的粮食作物,充分满足了长江下游流域内百姓的生活所需。与此同时,大运河的开凿使长江与黄河的联系愈发密切。人口的流动与财富的聚集,让长江下游地区担负起了供养天下的责任。

另一方面,随着百姓的温饱得到解决,长江下游地区的新兴文化娱乐业和制瓷手工业等均得以发展。依靠雄厚的农业及手工业基础,今天的浙江绍兴率先成为唐朝南方最重要的制瓷中心。其出产的越窑瓷器,在中国古代名窑中独树一帜,直至今日,仍被世人评为"如冰似玉"。

长江下游的繁盛,还得益于唐朝的数次大开放。无数外国商人沿着海上丝绸之路踏上大唐的土地,不远万里,开展跨国贸易。在佛法的感召下,唐代高僧鉴真也多次出海东渡日本,弘扬大道,进一步传播东方的先进文化。

在日后的安史之乱、黄巢起义中,大唐王朝走向没落。相较于北方从关中平原到胶东大地的"鱼烂鸟散,人烟断绝",长江下游依靠农业和文化发展,仍旧是北方人士首选的避难所。因此,伴随着唐朝皇帝数次西逃南下,第二次大规模的北方人口南迁拉开大幕。

唐代的这次移民潮再一次给南方带来巨大的财富和人力资源。南下移民隔着长江天险安家落户,也奠定了此后千年长江下游的经济繁荣。五代十国时期,割据于此的南吴、南唐、吴越等政权致力于经济发展，富国强兵。长江下游一带自此"旷土尽辟，桑柘满野，国以富强"。

即便是远居北方的辽人，在瞧见南方的富庶祥和后，也不远千里，跨山越海，"持羊三万口，马二百匹来鬻"，与占据长江下游的南唐政权展开商贸合作。

960年，赵匡胤代后周自立，结束了五代十国的纷争乱世。这时，长江下游经过长时间的发展，经济实力已与北方持平。在坐稳天下后，北宋王朝便确立了"国家根本，仰给东南"的经济政策。长江下游也借助着这波经济红利，再攀高峰。

在北宋名臣范仲淹、苏轼等人的相继治理下，长江下游水利工程得到进一步发展。为了灌溉农田，他们在沿海的耕地附近修建了大大小小的堰塘，既可作为防洪、防海水倒灌等的缓冲带，亦可为持续扩大的耕地提供充足的农业蓄水。

然而，长江下游经济发展并不平衡。黄河数次夺淮入海，导致原先较早开发的皖江流域频繁出现旱涝灾害。随着时间推移，长江下游的经济发展逐渐由今江浙一带引领。

故而，在北宋王朝遭遇兵燹后，宋高宗的首选便是前往江南兴复帝业。偏安江南之时，南宋王朝延续祖宗的政策，发展江南。众所周知，农业乃历代王朝的立国之本。宋室南渡后，在范公堤、苏公堤的基础上，官方又疏浚、加修了多项水利工程。直至宋光宗年间（1189—1194），新的水利灌溉措施已可服务江南地区近十万顷的农田。"苏湖熟，天下足"的盛世景象，由此展开。

粮食的激增，也让江南地区的人口迅速繁衍。据记载，到了

▲ 苏州地区太湖边的稻田

宋末元初，江南西道一带的人口数已达天下之最。然而人口的暴涨，增加了土地所承载的供养能力的负担。与此同时，在长江中游，湖广行省的湖南、湖北正遭遇着史上最严重的生存危机。到了明初，据官方统计，长江中游的湖广行省在历经社会动荡、生灵涂炭后，总户数为27万余户，仅相当于宋末的14.7%左右。

因此，明朝统一天下后，一场名为"江西填湖广"的人口大迁移轰轰烈烈地拉开了帷幕。在之后的200多年时间里，明、清两代分批次从江西强制迁出了数十万百姓，将其分布于整个湖广地区。为了鼓励他们离开家园，明朝还给迁入湖广地区的百姓提供赋税便利，促使他们在新家园安居乐业。

明末，张献忠屠四川，加上蜀地长年战乱动荡，使得长江上游的四川地区人口锐减。紧接着，那些在湖广安定下来的江西人，再度踏上征程，在清廷政策的引导下，"填补"了四川。

在长江流域人口大量迁移的同时，下游地区的经济保持着活力。由"苏湖熟，天下足"到"湖广熟，天下足"的转变，意味着长江下游由粮食输出地变成粮食输入地，也表明当地工商业十分兴盛。

明清时，官方主张海禁，内河贸易收益迅速成了封建政权财税的主要来源。借助江河之便，长江下游地区经济进入古代的鼎盛时期。在一次次南北互通的贸易往来间，长江下游地区的经济、文化、市井生活等，也变得越来越丰富多彩。商贸活动的互通有无，也让人们在科举仕业之外有了"经商"这一更为开阔的选择，并因此爱上这繁华的江南。

可惜好景不长，到了近代，在洋人的坚船利炮下，浸润于烟雨之中的下游地区被迫从梦中惊醒。随着殖民侵略的深入，长江下游的一些城市终究逃不过资本抽离、人口迁移的命运。按照以前的说法，是"江南一切以苏城为依归"，到19世纪末，却变成了"苏州商市行情悉依上海为准"，位于长江入海口的上海全面超越苏州。

历经近现代的艰难求索，时至今日，长江下游及其三角洲的人口、经济依旧在全国占有重要位置。

07　吴越文化、赣皖文化与海派文化

经历多次人口迁徙后，长江下游地区形成了独特的文化底蕴。移民并非只是人口的迁徙，更是一次文化的解构与融合。在这种随着人口流动的文化变迁中，长江下游逐渐形成了两大文化板块，即以太湖流域为核心的吴越文化和以江西九江、安徽桐城为中心的赣皖文化。

早在夏商周三代时，吴越文化便已形成雏形。那时的吴越居民，更喜欢"断发文身，错臂左衽"，其争强好胜之风也与儒雅尊礼的中原文化格格不入。随着历史上几次北人南下，吴越之地被输入了中原的先进文化与铸造技术。借助先进技术，吴越人开始"以船为车，以楫为马"，打造出强大的水师，出兵参与中原争霸。

在南北理念的激烈碰撞之下，"断发文身"的习俗也在吴越故地消失。受中原汉语的强烈冲击，吴越地区的人们渐次发展出了充满地方特色的吴语。

魏晋时期，天下纷乱，战争频发，且清谈之风盛行。避居吴越者，多是当时的社会精英，这极大地推动了吴越地区的文化发展。此后，古吴越尚武逞强的戾气，也被文人的精致优雅所取代。吴越人谈玄说妙之际，中国的儒释道文化进入了合流阶段。

在战争的持续侵扰下，人们普遍相信神佛。如此，"南朝四百八十寺，多少楼台烟雨中"，便成了这一阶段吴越文化的主流。

历经隋唐时期的发展，到了两宋，教育之风大兴，吴越地区书院林立，学术盛极一时。在大儒吕祖谦的带领下，吴越地区的学派开始与程朱理学相融合，于思想碰撞之中，以书院为载体，引领一时文风。彼时，江南书院遍地，儒学沉淀，与书院相关的刻书、藏书业务也成了吴越文化兴盛的一个缩影。

书学的兴盛，也催生了丰富多彩的市民文艺，最重要的标志便是通俗小说的诞

生。从明朝的《水浒传》到清朝的《红楼梦》，无一不与吴越地区息息相关。

相较于吴越文化而言，兴起于安徽、江西的赣皖文化则更为纯粹。自魏晋时代开始，北人的大规模南渡，便奠定了赣地人士爱好经学的文化底蕴。当时，庐山地区作为天下的文化中心，还曾与"八朝古都"南京齐名，为天下士子所敬仰。入宋以后，赣北州县文风亦大盛，书院林立，才子云集。据统计，在宋、元、明三代，江西科举取士人数均位列全国前五。

明中叶，心学领袖王阳明在任江西庐陵知县时，又将他刚刚悟出的心学理论，贯彻落实到日常为官实践上。从此，阳明心学名扬天下，江右王门人才鼎盛，将赣文化推向顶峰。

赣文化的热潮，延及东方的皖江流域。在一片向学之风的引导下，皖地也在明清时代成为中国文化最发达的地区之一。

近代以来，伴随着长江边上的战火，西学逐步东渐。当感受到异乡文化与本土文化的差距时，生活在长江沿岸的人们开始了对文化融合、升华的进一步思考。于是，一种活跃于近代通商口岸的"海派文化"应运而生。在中国众多的通商口岸中，海派文化气息最浓厚的当数上海。

上海开埠后，大量的外国人涌入，随即而来的是西方文化带来的巨大冲击。带着这股摩登气息，上海高楼拔地而起，车水马龙，华灯乍现，变身为十里洋场。之后，近代中国之电影、饮食、科技诸领域皆在上海有了突破性发展。

苏南浙北的温柔典雅与敢闯敢拼的上海浪子精神相碰撞、融合，正如当时的上海名人曹聚仁点评："京派若如大家闺秀，海派则是摩登女郎。"或许，正因长江的终点是大海，海派文化在发展的过程中，才在根植中华传统文化的同时，海纳百川，熔铸中西。

08　东流入海

"浪奔，浪流，万里滔滔江水永不休……"

叶丽仪在《上海滩》中这样唱道。

长江过江苏，到了上海，离海已经不远了。"月照黄龙浦水黄"，黄浦江是上海的地标河流，也是长江入海前的最后一条支流。它地处长江南岸，发源于无锡太湖，将上海划分成浦西和浦东。30多年前，浦东、浦西一水之隔却有天壤之别，人们"宁要浦西一张床，不要浦东一间房"；但如今的浦东早已成为上海的名片，展示着上海的潮流前沿与锦绣繁华。

一马平川的上海要说有山，那得数佘山。佘山位于上海市松江区，被誉为"大上海的后花园"。佘山山脉古称松江九峰，明清两代，文人骚客们热衷于在九峰建别墅。如董其昌在佘山建有佘山草堂；明末大家陈继儒在东佘山筑东佘山居，并集编了《小窗幽记》，与明朝洪应明的《菜根谭》、清朝王永彬的《围炉夜话》一起并称"处世三大奇书"；据说徐霞客也曾三游佘山，探幽访友，他的万里之行起步于这里。

关于佘山名称的由来，当地有三种说法：一说王母斩蛇造"佘山"；二说宋朝杨家将中的佘太君到过此地；三说东汉时某佘姓将军曾隐居此地。不论是哪一种说法，都为佘山增添了不少人文色彩。

长江奔泻东下，流入河口地区时，沿途携带的泥沙一面在长江口南北岸造成滨海平原，一面又在江中形成星罗棋布的河口沙洲，其中最著名的要数入海口的三岛：崇明岛、长兴岛和横沙岛。

　　崇明岛是一个典型的河口沙岛。它从露出水面到最后形成大岛，经历了千余年的涨坍变化。在东海蓝色波涛的映衬下，显得格外耀眼。

　　关于"崇明岛"的来历，也有一个传说。东晋末年，孙恩农民起义失败后，起义军的几排竹筏漂到了长江口，在江边搁浅，慢慢地形成了一个沙嘴。当时这片沙嘴还没有完全露出江面，随着江水海潮的涨落，时隐时现，给人一种神秘之感。当地人觉得它有时候"鬼鬼祟祟"，有时候又"明明显显"，于是给它起了个名字叫"崇明"。后来这片沙嘴的泥沙越积越多，形成一个小岛，人们见其气势壮观，就产生了一种崇敬之情，便把"崇明"

▲ 上海周边地形示意图

改称"崇明"了。

直至今天,崇明三岛依然在长江的作用下不断地生长迁移,正如同长江对沿途其他地形地貌的深刻塑造,永不停息。

东海跃动的金色波光里,长江深情地回望走过的神州大地。"滚滚长江东逝水,浪花淘尽英雄",长江从雪山走来,又向东海奔去,留给世人的是无尽的感叹和长久的回忆。

二　长江下游名城：有容乃大，不可复制

北宋大政治家王安石人生的最后九年，是在南京度过的。某天，他去游览长江，碰上了糟糕的天气，但这并未影响他的游兴，反而因此看到了别样的风景：

江北秋阴一半开，晚云含雨却低徊。

青山缭绕疑无路，忽见千帆隐映来。

在王安石这首题为《江上》的诗里，黑暗与光明的隐喻，仍在彰显他远离政坛后内心的不甘。

如今，王安石被认为是11世纪最伟大的改革家，但这是后人的观点，在当时，王安石被当成"獾子精"和"妖人"，到哪儿都不受欢迎。他从政坛高位跌落后，无处容身的恓惶之感，也就不难想象了。变法失利和政治失意之后，最终还是江南，也只有江南，包容了这位浑身棱角的失败者。

滔滔的长江水，流过了6000多千米，终于来到了被称为"扬子江"的最下游，随后一路向东入海。无论经历多少曲折、壮丽、开阔与惊险，此时此刻，它仅保留了吞吐八方的包容特质。在它两岸矗立的城市群，同样坚守着这种特质：包容主宰一切——过往、现在和未来。

▼ 南京江心洲长江大桥（南京长江第五大桥）

01　宁镇双城记：历史的包容

如今的南京，辖区横跨长江南北两岸，但这种格局是明代以后才形成的。明代以前，南京一直以长江为天堑，多次承担起庇护华夏正统的历史使命。从地图上看，长江安徽段原本是东北流向，恰好在南京这里右拐，变成正东流向，这使得南京成为江南到中原最近的点。

一江春水向东流，为南京带来了山水相依的地貌。前有淮河、长江两道天然防线，后有吴、越地区作为经济后盾。沿岸峰峦林立，狮子山西控长江，三山矶沿江而卧，燕子矶峭壁突兀，栖霞山壮观秀丽，幕府山雄伟险峻，还有江心洲、八卦洲等分布于江流浩荡之间。

上天赋予此地这样的地理格局，注定要其在历史长河中大开大合，要么走上巅峰，要么坠入地狱。难怪南朝诗人谢朓说："江南佳丽地，金陵帝王州。"

统计显示，南京在历史上有过70多个名字：冶城、越城、石头城、秣陵、金陵、建业、扬州、建邺、建康、秦淮、升州、蒋州、上元、集庆、应天、京师、白下、金城、江宁、天京……中国乃至世界，恐怕没有哪一座城市像南京一样拥有这么多的曾用名。

每次改名，都意味着有大事发生，不是朝代更迭，就是来了新主人。谁都想在这座历史名城留下自己的印记——以赋予它一个新名字的形式。而为此付出的代价却不像换一个名字这么轻巧——历史上，南京经历过6次毁城：

327年—329年，东晋苏峻叛乱期间；

548年—552年，南梁侯景叛乱期间；

589年，隋朝灭陈以后；

1130年，金兵撤离之时；

1853年—1864年，太平天国定都与被湘军攻灭前后；

1937年底—1938年初，侵华日军攻陷南京以后。

其中的每一次，对南京都是致命的毁灭。城建灰飞烟灭，人口被屠杀以致锐减，文化出现断层，昔日繁荣顿成废墟。最后一次毁城，侵华日军发动南京大屠杀，血债累累，至今仍是整个国家最沉痛的历史记忆之一。

然而，放眼整部中国史，正是南京的数次"牺牲"，才庇护了华夏文明。当游牧民族南侵、中原动乱之时，汉人南渡，第一个选择往往是南京。六朝如此，南宋起初也是如此。而后来的明朝和民国，均以南京为北伐的起点，并取得成功，统一了中国。

南京的坚韧与倔强，在历次成毁和胜败之中彰显无遗。中国没有哪一座城市像南京这么有生命力，能够一次次死而复生。

苏峻叛乱毁城后至南朝梁武帝开国时，在不到200年的时间里，南京发展到有户籍28万户，人口达100余万，是当时世界第一大都市。

隋朝灭陈后，隋唐两代对南京刻意打压贬抑。但到南唐时，南京又一次成为中国的繁华大都会，人口、经济和文化迎来小高峰。

元朝，南京是中国纺织业中心，城内有专业工匠6000余户，南京产的云锦被定为皇家御用品。

到了明朝，南京是一座国际化大城市。郑和在龙江建宝船厂，开启下西洋的第一次远航。著名传教士利玛窦在晚明曾三次来到南京，他说："在中国人看来，论秀丽和雄伟，（南京）这座城市超过世上所有其他的城市。"

明清时期，南京还是整个国家绝对的文化中心。毗邻夫子庙的江南贡院，是古代最大的科举考场，可以同时容纳2万人进行考试。明清时期的中国，10万余名进士，以及全国一半以上的状元，均从这里走出来。

伴随科举的繁荣，南京城里常年定居着大量的文人、高官、画家、诗人与名妓。艺术与娱乐，孕育出这座城市的风流往事。夫子庙与江南贡院所在的秦淮河畔，商贾云集，书画、诗词、唱曲、戏剧、园林、美食，一切美妙的事物，群聚于斯。

繁华之下，诞生了一批传世名著：孔子的后人孔尚任追忆明朝，写出了长演不衰的《桃花扇》；落第的吴敬梓自称"秦淮寓客"，写出了讽刺小说《儒林外史》；被抄家的富二代曹雪芹深感世态炎凉、盛衰无常，写出了伟大的《红楼梦》；辞官的袁枚投资置业，潇洒度日，写出了《随园诗话》《子不语》等作品……这是南京文化发展史上的几座高峰。

虽然不总是被历史温柔以待，但南京以其包容和韧性，一次次温暖了历史。

王安石热爱南京，并愿意终老于此，是因为这座城可以包容他的过去与失败。在这里，他逃离了党争沉浮，逃离了政敌攻击，逃离了舆论高压。在这里，他可以骑着驴到钟山闲逛、会友、小住，半醉半醒间，提笔写下美好的诗句：

终日看山不厌山，买山终待老山间。
山花落尽山长在，山水空流山自闲。

——《游钟山》

而在此100多年后，南京钟山的闲适情怀，被镇江北固山的

▲ 长江镇江焦山段

壮怀激烈取代了。从南京顺长江而下，不到100千米，可达北固山。南宋词人辛弃疾当时出任镇江知府，戍守江防要塞京口，准备为接下来的北伐招募壮丁，训练士兵。60多岁的他数次登上北固山，一股历史的悲怆意味，从他的笔下弥散开来：

何处望神州？满眼风光北固楼。

千古兴亡多少事？悠悠。不尽长江滚滚流。

——《南乡子·登京口北固亭有怀》（节录）

镇江，从字面理解，意为"镇守长江"。这是北宋徽宗时期被赋予的名字，昭示着接下来的历史中这座城的坚硬底色。在此之前，这座城叫京口和润州。北固山是京口三山之一，与金山、焦山成掎角之势。这三座山虽然海拔不高，但足以俯视北面的长江，由此构成长江上的重要防线。往西，可镇卫南京；往东南，则可守住太湖平原。

这一地理区位的独特性和重要性，使得镇江在历史上的南北对峙时代，往往发展成为一座江边雄镇。也正因此，镇江虽为江南城市，但给人的感觉并不柔美，而是充满硬汉气质。和紧邻的南京一样，镇江也是应时势而崛起的城市。

辛弃疾在词中怀念起三国时期的孙权，慨叹英雄难得。孙权定都南京后，在镇江设"京下督"——专职拱卫京畿，由此成为抗衡曹、刘的东南霸主。

到了西晋末年，北方地区动荡，而江南时局相对稳定，这就吸引了北方士族和流民大量南迁。最强的几大家族，无论是太原王氏、琅琊王氏还是陈郡谢氏，都已经聚集到了南京；下等的士族和流民，则更多地聚集在京口（镇江）。由此，整个南朝，南京发展为"士族当权"的政治文化中心，而镇江则发展为"流民出力"的军事中心。

东晋宰相谢安当政时，任用侄子谢玄出镇京口（当时称北府），创建北府兵。这支军事力量随后在淝水之战中大败前秦苻坚，保住了南朝的正统地位。在接下来的历史中，北府兵迎来高光时刻，成为一支可以左右政局，甚至可以改朝换代的军事力量。到420年，出身京口的"寒族"刘裕，凭借北府兵入主建康，取代了东晋王朝。京口由此变成刘宋王朝的"帝乡"。

相比今天，南朝时期的长江入海口，要西移200～300千米。当时登上镇江北固山，就能东望大海。江海之间，京口三山耸立，景观确实比今天壮丽许多。相传南朝梁武帝曾登北固山，并赐御笔"天下第一江山"。

及至辛弃疾登上北固山的南宋晚期，镇江以其险要位置抵御金人，后又抵御元人。直到近代，清军亦曾在此与入侵的英军爆发了鸦片战争中最惨烈的一次战役。清军将领海龄率2400名士兵守城，兵力与武器均与英军存在巨大的差距，但他号召士兵誓死守镇江，与城共存亡，战斗到牺牲为止。英军军官在此战后记载，中国人寸土必争，损失比以往任何战役都要惨重。

回望历史，镇江与南京犹如双子星，一荣俱荣。当南京崛起为都城时，镇江要么充当拱卫之城，要么提供死战之士，要么成为省会之市。这，是山水相依的两座城的历史宿命。

02　诗意江南：文化的包容

回到南京后，王安石曾短暂复出。他从南京乘船出发赴帝都开封，中间需要由长江转邗沟，由邗沟转淮河，由淮河再转汴河。船行没多久，在镇江对面、长江北岸的瓜洲稍做停泊，他流露出浓浓的乡愁，显然对做官失去了当初的雄心壮志：

京口瓜洲一水间，钟山只隔数重山。
春风又绿江南岸，明月何时照我还？

——《泊船瓜洲》

瓜洲，在今扬州境内，是京杭大运河入长江的重要通道之一，为"南北扼要之地"，"瞰京口，接建康，际沧海，襟大江"，"每岁漕艘数百万浮江而至，百州贸易迁涉之人往还络绎，必停泊于是。其为南北之利"。南宋诗人陆游在诗中也写过这个咽喉要冲，说："楼船夜雪瓜洲渡，铁马秋风大散关。"

从地理位置上说，处于长江北岸的瓜洲，已经是扬州的南郊。但从文化层面而言，江北之城扬州，却又是一座妥妥的江南城市。地理与文化的这层"背离关系"，根源就在于王安石北上南下必经的水路——大运河。

为了将江南财赋运入关中地区，从605年至610年，隋炀帝前后耗时6年，征发数百万民工，开凿出一条以洛阳为中心，北达涿郡，南至杭州，全长4000多里，连接海河、黄河、淮河、长江和钱塘江五大水系，纵贯中国南北的大运河。从此，作为大运河和长江边上的中心城市，凭借水运之利的扬州，一跃成为中国最为繁荣的城市之一。

作为战争防线的长江，在隋唐大一统时期迎来更为日常的功能——沟通商旅与

▲ 中国大运河博物馆夜景

船只。当时流行的城市排行榜"扬一益二",说明长江下游扬州和上游益州两个中心,其经济地位已经超过了传统中原名城长安和洛阳。史载,天宝十载(751),扬州江面突然刮起大风,聚集在长江口岸的船舶躲避不及,沉没多达数千艘。一次风灾击沉数千艘商船,可见扬州的繁华程度。

想当初,王安石考取进士后,初入官场的第一站,就是扬州——在韩琦手下充任签书淮南(扬州)判官一职。据沈括《梦溪笔谈》记载,主政扬州的韩琦有一年见官衙里开了一株芍药花,很特别,大红色中间有一路金黄色的腰带,叫作"金缠腰"。韩琦觉得这种花比较少见,就请了四个同僚一起来赏花。赏过之后,每个人掐了一枝戴在头上,结果这四个人后来都做了宰相,人称"四相簪花"。四人中,便有王安石。

扬州不仅是官员的发迹之地,也是商人的致富之地。尤其在清康乾时期,扬州作为两淮地区的盐业集散地,以及南粮北运的漕运中心，"四方豪商大贾鳞集麇至"。扬州的繁盛，使得康熙六下江南时有五次经过或停驻扬州；而乾隆六下江南，更是次次巡幸扬州，并称赞"广陵风物久繁华"。

当时，扬州仅徽商商帮的总资本就达到5000万两白银之巨，而乾隆时期号称清朝巅峰，国库最高存银也不过7000多万两。难怪乾隆皇帝不由得感慨说："富哉商乎，朕不及也。"

富商巨贾云集，促进了扬州文化的繁荣与多元融合。清代戏曲作家李斗在《扬州画舫录》中写道："杭州以湖山胜，苏州以市肆胜，扬州以园亭胜，三者鼎峙，不可轩轾。"当时最好的园林，不在苏州，而是在扬州。戏曲也是如此，发源于苏州昆山的昆曲，进京后缔造出京剧的徽班，都推动扬州苏唱街成为南方戏曲的艺术中心。

而这些典型的江南文化意象，反过来塑造了扬州的江南形象。你看，盐商是徽州来的，园林和戏曲是苏州来的，扬州只是

▼ 扬州瘦西湖五亭桥

提供了场地，却能以包容的姿态，让这些资源要素为我所用，发扬光大，进而凸显为这座城的主要面貌。

同为典型的江南城市，长江南岸、太湖之畔的苏锡常三城与扬州相比，有着明显的差异。这种差异主要表现在，扬州的码头文化属性更强，不事生产而达至繁盛，奉行拿来主义而实现文化昌荣，"消化能力"堪称独此一家；而苏锡常三城虽然也得益于大运河而崛起，但促使其繁华的底层逻辑却是自身强大的生产能力。

王安石曾经游历过太湖平原，还在常州做过官，尽管时间不长，但完全能够感受到江南这片得天独厚之地的魅力。行船经过苏州时，他写过一首诗：

> 北风一夕阻东舟，清早飞帆落虎丘。
> 运数本来无得丧，人生万事不须谋。
> ——《苏州道中顺风》

这是一代大政治家的参悟，但也蕴含着以苏州为代表的太湖城市崛起的密码：一切的发展不是人事谋划的结果，而是背靠太湖的必然爆发，有着优渥的土地和水产资源，"万事不须谋"，也能成长为影响全国的城市力量。

事实也是如此。环太湖地区开发甚早，远在春秋时期就已形成发达的政权——以今苏州为中心的吴国和以今绍兴为中心的越国，且它们都参与到了中原地区的军备竞赛中。当时，这两国均以包容的心态，吸纳楚国的人才，学习中原先进文化，进行全国改革，一改吴越地区的落后面貌。

西晋永嘉之乱后，环太湖地区接纳了大量的南下人口，士族文化的特质这才慢慢改变当地的尚武精神，使得苏州等地发展出以精致典雅为主要特征的江南文化。

隋朝以后，京杭大运河的开通让中国南北实现了大规模的物资和人才流动，形成了一条生生不息的南北文化走廊。而这背后的推动力，是苏州等太湖城市的生产力已在全国版图中占据了举足轻重的地位，成为朝廷不可或缺的财富和物资供应地。

南北文化交流、经济往来的频繁，亦反哺了苏州，大大刺激了苏州的经济发展。宋元时代，又有大批精英和流民一路南下，聚居于斯。尽管此时南北方依旧战火纷飞，但苏州凭借着雄厚的物质基础以及成熟的人文理念，仍旧称雄江南，是无可替代

▼ 江苏苏州太仓港

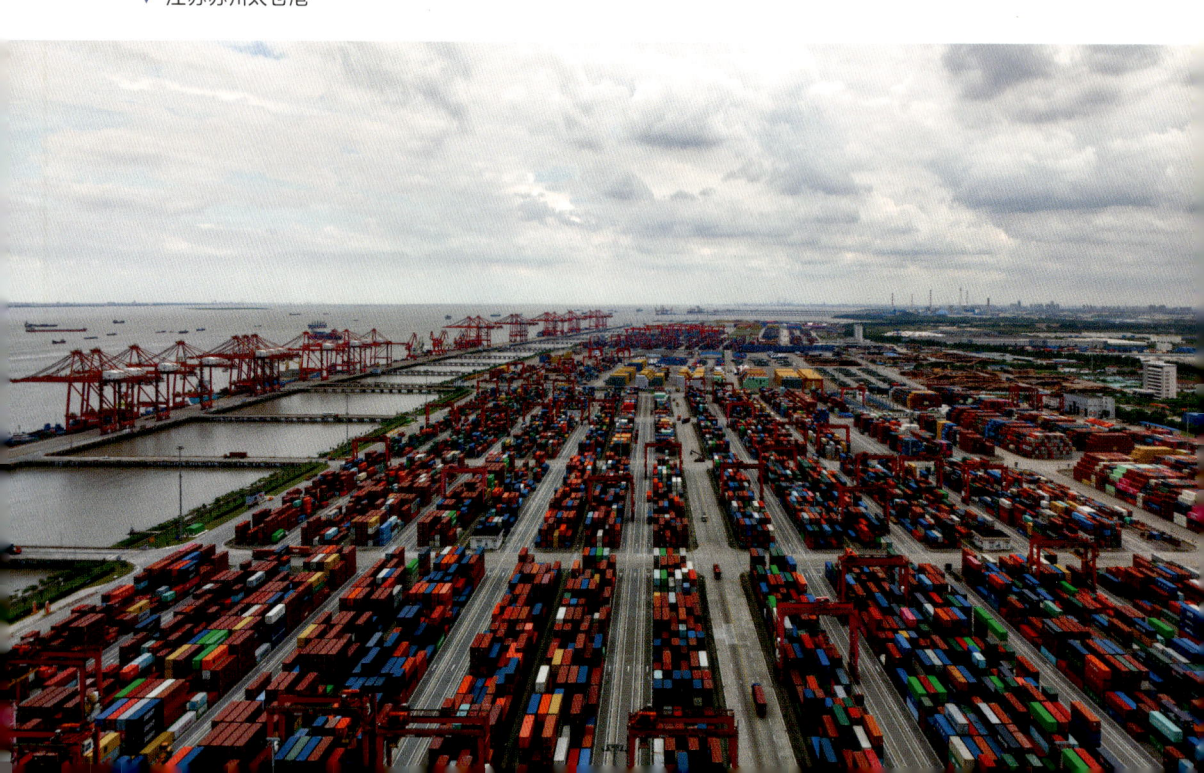

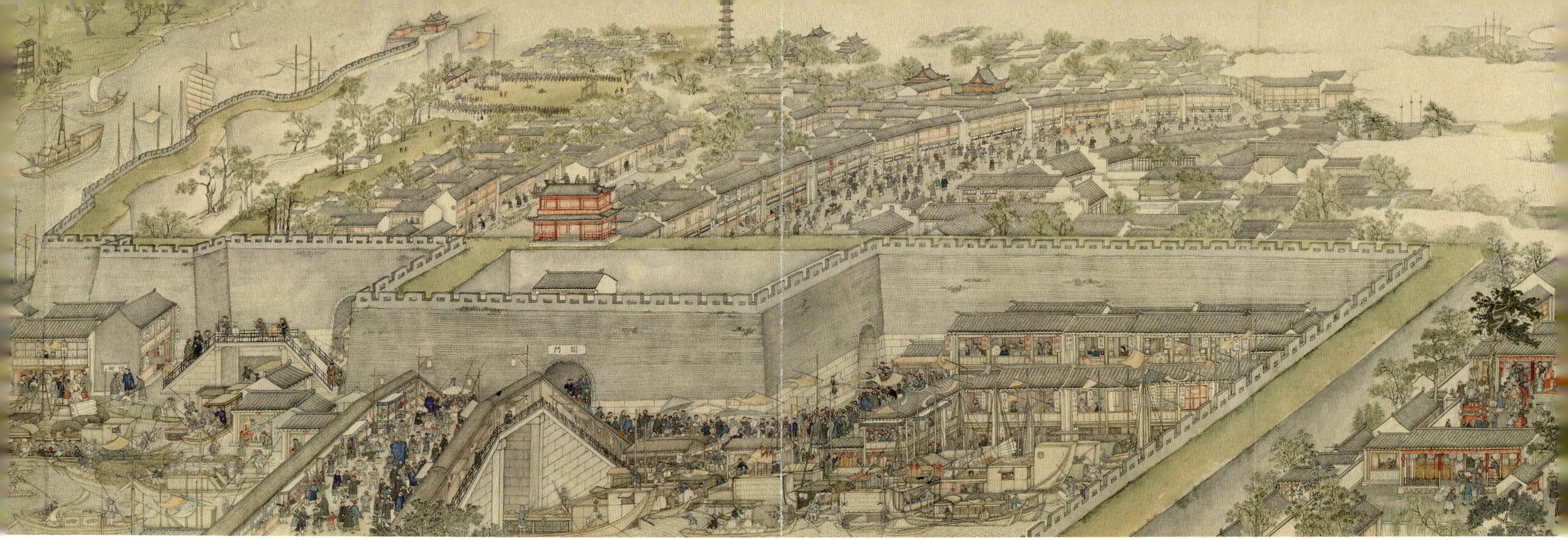
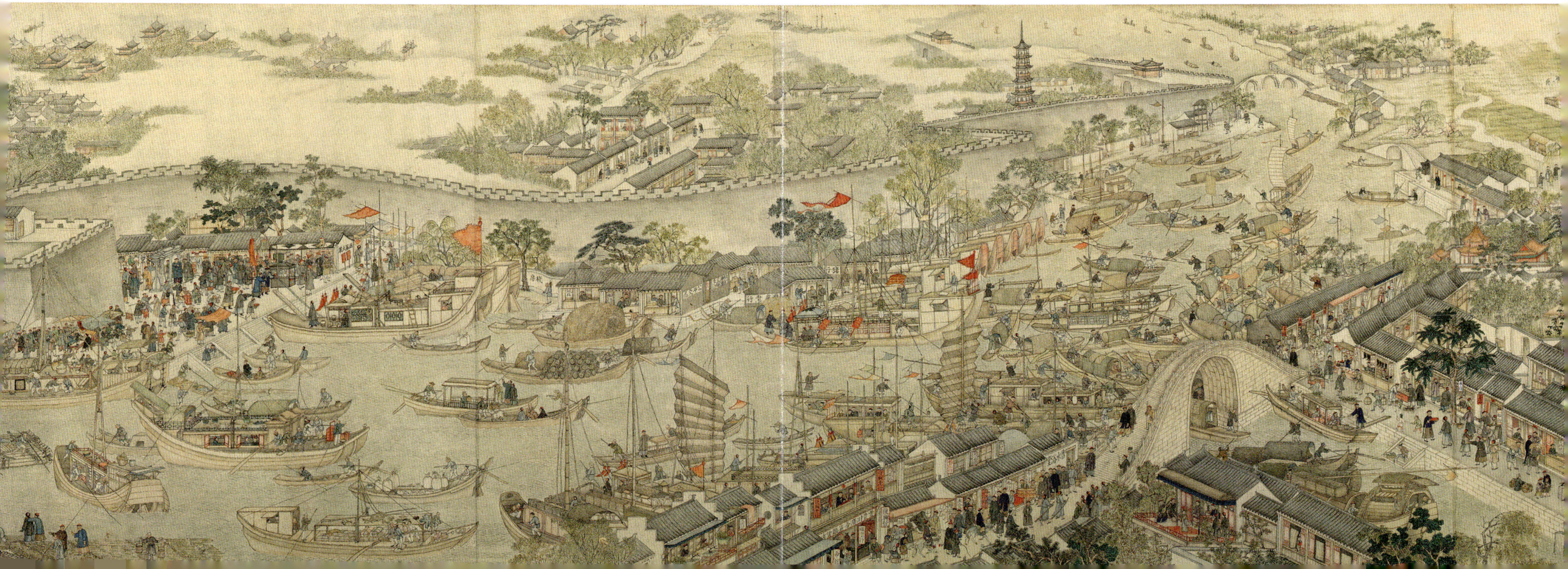

《姑苏繁华图》（局部） 徐扬 绘

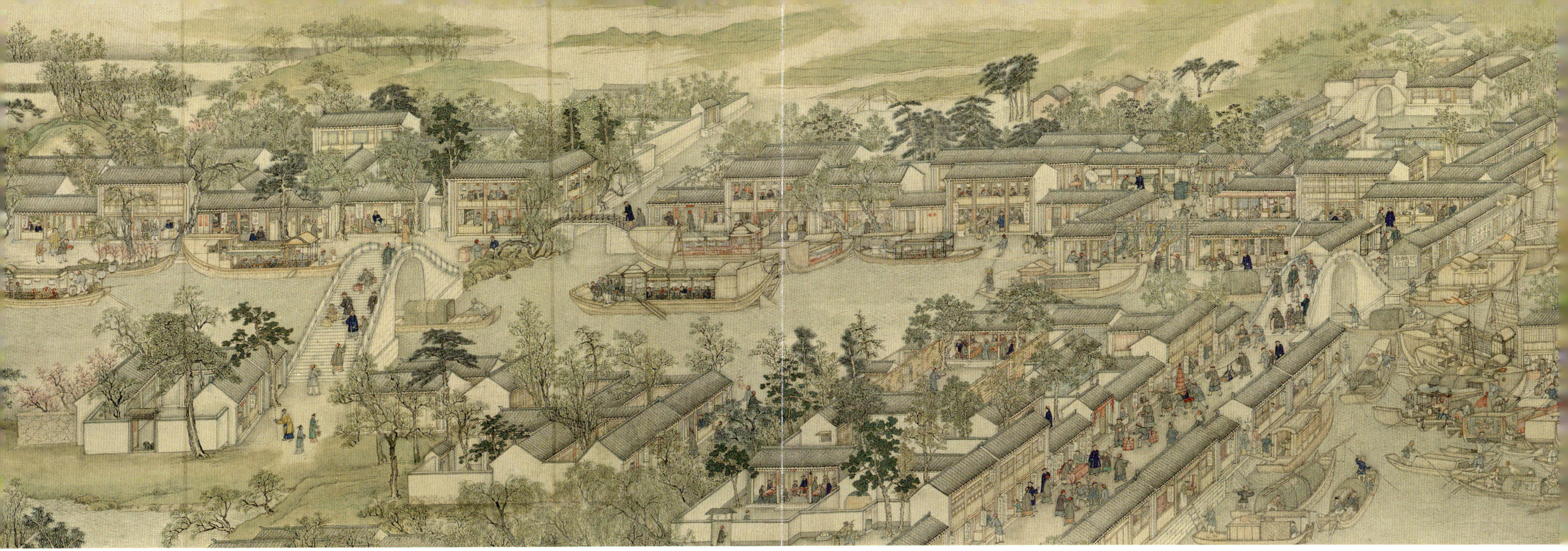

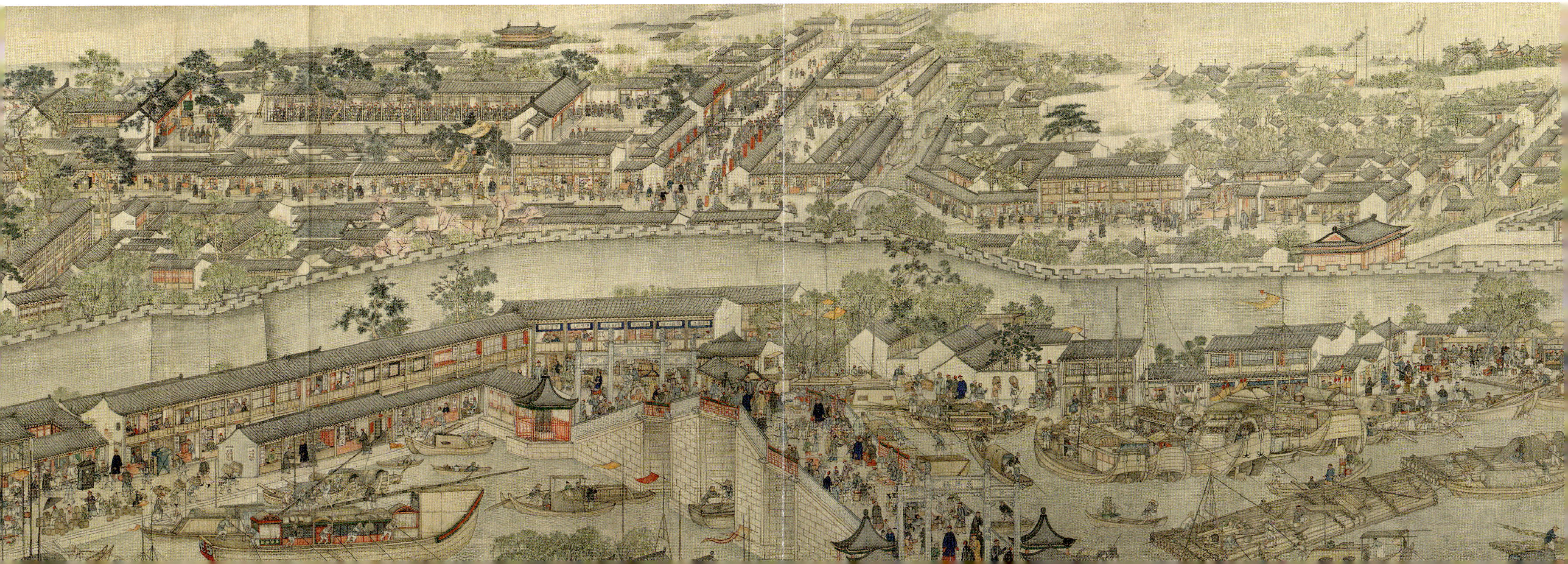

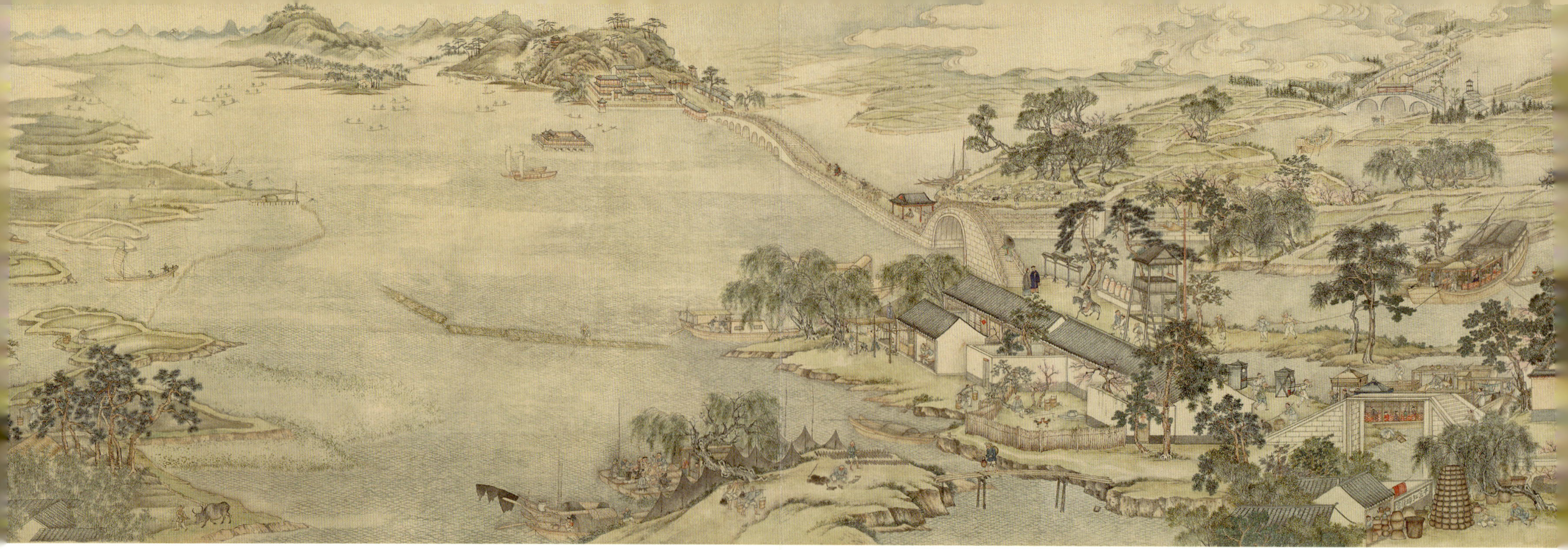

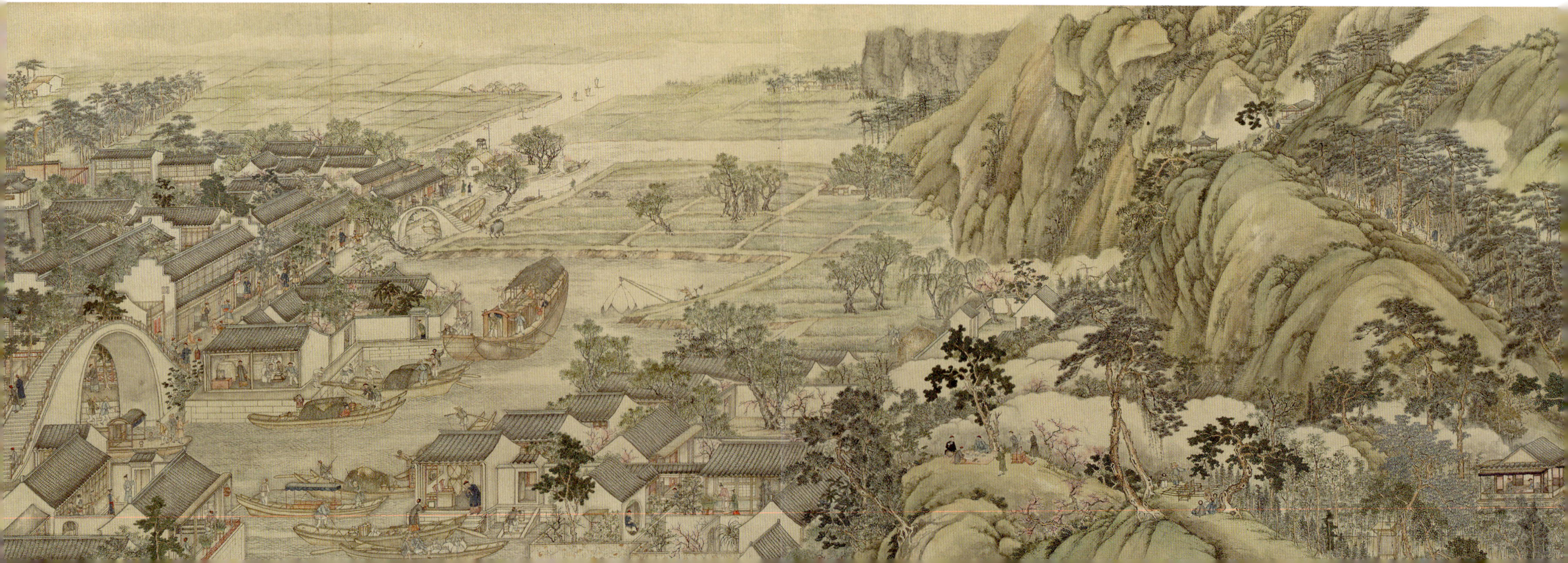

■《盛世滋生图》（局部）清 徐扬

又名《姑苏繁华图》，是继《清明上河图》之后又一重要的社会风俗长卷。全卷采用散点透视和全景式构图法，画面从灵岩山起，经过木渎镇、横山、石湖、上方山，进入苏州城区，再出阊门外，转到山塘桥，最终到达虎丘山。画中仅人物就有一万两千余人，描绘了清朝乾隆年间苏州城"商贾辐辏，百货骈阗"的繁荣景象。

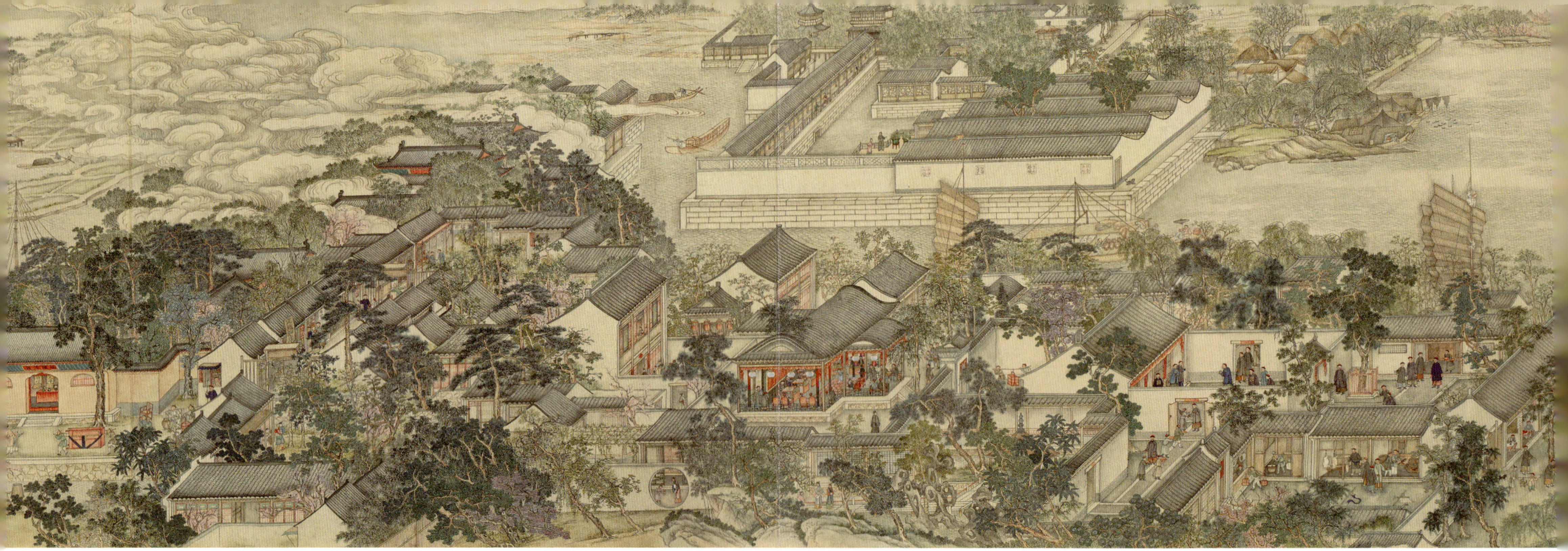

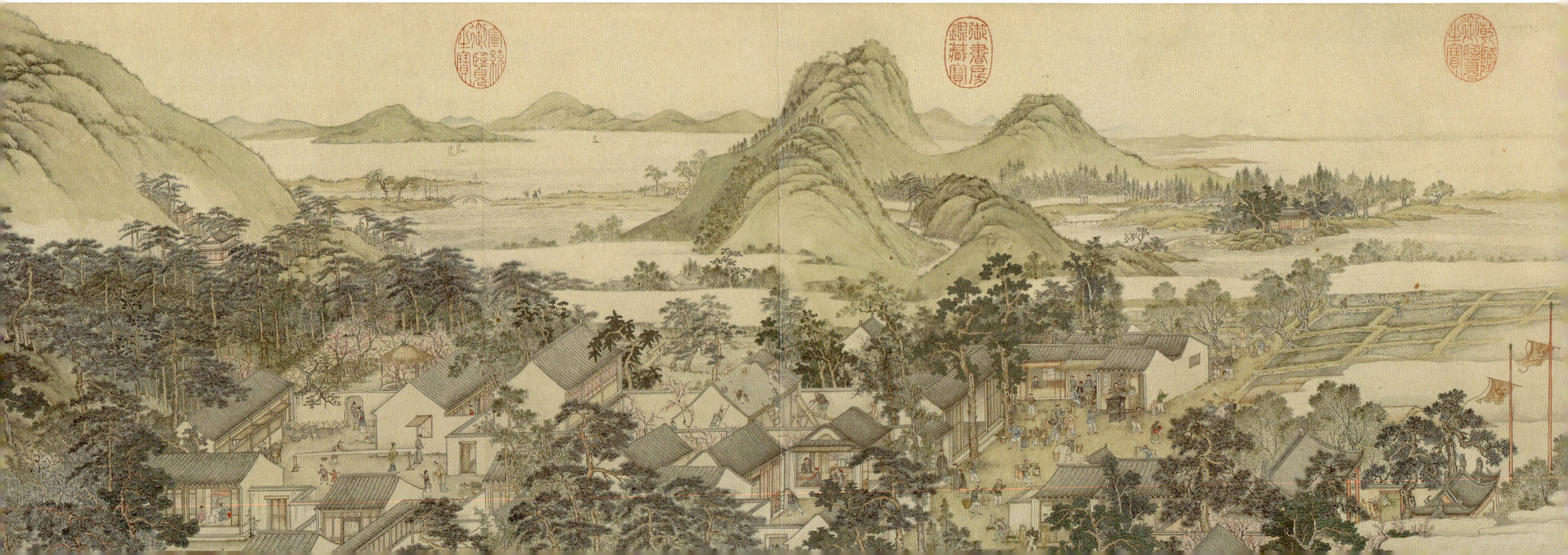

的全国财赋重地，如同当时的谚语所说的那样，"苏湖熟，天下足"。

有意思的是，到了明清时期，这句谚语变成了"湖广熟，天下足"，有人因此怀疑：苏州退出粮食供应序列，是否意味着苏州经济的衰退？恰恰相反，这说明苏州的经济结构出现了转型，由过去的农业生产中心升级为商品经济中心，工商业的比重超过了农业。

通过蚕桑、棉花等经济作物的大规模种植，苏州发展为丝织业、棉纺织业以及各种加工业的中心，城市空前繁荣，商旅辐辏，百货云集。整个长三角的商业物流网络均围绕苏州展开，地位类似于今天的上海。直到1843年，苏州仍是全国仅次于北京的第二大人口城市。我们今天仍能从明代仇英的《清明上河图》和清代徐扬的《盛世滋生图》等画卷中，一窥苏州这座大都会在明清时期的繁华景象。

经济反哺文化。苏州的经济地位，使其文化软实力达到了历史的高峰。"吴中四杰""吴中四才子"都顶着地域名号，却有着全国性的影响力。园林、戏曲、书法、绘画，都是彰显苏州软实力的代言。来自苏州的"香山帮匠人"参与营造紫禁城，不论是殿阁楼榭，还是回廊曲宇，均能信手拈来，这是苏州实现文化输出的最佳佐证。

而苏州文化的强大，依赖教育发展与人才培养。苏州人曾经最自豪的特产，不是什么具体的物件，而是"状元"。数据显示，在清代，全国共出状元112名，而苏州一府即有29名，约占总数的1/4。这种人才优势一直延续到了现在，如今苏州籍两院院士人数，仍旧高居全国前列。

与苏州同样享有太湖资源的常州和无锡二城，也同样分享着"人杰地灵"的密码。常州光一条青果巷，近代以来就走出了盛宣怀、李伯元、瞿秋白、赵元任、周有光等诸多领域的重要人才。无锡从晚清洋务运动开始，就涌现出薛福成、徐寿、华蘅芳、徐建寅、杨宗濂等开拓性人才，主持倡导或参与创办了我国最早的工业企业，使得近代无锡成为全国六大工业城市之一。

文化的包容与融合，让苏锡常等江南城市1000多年来人才兴盛，始终走在时代的前列。尽管在太平天国运动后，由于战争的摧毁和交通线的转移，尤其是受中国从江河时代迈入海洋时代的历史大势影响，扬州走向衰落，苏州的地位则被上海取代，但是，江南的人才和文化仍在四处开花，孕育着新一轮的复兴。

03 张謇的城：身份的包容

在漫长的历史演变中，聚沙成陆，长江入海口不断东移。王安石生活的北宋，今天南通的狼山一带，已是大陆的尽头。王安石登临过狼山，一眼望见浩瀚长江奔流入海，巨浪滔天，景观壮阔。他当时写了一首诗，题目直截了当——《狼山观海》：

万里昆仑谁凿破，无边波浪拍天来。
晓寒云雾连穷屿，春暖鱼龙化蛰雷。
阆苑仙人何处觅，灵槎使者几时回。
遨游半在江湖里，始觉今朝眼界开。

▼ 南通长江落日风光

南通，是长江北岸最后一座城，它辖下的区域有大约200千米的海岸线。因地处海陆交界，南通的"成形"也极晚。南北朝时期，当南京和镇江占据主流话题的时候，今天南通市区一带才逐渐涨沙成洲，被称为"胡逗洲"。一直到唐代，胡逗洲才得以开发。南通建城，已是后周显德三年（956）的事了，距今不过一千余年。

◀ 张謇雕塑

所谓厚积薄发，或许很少有人会想到，这样一座新生之城，竟然在近代以后迎来了至高荣耀。而这，全赖一个南通人的横空出世——张謇（1853—1926）。

张謇被公认为近代南通的缔造者，他留下的"遗产"迄今仍在深刻而全面地影响着这座城市。自古迄今，没有哪一个人对南通的影响力能够超过他。这位奇人是晚清状元出身，却没有循规蹈矩在出仕做官这条路上走到底。相反，从他高中状元到病逝的30余年间，他集士子、文人、状元、实业家、政治家、教育家、慈善家等多重身份于一身，开启了一段不可复制的人生旅程。

张謇高中状元之时，恰逢清军在甲午海战中战败。国事不堪，刺激他投身实业和教育救国之路。最早是受张之洞委托，在通海一带创办纱厂。1899年，著名的大生纱厂在南通唐家闸建成。随后数年，张謇以大生纱厂为核心，创办了油厂、面粉公司、肥皂厂、纸厂、电话公司等20多家企业，形成一个轻重工业并举、工农业兼顾、功能互补的地方工业体系，一度成为全国最大的民族企业集团。

实业初见成效后，张謇开始发展教育。1903年，中国第一所民办师范学校——通州师范学校成立。他还创办了通州女子师范学校，在全国开了风气之先。接下来，他又将通州师范农科升格为农科大学，并创办南通医学专门学校、南通纺织专门学校；在上海创办吴淞商船学校、江苏省立水产学校，协助创办复旦学院；在南京创办河海工程专门学校等。如今，上海、南京、苏州等地的不少著名高校，追根溯源都能溯到张謇头上。

实业、教育之外，是慈善和城市建设。在张謇的主持下，南通先后建立了养老院、育婴堂、盲哑学校、贫民工厂、济良所、栖流所、游民习艺所、改良监狱、医院等一系列社会机构，还建成了图书馆、博物苑、更俗剧场、南通俱乐部、有斐旅馆、桃之花旅馆、通海实业银行、绣织局等企业及公共设施。

其中，许多项目的建设在中国都属于第一次，仅科教文化领域，就拿下了七个"全国第一"，可见张謇的魄力和影响力。

当这一切做完，南通已经成为当时中国名气极高的地方。张謇以一人之力，将南通改造成"中国最进步的城市""近代中国第一城"。

张謇去世数年后，1933年，作家刘大杰来到南通，留下了

▼ 张謇墓所在地——南通啬园

一段珍贵的记录：

到现在，他（张謇）是已经死了，但谁不记得他，谁不追念他！一个黄包车车夫，一个舟子，你停下来只要开口说一句"你们南通真好呢！"他就这么回答你："张四先生不死就好了。"

"张四先生"是指张謇，他在家中排行老四。问题是，为什么是南通出了张謇？这是偶然，抑或是必然？这座海陆相接的城市，在江河文明跨向海洋文明的历史时刻，敏锐地嗅到了近代的气息，以包容的身姿，容纳了一个传统士人的身份的转变与腾挪，这才有了多重身份的张謇，才有了张謇改造出来的新南通。

同一时期，内陆许多地方的传统士人，面对时代巨变还在苦苦挣扎，死守着历史与传统，他们或许既没有机会也没有能力，或许有机会却没有能力，也不愿意摒弃旧身份，拥抱新身份。

由此看来，张謇和南通都是幸运的，一人一城，彼此成就！

回想王安石当年登临狼山的苍茫，或许，张謇就是一个幸运版的王安石。在一座对的城市施展抱负，哪怕大刀阔斧，哪怕超越时代，也不会被当成身份怪异的"妖人"。相反，生前死后，他都是被感念的伟人。

04　魔都往事：文明的包容

离开南通，更大的时代背景铺展在了上海的脚下。这里，新旧交替，华洋共处，碰撞融合，充满了矛盾，也充满了活力。更大的历史命题要在这里书写：中华文明如何应对西方文明？传统文明如何吸纳现代文明？大陆文明如何涵化海洋文明？答案仅仅两个字：包容。只有文明的相互包容，才有站上世界之巅的大上海。

有人说，上海是座老天爷赏饭吃的城市。其处于长江入海口，正好在中国海岸

▼ 1907年建成的外白渡桥，连接黄浦区与虹口区，位于苏州河与黄浦江的交汇口

线的中段，且水位落差小，少受海潮与风浪影响，可四季通航，为中国沿海南北货运理想的交会点。早在近代开埠之前，上海港就以航运繁忙闻名于东海之滨。

上海一带最早的海港，可追溯到唐宋时期的青龙港。到明清时期，上海周边的松江、太仓二府州，是商品经济发达的地区，属于江南核心区。近代以前，受清廷海禁政策的束缚，上海商业活动虽然活跃，但经济实力相较江南名城苏州仍瞠乎其后，海运贸易量也远远不及一口通商的广州。

1842年《南京条约》签订之前，清政府规定洋人只可在广州这一个口岸通商。该条约签订后，中国被迫打开大门，一口通商禁令解除，上海作为五口通商的商埠之一对外开放，长江流域的城市格局随之被彻底改写。

因为突如其来的对外开放，上海久被压抑的潜能得以释放，开启了魔幻发展史。仅仅过去十年，上海的进出口贸易额就已超过广州。与此同时，太平天国运动爆发，清军与太平军在长江下游沿岸的安庆、芜湖、南京与苏州等城接连交战，而中外军队共同防卫的上海免于战火。在这场空前的兵燹之中，有大量来自江浙的难民涌入上海，上海城市人口迅速突破百万。

太平天国覆灭后，长江下游名城如南京、扬州、苏州等，大都受到重创。逃过一劫的上海迅速膨胀，从上海滩十里洋场生发出来的金融、贸易、文化和生活方式，改变了古老中国的社会形态。第一盏路灯、第一个抽水马桶、第一个现代商场、第一辆汽车、第一份报纸、第一高楼……无数个"第一"在上海诞生，一座按照欧洲模式建立的现代都市，在黄浦江边崛起。

不到百年时间，原本在江南地区城市化水平较低的上海，跃居"远东第一大城市"，成为长江沿线乃至中国的国际贸易、航

▲ 老上海记忆

运、金融中心。历史上，上海曾被称为"小苏州"，到了20世纪初，苏州则反过来被称为"小上海"。

作为文明包容的一种具象，我们可以看到上海开埠后的第一条商业街南京路，一头连着五光十色的外滩，一头连着古佛青灯的静安寺。貌似对立撕扯，却又恰如其分地各自安好。

如果说上海对于租界的包容，是源于国家积贫积弱、主权丧失的无奈，那么，对于另一种陌生文明的包容，则展现了这座城市伟大的光辉。"二战"期间，犹太人遭到种族屠杀，世界上大多数地方出于自身利益，拒绝接纳犹太难民；而上海对来沪避难的犹太人敞开怀抱——无需签证，不用经济担保，也不需要工作证明，上海接纳了几万名犹太人。

新中国成立后，上海是计划经济时代中国最大的工业城

▲ 上海外滩夜景

市。改革开放之前，上海地方财政收入占全国的15.4%。因为人口聚集、经济繁荣、思想开放，上海始终是中国现代化的标杆。1990年，上海浦东开发开放，这是对历史上上海开放包容传统的最好回应。也正是在此之后，上海进入发展快车道。截至2023年，上海GDP达到4.72万亿元，稳坐全国经济第一城宝座。

越包容，越强大！这就是上海的"魔性"！

05　长三角27城：当代的包容

从南京到上海，我们勾勒出长江下游沿江城市的兴衰轮换。但这些典型城市，只是传统江南城市的个别代表，亦是现今长江三角洲城市群的部分缩影。如今，官方定义的长三角中心区已经涵盖27城：

上海市1城；

江苏省9城：南京、无锡、常州、苏州、南通、扬州、镇江、盐城、泰州；

浙江省9城：杭州、宁波、温州、湖州、嘉兴、绍兴、金华、舟山、台州；

安徽省8城：合肥、芜湖、马鞍山、铜陵、安庆、滁州、池州、宣城。

可以看到，这既是长江沿江城市的极大扩容，也是明清江南区域范围的延展。在协同发展、共同富裕的理念下，当代的包容性彰显了历史上从未有过的大度与大气。这些城市，在历史上每一个都响当当，有的曾经辉煌，有的依然辉煌。数据显示，这片国土面积仅占全国总面积约2.3%的地区，贡献了全国25%左右的GDP。

很多人记住了江南城市的诗意传统，脑海里浮现这些城市的时候总是和江南水乡打上等号；但他们却忘记了这些城市的经济传统，自晚唐以来，这些城市一直就是物质与精神财富的生产地。回头看，长三角城市群的繁荣，不是凭空的创造，而是历史的延续，是辉煌的续写。

被江南接纳的王安石，曾写过一首《忆江南》，其中有两句说：

> 回首江南春更好，梦为蝴蝶亦还家。

如今，千年的时光过去，人们还在这片令人眷恋的热土上，续写新时代的诗意。

三　长江经济，南北大逆转

从湖南玉蟾岩、江西仙人洞、浙江河姆渡等遗址可发现，稻作农业是长江文明诞生的基础。

但历史学家钱穆认为，中国人的祖先在祭祀农神时，曾长期重视黍稷，而将稻谷放在次要地位，即所谓"先黍稷后稻粱"。中国古代的农神被称为"后稷"（周人始祖），而不是听起来更潮的"后稻"或"后麦"。稷，为"五谷之长"，是北方早期的高地农作物，而水稻在春秋以前多见于南方。

尽管长江流域有不逊色于黄河流域的石器文化与青铜文化，先秦时期其沿岸的巴、蜀、楚、吴、越等古国也曾交相辉映，但在很长一段时间内，长江流域是华夏文明的边缘地带。

西汉司马迁笔下的长江流域，大多是榛莽丛生、地广人稀的蛮荒之地。他在游历天下后断言，江淮以南诸郡，"无积聚而多贫"，在大汉帝国的经济排名中并不靠前。即便是太史公也难以想象，千百年后的长江沿岸，尤其是江南一带，将成为富甲天下的繁华之地。

长江经济发展的历史，可以说是中国经济重心南移的浩荡历程，也是一段南方崛起的奋斗史。

01　大运河——中国南北大动脉

中国东部的平原上，一条被称为"大运河"的伟大工程，见证了南北经济重心转换的历史。而这条世界上里程最长、工程量最大的古运河的历史，可追溯到2500多年前。

春秋末期，长江下游的吴国出现了一对英雄父子——吴王阖闾与夫差。吴王阖闾是一位雄才大略的人物，春秋战国时期最著名的几次暗杀事件，有两起是他策划的。他先派专诸鱼腹藏剑，在宴会上杀死了吴王僚，夺取了王位；后请刺客要离前往卫国，刺杀了在那里避难的吴王僚之子庆忌。

阖闾登上王位后，在伍子胥、孙武等名臣的辅佐下，发动了对西边强大的楚国的战争。这场吴楚大战，以吴军攻入楚国郢都，伍子胥将死去的仇敌楚平王开棺鞭尸告一段落，也把吴国的政治地位提升了一个等级。

在描述这场战争的史书中，关于周敬王十五年（前505）的记载，有一个耐人寻味的细节："夏，归粟于蔡。"蔡国在今河南，在此次战争中是吴国的盟友，应该是负责收集粮草的后勤工作。吴人擅长水战，要走水路攻打楚国，但当时江淮之间并没有一条南北方向的水道可为吴国大军输送战略物资。

吴军虽然吃着蔡国送来的陈年谷米，打了不少胜仗，但受制于漫长的补给线，逐渐陷入被动。楚国派出大臣申包胥向结为舅甥关系的秦国求救后，楚军逐渐有了反攻的势头。秦国答应出兵，吴军接连溃败，阖闾退兵，最终没能一举吞并楚国。

阖闾心里或许很郁闷，若江淮之间有一条运河，可使吴军由江入淮，或许可与楚国争锋，甚至北上齐、晋，逐鹿中原。

后来，在与同处长江下游的越国交战时，阖闾被越军砍中了脚趾，伤重去世。他的儿子夫差继承吴国大业，打败越王勾践，为父亲报了仇。那条沟通南北的人工运河，也在夫差手中成为现实。

夫差称霸吴越后，为了早日北上，图霸中原，在吴地开挖了大运河的首段——邗沟。邗，即扬州一带在春秋时期的名称。这条水道南引长江之水，起自扬州西南角的观音山旁，最终北上汇入淮河。

夫差的理想很丰满，现实却很骨感，只因那个战败后投靠在他身边的越王勾践不是老实人，而是卧薪尝胆的狠人。勾践还用美人计，向吴国进献了生于江南水乡的浣纱美女西施，麻痹了夫差的心智。当夫差北上会盟诸侯时，越王勾践卷土重来，攻进了吴都姑苏。

吴王夫差为他的大意付出了生命的代价。随着吴越春秋尘埃落定，那段刚刚开启的运河逐渐陷入沉寂，直到千年后，与另一位亡国之君命运相连，他就是隋炀帝杨广。

没有哪个帝王，像杨广那样深爱扬州。他让大运河流过这座繁华的城市，后来，他自己的生命也终结于此地。

581年隋朝建立时，邗沟入淮的末口已经淤塞，造成南北交通不便。隋炀帝即位后，在隋文帝开凿的广通渠与邗沟（时称山阳渎）的基础上，又开凿了三条运河，即通济渠、永济渠、江南运河（时称江南河）。这几段运河加上后来开通的广济渠，构成了隋唐大运河。

隋唐大运河，在中国地图上呈现出一个硕大的横向"人"字，它的一撇是广通渠、通济渠和邗沟，贯通关中平原与江淮平原；而它的一捺是向北延伸的永济渠，通往幽燕之地，可向出征辽东高句丽的隋军将士运送粮草。

"人"字顶端的长安、一撇一捺交汇处的洛阳，以及大运河

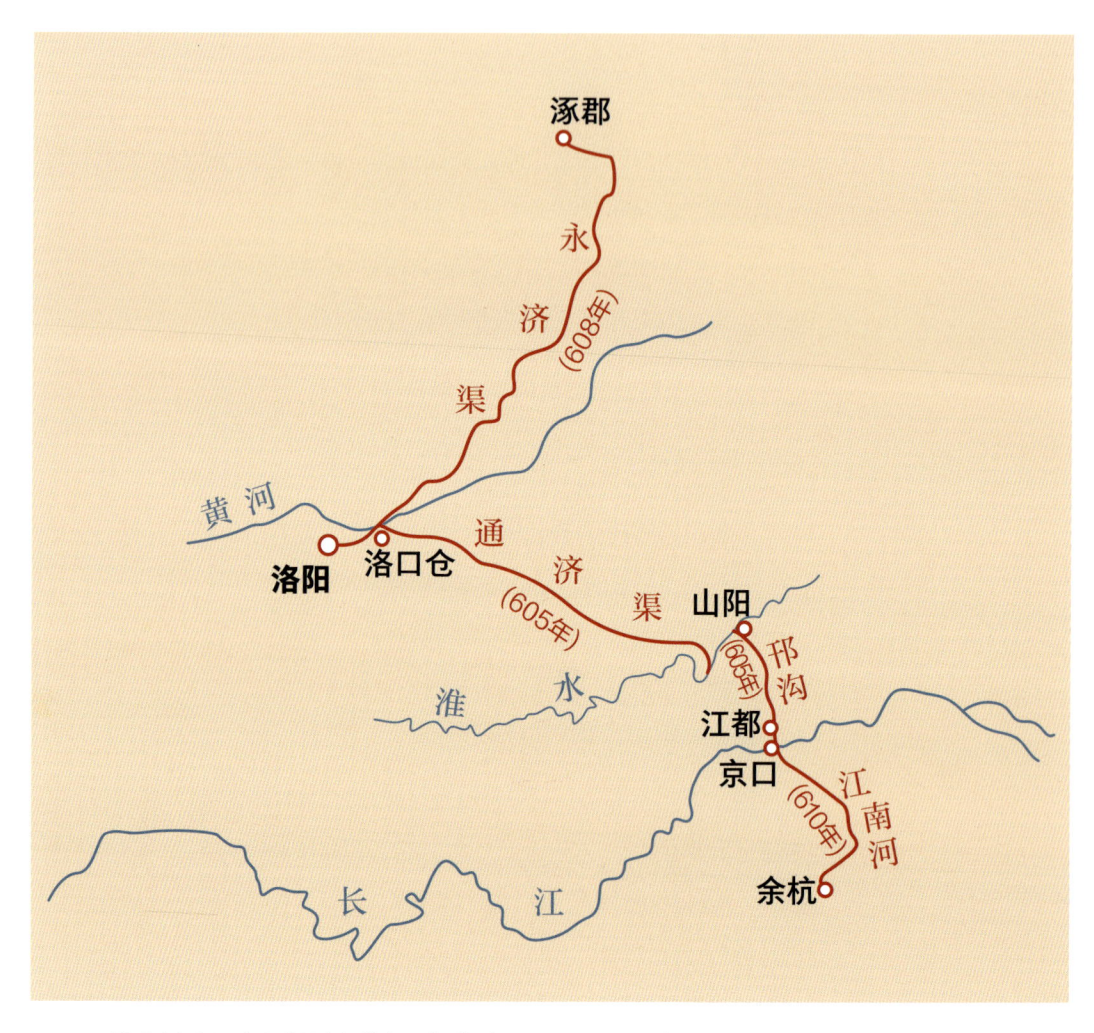

▲ 隋唐大运河示意图（图中年份为开凿时间）

两端的落脚点江都（今扬州）与幽州（今北京），交织成杨广的宏图伟业，也埋下了隋朝覆灭的祸根。成千上万民夫死于大运河工程中，各地的民怨点燃了反隋的怒火。

当起义军声势越来越大时，杨广沿着大运河，再度来到了他魂牵梦绕的扬州。当时的扬州，被称为"江都"，名扬天下的长江之都。大运河的开凿使扬州得以面朝大海，背靠大陆，成为陆上丝绸之路与海上丝绸之路的共同枢纽，海上的物资到达扬州后再运往内地，而国内各地的物资也可以顺着大运河来到扬州。隋唐时期，扬州逐渐成为最富庶的商业大都会之一。

杨广在这里度过了生命中的最后几年。隋朝历史落下帷幕，但大运河的水仍不断流淌，并成为此后贯通中国南北的大动脉。长江流域的物资，由此源源不断地流向中原。

唐朝建立后，长安通过从隋大运河运来的江淮粮食，走向王

▼ 杭州大运河拱宸桥

朝的黄金时代。在杨广死去200多年后，唐朝诗人皮日休站在大运河边，为那个横死的暴君与眼前的千古工程说了几句公道话：

尽道隋亡为此河，至今千里赖通波。
若无水殿龙舟事，共禹论功不较多。

——《汴河怀古二首（其二）》

此时，若沿着大运河来到江南，会发现，这里早已不是司马迁《史记》中的那般"断发文身"的荒蛮模样。有别于北方的雄浑，此地稻香鱼肥，城镇繁荣，有高车驷马，有才子佳人，也有独具长江韵味的万种风情。

这也难怪半生风流的诗人白居易也像隋炀帝一样，对江南念念不忘，写道：

江南好，风景旧曾谙。日出江花红胜火，春来江水绿如蓝。能不忆江南？

——《忆江南》

此后数百年间，中国经济重心以不可逆转之势进一步南移。

后人在回顾隋炀帝充满争议的一生时发现，"今则每岁漕上给于京师者数千百艘，舳舻（zhúlú）相衔，朝暮不绝。盖有害于一时，而利于千百载之下者"。

02　经济重心南移

历史上，经济重心南移的根本原因，在于科技进步与气候变迁。近5000年来，中国气候总体上向干冷演变。这导致黄河流域生态系统趋向脆弱，而温暖湿润的长江流域更适合农业发展。此外，长江流域的生产工具、水利工程与丰富的地热资源相辅相成。

古人发挥聪明才智，在川江修筑都江堰，在荆江修建大堤，在洞庭湖、鄱阳湖筑堤建闸，抵御洪水，引水灌溉。江东的农民还发明了曲辕犁等先进工具。宋代的"苏湖熟，天下足"与明清的"湖广熟，天下足"等谚语，说明长江流域的太湖平原与两湖平原，曾是天下粮仓。

但更为人熟知的，长江流域取代黄河流域经济重心地位的直接原因，是血与火的战争。唐人张籍有诗云："北人避胡多在南，南人至今能晋语。"4世纪初，西晋朝政腐败，酿成永嘉之乱，五胡入主中原，北方士民大举南迁。《晋书》记载："俄而洛京倾覆，中州士女避乱江左者十六七。"这是中国经济重心向南转移的第一次大波澜。

当时，北人南迁主要有三条路线：或自关中取蜀道入川，或循着汉水到荆襄，或经江淮南下吴越之地。他们移民的第一站，都是长江流域。据学者谭其骧统计，到南北朝时，南渡人口约占南朝总人口的1/6。

北方人将文化、生产技术传播到长江，使南方经济焕然一新。经过六朝对长江流域的经济开发，南方不再是《史记·货殖列传》记载的"楚越之地，地广人稀，饭稻羹鱼，或火耕而水耨"的落后面貌，而是《宋书》记载的"鱼盐杞梓之利，充仞八方，丝绵布帛之饶，覆衣天下"的繁华景象；再后来，成为唐代韩愈所说的"当今赋出于天下，江南居十九"。

永嘉南渡之后，8世纪中叶的安史之乱与12世纪的靖康之变造成的社会动荡，两度迫使北方士民大规模向南迁移。至此，中国经济重心转移到了长江流域。南北之间，浩浩汤汤的大运河维系着黄河、淮河与长江的交通，保障着北方政治中心的运作，见证了这几场世所罕见的移民运动，也便利了发展壮大后的南方经济反哺北方。

唐代，长江下游的扬州与长江上游的益州，是全国经济数一数二的"一线"城市，而成都平原、洞庭湖平原与太湖平原三个富庶的农业地区，构成了唐朝版的"长江经济带"。

安史之乱后，唐朝"军国费用，取资江淮"。当叛军向长安步步紧逼时，唐玄宗李隆基早已经过蜀道，逃入益州，以艰险的栈道保护自己身家性命，靠蜀地的棉、麻、茶、纸供养南逃的小朝廷，把烂摊子留给自己的儿孙。无独有偶，唐末黄巢占领长安时，唐僖宗也跑到成都躲了起来。

唐朝皇帝对南方钱粮的依赖也不是一天两天了。唐中宗景龙三年（709），长安城所在的关中遭遇灾荒，有大臣建议唐中宗效仿他爹唐高宗与母亲武则天，搬到洛阳"就食"，方便接收从大运河送来的江淮粮食。唐中宗听后发了好大脾气，说："岂有逐粮天子耶？"

但是，隋唐时期的"逐粮天子"还真不少，每次关中缺粮，皇帝就得"就食"洛阳。唐中宗年间的这场饥荒中，皇帝虽然为大臣的建议发怒，但还是不得不动用大批牛马向关中运送江淮谷米，由于路途遥远，"牛死什八九"。

没了南方的粮食，真的要命。唐德宗贞元二年（786），由于漕运不济，南粮未能及时北输，关中地区再次爆发粮荒。有的禁军士兵没有饭吃，公开解下头巾，怒掷在地上说："把我们束缚在军队中却不给饭吃，朝中这些人都是我们的罪人！"唐德宗不久前才遭遇泾原兵变，生怕士兵再起哗变，惊慌不已。幸好有大臣运送3万斛米入陕。得知消息后，唐德宗大喜过望，跑到东宫，几乎声泪俱下地对太子说："米已至陕，吾父子得生矣！"

此外，长江沿岸城市也成为国际贸易的商业都会。这里是日本、新罗乃至中亚商人会聚之所，"运漕商旅，往来不绝"。许多遣唐使横渡东海，到达明州（今宁波）、越州（今绍兴）、扬州等地，再前往长安。

唐天宝年间，鉴真和尚曾从扬州出发经长江出海，在明州附近遭遇海难，随后被官船救回。在东渡之前，鉴真一行人在扬州采购的物资中，就有安息香、胡椒等外国商品，以及越窑、长沙窑生产的青瓷。

强盛一时的大唐王朝，在安史之乱后的藩镇割据与农民起义中走向覆灭。到了宋代，作为国家经济命脉，经济重心南移后的长江迸发出更强的创造力。北宋大儒程颢在送他的得意门生杨时南归时，发出由衷的感叹："吾道南矣！"有意思的是，历史学家钱穆认为，北宋王安石变法中，南北经济的差异，也是导致变法派与守旧派分歧的原因之一。

王安石推行变法，遭到司马光等人反对。有一次，有人问司马光对时政有何看法，祖籍山西夏县的司马光开起了"地图炮"，说："闽人狡险，楚人轻易。今二相（曾公亮、陈旭）皆闽人，二参政（王安石、唐介）皆楚人，必将援引乡党之士充塞朝廷，风俗何以更得淳厚？"

王安石的一些变法措施是他在南方试行之后推广的，比如免役法，即农民向政府缴付夏、秋两税时，可交付"免役钱"，代替服徭役，改由政府雇请人员服役。北方经济发展较为缓慢，农村大户多为一村一家，其余都是佃户；南方农村却乘着经济重心南移的春风，一村有十多甚至几十户有钱人，各家佃户也不多。如果由大家摊派出钱雇人服役，北方的大地主比较吃亏。

因此，这项措施引起了以司马光为首的北方人的反对。后来，王安石下台，司马光执政，欲尽废新法，作为四川人的苏轼就反对他废除免役法，认为此法有一定的先进性。这算是经济重心南移历史中的一个小插曲。

两宋时期，随着农业、手工业的发展，南方商业进一步繁

▼ 江阴集装箱码头

荣。为了方便做生意，巴蜀商人发明的"交子"与起源于临安的"会子"，代替铜钱，作为纸币流通，开辟中国货币史的新纪元。

南宋定都的临安是当时最大的商业中心，集长江、钱塘江、运河与海上交通枢纽于一身。大街小巷的店铺及摊贩连绵不绝，来往的船只及车马不计其数，川、广、荆、淮、浙等各路商人云集。临安的商税一度达120万缗（mín，1000文铜钱穿成1串为1缗），相当于北宋景祐年间全境商税的1/4。

长江流域之内，造船业、陶瓷业、纺织业、造纸业、冶金业、制糖业、茶业等，全面超过北方。北宋时期，北方的陶瓷业还一度占据优势，六大名窑占了四个。到了南宋，北方著名的官窑如定窑、汝窑等都遭受破坏，北方工匠逃亡到南方，使南方

▼ 杭州崇贤港码头

制瓷业获得了优质的工艺。其中，江西景德镇的影青瓷，质细胎薄、明澈温润，几如玉器。此后，这里成为中国的"瓷都"。

即便偏安一隅的南宋王朝把杭州当成汴京，在醉生梦死中苟且偷生，也不妨碍长江流域的人民勤劳地建设家乡。无数耕农织女、能工巧匠、贩夫走卒，使古老的文明泛起了新的涟漪。成都、梓州、两浙等地的丝织与刺绣，温州、歙州、越州、鄂州等地的造纸，巴蜀、江浙等地的刻书印刷，四川的井盐，东南地区的造船等，无不凝结了长江流域人民勤劳与智慧的结晶。

03　商品经济发达的江南之城

"山外青山楼外楼，西湖歌舞几时休？"南宋时期，江南的山水风光、鲜衣美食、雅韵清音曾诱惑金海陵王完颜亮发兵南下。在历经宋元时期海上贸易的繁荣后，到明清时期，江南商品经济更加发达。有学者认为，江南是中国最早出现资本主义萌芽的地区。

明代小说集《醒世恒言》在描绘苏、杭、湖、松、常一带的丝织业时，曾有如下记载："机杼之声，通宵彻夜，那市上两岸绸丝牙行，约有千百余家。远近村坊织成绸匹，俱到此上市。四方商贾来收买的，蜂攒蚁集……"

这一时期，苏州丝织业出现包买商，大户的产品由牙行引客商去包买，小户则须把绸匹送到牙行去出售。有的机户开设手工工厂，拥有从十几到五六百张织机，很多织工变成了雇佣劳动者。在《醒世恒言》的一篇故事中，嘉靖年间，苏州吴江的施复夫妇就是经过奋斗，不断赢利，从家中只有一张织机的家庭手工业者，发展为"开起三四十张绸机"的工厂主。

明清时期，苏州、杭州、南京等地的纺织业，江西景德镇、浙江丽水等地的制瓷业，四川等地的造纸业，云南等地的冶铜业，遍地开花。镇江、扬州、南京、芜湖、安庆、九江、汉口、黄石、宜昌、重庆等众多商业市镇，犹如颗颗明珠镶嵌在长江两岸，万舶云集，百货会聚。

明清时，因为海禁政策，南北水运以运河为主。由隋唐大运河发展而来，连通海河、黄河、淮河、长江、钱塘江五大水系的京杭大运河，襟江带湖，通江达海，河运在明清时期达到了巅峰。

史载，清乾隆年间，苏州胥门、阊门外的运河码头"各省都会客货聚集，无物不有，自古称为天下第一码头"，赋税一度占天下1/10。道光年间，户部从全国所收定额税银400万两，其中近1/3来自运河往来的船只。直到晚清，铁路、公路

▲ 苏绣扇面，山水飞鸟渔船图

等先进运输方式传入中国后，京杭大运河才盛极而衰。

长江流域在经济重心南移后，曾经开放包容，接纳世界。可自明朝实行海禁、清朝大兴文字狱后，即便是活跃的长江经济，也遭到了种种束缚。明末清初，大儒黄宗羲在江南喊出了"工商皆本"的口号，但所谓的资本主义萌芽，只能长期止步于萌芽状态了。

后来的历史告诉我们，西方的工业革命始于纺织业，纺织业也一直是中国江南地区最繁荣的行业，但是近代以前的中国没有通过纺织业迎来工业革命，反而在沉睡中被敲开了大门。

第三部分　长江下游　| 331

◀ 浙江省博物馆青瓷特展『天下龙泉』中的展品

04　被迫发展的近代经济

清道光六年（1826）二月，春风又绿江南岸，北方还处于春寒料峭之中。勤勉的道光皇帝在北京紫禁城的御案前，一如既往地批示着来自各地的奏折。这一天，他在看到大臣发来的以海运代替漕运的建议后，斟酌再三，发出一道谕旨："至江广帮船应否同江浙漕船一体转运海口，俟江浙等帮海运有所成效，再行归并筹办。"

当时，中国只有广州"一口通商"，长江沿岸城市的海外贸易大受打击。道光

▼ 位于东莞林则徐销烟池旧址的抗英群雕

这道关于漕粮试行海运的谕旨,意味着南方的粮食将脱离已然显露疲态的大运河,改走海路运送到北方,长江也将再一次拥抱海洋。

这是大清前进路上的一小步,却让道光心神不定。他明明说等江浙的海运有所成效,就落实南方其他各省的漕粮海运事宜,可没过几年就反悔了,他下了另一道谕旨,开头便说:"朕思海运,原非良策。"如此的结果是,长江距离海洋这么近,又那么远;中国离外面的世界这么近,又那么远。

随着道光二十年(1840)鸦片战争的到来,这个平庸的皇帝已经阻止不了历史前进的步伐。鸦片战争后,西方列强用蛮横的方式打开了中国的市场,在带给清政府屈辱的同时,也强行设置了长江通商口岸。长江流域的上海、九江、汉口、重庆、沙市、苏州等城市,相继被开辟为通商口岸,中国在苦难和屈辱中走向了近代化。在通商口岸诸城市中,上海经过数十年的发展,一跃成为"远东第一大城市",成为长江乃至中国的国际贸易、航运、金融中心。

中国近代的长江上,不仅有"大上海",还有"大武汉"。1906年,汉口进出口贸易额占全国贸易总额的12.04%,是仅次于上海的第二大商贸中心。

长江由传统经济向近代经济转变,而列强的侵入,也日益激发中国人的民族意识与反抗精神。长江经济挑动着历史的脉搏,许多改变中国历史的事件,都发生于长江沿岸的城市。

1911年辛亥革命爆发前,长江上游的四川爆发保路运动,为长江中游的武昌起义创造了有利条件。武汉三镇打响第一枪后,湖南、江西、安徽、江苏、浙江等省相继宣布独立。长江军民发出怒吼，埋葬了清王朝与封建帝制。

1937年的淞沪会战，中国军人无分南北，来到上海，以死伤30万人的代价，粉碎了日军"三个月灭亡中国"的嚣张计划，也为长江沿岸工厂与物资内迁赢得了时间。1945年，战时陪都重庆在历经日机多年的狂轰滥炸后，向全国人民发出日本宣布无条件投降的喜讯。

1949年，"钟山风雨起苍黄，百万雄师过大江"，龙盘虎踞的南京城升起了红色的旗帜。

05　长江经济带

1949年后，列强的侵略终于成为过去式。为了优先发展重工业，新中国成立初期经济布局的方针主要向长江上中游省份倾斜，长江沿岸先后建成川藏公路、武汉长江大桥等重大工程。

但与此同时，拥有深厚底蕴的下游地区仍蕴藏了蓬勃发展的无限生机。早在1976年，以上海为核心的长江三角洲城市群，就被城市群理论之父、法国地理学家戈特曼列为世界六大城市群之一。

改革开放后，长江沿岸各地区凭借土地、矿产、能源等自然资源，坐拥黄金水道与千载风华，在新时代再铸辉煌。截至2021年底，长江全流域修建5万多座水库，这些水库肩负着调节水量、南水北调的重任。作为横贯东西的中国第一大河，长江已成为世界上运量最大、通航最繁忙的河流。截至2023年底，沿江经济社会发展所需的绝大部分铁矿、电煤和外贸货物运输量，主要依靠长江航运来实现。

近年，有学者发现中国有一条经济分界线。这条线从北纬31°线横穿而过，其北边的大部分城市的综合经济竞争力全国排名正在逐年下降。其中，2017—2018年平均下降6.5位；北纬31°以南城市同一时期排名平均上升5.2位。

深藏中国城市经济奥秘的北纬31°线，穿过长江流域，江水拍打的沿岸九省二市组成由长三角、长江中游、成渝三大城市群领衔的长江经济带，面积约占全国的21.4%，近年来人口和GDP占全国的比重均超过40%。2023年，全国GDP排名前十的城市中，有七个城市位于长江经济带，分别为上海、重庆、苏州、成都、杭州、武汉和南京。

长江上游，贵州、云南、四川和重庆属于西部大开发战略的一部分，也是"一带一路"、长江经济带的交会区域，水能资源总量居全国之冠，平均每立方千米的水能发电能量为全国平均水平的8.7倍。云贵川旅游资源丰富多彩，森林、高原、雪山、丹霞应接不暇。成都与重庆犹如双子星，集合经济、金融、科创、航运和商贸物流等于一体，成为整个区域的战略支点。

长江中游，湖北、湖南与江西承东启西，连接南北。以长江主航道为支撑，以长江支流如汉江、洞庭湖水系、鄱阳湖水系等为补充，长江中游形成了干支相互衔接的内河水运航道网，铁路与公路四通八达，以中心城市（武汉、长沙、南昌）为交通枢纽向四周辐射。

自古以来，长江中游是"湖广熟，天下足"的鱼米之乡，农业、渔业发达。在工业化与城市化方面，长江中游城市群以全国3.4%的土地面积，创造了大约占全国9%的GDP（2021年数据）。

长江下游及三角洲，上海、浙江、江苏、安徽三省一市加入"长三角城市经济协调会"，尽数纳入一体化范畴。这里是中国最大的城市群，GDP占全国的1/4左右。其中，江苏是全国唯一全部地级市都跻身百强市的省份。截至2023年底，江苏有5个GDP万亿俱乐部成员（苏州、南京、无锡、南

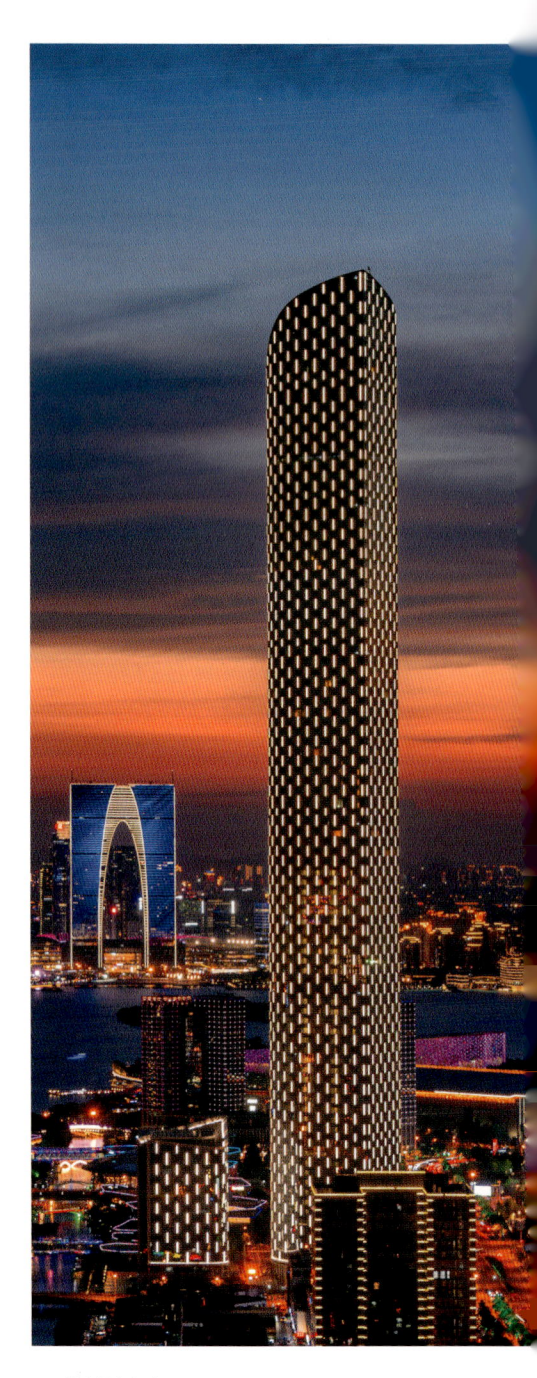

▲ 苏州城市夜景

第三部分　长江下游 | 337

▲ 南京长江大桥风光

▲ 无锡古运河南长街夜景

通、常州），地区发展与民生指数（DLI）均为全国第一，成为综合发展水平最高的省份，已达到中上等发达国家水平。

千帆过尽，斜晖脉脉，沟通南北的千古工程大运河，已成为世界文化遗产，长江也在历经沧桑后走向复兴。凡是过往，皆为序章，唯有一江春水向东流，不曾停歇。

四　扬子江的文化遗产，人杰地灵

随着经济重心南移，位于长江下游的江南，逐渐成为天下最繁华的地方。到南宋时，它竟然成为荒淫残暴的金主完颜亮心中最向往的地方。

完颜亮极度崇尚汉文化，喜欢读柳永的词，幻想着江南的旖旎风光，陶醉于江

▼ 安徽采石矶——金主完颜亮南侵的大军在这里被南宋军队大败，"江南梦"破碎

南的诗情画意。完颜亮说，他终有一天要带领百万雄兵跨过长江，到西湖边上，骑马踏上吴山第一峰。他从诸军中挑选5000精兵作为自己的亲军，狂妄地夸下海口："取江南，此五千人足矣。"

为此，完颜亮怀揣着对江南的向往，率60万大军，兵分四路，大举攻宋。这场征战遭到南宋军民的顽强抵抗，也引发金人内乱，最终草草收场，不可一世的完颜亮被叛变的金兵乱箭射死于营帐之中。

完颜亮不是第一个为江南着迷的帝王，也不是最后一个。

时至今日，江南，仍让无数人魂牵梦绕。

01　先祖的踪迹

　　1973年夏季，位于浙江宁波余姚县（今余姚市）的罗江公社，眼见所处的低洼之地又将面临雨季洪涝灾害的侵袭，人们便未雨绸缪，在姚江边上扩建排涝站。施工过程中，有人在泥土中翻出了黑陶片、动物骨骼和石器等堆积物。施工队负责人得知后，心知一切并不简单，便立即进行了保护和上报。从此，中国考古史上揭开了无法略过的一页——河姆渡文化。

　　距今约七千年前，河网密布、土壤肥沃的长江中下游平原，气候比现在更加温暖湿润。位居长江下游的今余姚市河姆渡村，孕育出了一种与黄河流域截然不同的农业文明——稻作农业。

　　在河姆渡遗址中，考古人员发现了历经数千年仍保存完好、清晰可辨的人工栽

▼ 河姆渡遗址

培水稻遗物，主要为稻谷、稻叶、谷壳、焦谷、稻秆等——在刚刚揭开的瞬间，稻叶呈绿色，叶脉清晰，甚至连稻谷上的绒毛也依稀可辨。此外，还有一些稻谷遗存的间接证据：在一处灰烬堆积中，发现了不少炭化米粒，而在一些陶釜腹内底部，残留着烧焦的米粒，类似于现在的"锅巴"。难以想象，这竟是数千年前先民留下的遗痕。

后经鉴定，河姆渡遗址中的稻谷主要为栽培稻中的籼稻。这些已经出土的炭化稻谷，经出土面积、厚度换算推测，相当于120吨以上的产量。如此丰富成熟的稻谷遗存发现，证实了中国为亚洲栽培稻发源地之一。

除了先民在这片肥沃的田地上种植、采集和渔猎，河姆渡文化还构建起了别具特色的聚落：为适应当地的潮湿温热，他们率先建起了既防潮又通风的干栏式建筑——上方住人，下方放杂物或蓄养牲畜。而让这些木制建筑始终稳固的，是至今仍有强大生命力的卯榫构件。

有学者认为，河姆渡人所建的干栏式建筑，不论是结构复杂性还是建造难度，都超过了同属新石器时代的黄河流域的半地穴式建筑。

人类文明之光，在小小的河姆渡地区发散，照亮了长江流域，也照耀着华夏大地。与河姆渡文化同一时期，距离宁绍地区不远的太湖地区，则聚居着另一群先民。他们创造的文化，因以浙江嘉兴马家浜为典型，被考古学家命名为马家浜文化。

考古发现，马家浜的先民同样种植水稻、饲养家畜，生存模式与河姆渡人有一定的相似性，但在工具样式上却有明显的不同。

马家浜先民煮饭时使用一种圆底或平底的宽沿釜（亦称腰沿釜），其腰间有一圈翘起的沿，釜可凭此放在灶的口沿上。釜中的食物煮沸溢出时，会先流在釜的腰沿上，但由于腰沿宽于灶之口沿，这些汤水就不会流入灶膛，导致熄火。同时，这种腰沿的遮蔽作用，还可以防止火焰、柴灰上升，污染釜中的食物。从中可以看出先民对食品卫生与器具实用的重视，也是其智慧的体现。

在属于马家浜文化的罗家角遗址（位于浙江桐乡）中，人们同样发现了籼稻遗存；除此以外，还发现了较多的另一栽培稻亚种——粳稻。1992年至1995年，考古学者在苏州草鞋山遗址发现了一处马家浜文化时期的水田遗迹，其中有完整的灌溉系统，该遗址距今已有6000年。

截至目前，中国境内发现的史前栽培稻遗址多达百余处，以长江中下游地区最为丰富，而长江下游的河姆渡和罗家角遗址都是史前稻作农业文明的典型代表。它们共同反映了至少在公元前5000年前后，中华先祖已进行了颇具规模的稻作农业生产。

如今，稻米仍是世界上最重要的粮食之一，我国也是世界上生产稻米最多的国家。人类得以饱腹，生生不息，仰赖优越的自然地理环境，亦仰赖勤奋、智慧的祖先。

马家浜文化之后，太湖地区的先民逐渐进入了崧泽文化时期。崧泽文化以太湖东岸的上海青浦崧泽遗址为典型。这一时期，人们依旧从事稻作农业生产，但比起过去，石器工具被打磨得更加精细，制陶工艺有着显著进步。崧泽文化的遗存中，已经不见马家浜文化盛行的宽沿釜，而是出现了另一个形制独特的陶制炊器——甗（yǎn），类似于今天的蒸笼，可以隔水蒸煮食物。

▲ 马家浜遗址

▼ 良渚古城遗址公园

接着，先民们继续向前，走到公元前3200年前后，以玉器闻名的良渚文化出现了，中华文明的发展进入了新的高潮。人们认为，良渚文化的存在切实证明了"中华上下五千年"的说法。

良渚文化主要分布在太湖地区，实际遗存有130多处。在各处良渚遗址中，最引人瞩目的是其墓葬及随葬品。各种不同形制的墓葬，表明当时社会已分化出不同的等级阶层，贫富差距逐渐明显——贵族墓，墓穴宽大，随葬品精致、丰富；平民墓，不成规模，随葬品简陋。

贵族墓中出土的大量玉琮、玉钺、玉璧等礼器，有着明显的神权和军权象征意味。玉器曾是古代重要的祭祀礼器。良渚玉琮外方内圆，象征地和天；穿过中间的孔，有沟通天地的寓意。人类社会发展距离有史记载的文明时代，越来越近了。

在条件优渥的长江下游，中华先祖的足迹层层叠叠，遍布多地。他们靠着智慧和双手，从茹毛饮血走向了渔猎耕作，为中华文明的形成做出了极大贡献。这里每一处史前文化遗迹，都在向今人吟咏着远古的记忆。

02　帝王的偏爱

先秦时期，长江下游已发展出先进的稻作农业，日后闻名于天下的吴越文化便是由此兴起的。

传统史书认为，吴文化始于"太伯奔吴"，建立勾吴古国；而同气共俗的越文化，则可追溯至夏朝少康之子无余封于越国。春秋战国时期，以吴王阖闾和夫差、越王勾践为代表的国君，实施强国之策后，吴、越两国轮番称霸，江南一带也随之迅速崛起。

千百年来，江南一带凭借其精致典雅的文化氛围，获得了许多人的偏爱。帝王们也时常巡游江南，流连忘返，更有甚者，最后还长眠于这片繁华的土地之下。

史上有名的暴君隋炀帝杨广，晚年在江都度过。杨广一生曾三次下扬州，人们都说他贪图江南美景，在扬州夜夜笙歌，骄奢淫逸，对天下乱局无动于衷。殊不知，他对扬州的特殊感情，也许来自年少时在江都招抚叛乱者的那几年，那是他帝王霸业的开端。

随着隋末乱世进入尾声，隋大业十四年（618），江都依旧繁华热闹，宫里的隋炀帝却只能边照镜子，边对萧后呢喃："好头颈，谁当斫之？"这颗头颅的主人，最后被缢杀于当年帮他谋取帝位的宇文述之子宇文化及之手。

隋炀帝死后，萧后和宫人拆下床板做成棺材，将他及其儿子、赵王杨杲一同埋葬在江都宫西院流珠堂下。宇文化及离开后，隋朝大臣陈棱在成象殿为隋炀帝守棺，而后将隋炀帝葬于吴公台下。直到李世民平定江南之后，又将其改葬在扬州雷塘，但此后却无人打理，这位帝王的陵墓逐渐荒芜。

直到清代学者阮元"考证"出雷塘附近某一大土墩为隋炀帝陵，便出资修复，让人书写墓碑，隋炀帝陵才得以重见天日。不过，经近年考古研究发现，真正的隋

▲ 隋炀帝扬州行宫遗址

炀帝墓并非如今已修整得十分完善、作为文保单位存在的扬州邗江"隋炀帝陵",而是今扬州西湖街道曹庄中的一座"不起眼"的砖室墓。

隋炀帝的埋身之处,不论是何处,看上去似乎都十分黯然。有人讽刺隋炀帝:"帝业兴亡世几重,风流犹自说遗踪。但求死看扬州月,不愿生归驾六龙。"但亦有人评价他:"尽道隋亡为此河,至今千里赖通波。若无水殿龙舟事,共禹论功不较多。"

隋炀帝在他钟爱的扬州留下的,绝非只有荒淫无道的骂名,还有沟通南北的大运河以及扬州的几世繁华。

而在浙江杭州,位置优越、规模宏大的吴越国王陵,则让人时刻铭记着那位让江南繁荣至今的奠基者——吴越国王钱镠

（liú）。

　　钱镠生于唐末，一个群雄割据的时代。乱世下，年轻的钱镠在一次偶然的平叛招募中，跟随时任石镜镇将的董昌，开启了自己的军旅生涯。在近20年的时间里，他跟着董昌平定各路叛乱，立下战功，屡屡升迁。天复二年（902），他因平定两浙内

◀ 钱镠塑像

乱等功绩，被唐朝朝廷晋封为越王。

此时，钱镠在两浙地区已有极高的声望且手握重兵。5年后，朱温篡唐称帝，建立后梁，封钱镠为吴越王。此时，钱镠属下纷纷劝他拒绝封号，出兵讨伐朱温，但钱镠选择了在部下面前折箭为誓，保证世代归顺中原，目的只有一个：让百姓免受战乱之苦。

这种爱民思想，早在当年钱镠受命讨伐叛乱的董昌时已有苗头。895年，势力愈发壮大的董昌要在越州自立为帝，建立大越罗平国，并任命钱镠为两浙都指挥使。钱镠劝董昌："与其关起门来做天子，与天下百姓一起深陷于生灵涂炭之中，不如当一位节度使，终身享受富贵！"钱镠此话，重点实不在于享受终身的富贵，而在于避免世间生灵涂炭。董昌不听劝，钱镠发兵讨伐他，并促使董昌及其所建立的大越罗平国灭亡。

钱镠在世时，不论中原谁称帝，他似乎都毫不在意，只是安分地守着自己脚下的土地：投入大量精力修筑钱塘江沿岸的捍海石塘，治理潮患；派兵屯驻农民在河渠两岸建起的圩田，确保堤坝安全，因堤坝可起到内围田、外隔水的作用，保证丰收；开浚西湖，引湖水为涌金池，使西湖与运河相通，便利灌溉、游览；修筑城墙，拓建苏杭……

种种保境安民、发展农商的措施，让江南一带在五代十国时期始终远离中原的混战割据，迎来了最好的发展阶段。当时，吴越国聚集了天下2/3的财富。以此为起点，长三角地区崛起为中国近千年来最富裕的地区。后来，宋人有了"上有天堂，下有苏杭"一说。

如今，当我们走进吴越国王陵，登上凌烟安国楼，江南的

▲ 杭州西湖边的钱王祠

绿水青山便可一览无余。而秀丽的风景下，埋藏的是钱镠对这片土地和百姓的本真之心。钱镠所为，无愧于他生前所言："民为贵，社稷次之，免动干戈即所以爱民也。"

03　人间的天堂

所谓人间天堂，该是何种面貌？或许，就是江南园林的模样。

园林，作为一种经人力加工建成的自然场景，包含了自然和人文之美。所谓"物质的园，精神的场"，讲的就是欣赏古典园林，除了欣赏有形的景色，更要体会其无形的精神内涵。

中国园林的兴建最早可追溯至殷商时期，帝王、贵族们划地为"囿"，在其中打猎娱乐。直至秦汉，人工造园都绕不开人们创造人间仙境的意图，以宏大奢华的风格为主。到魏晋南北朝时，中国古典园林的发展进入转折期。

其时，建康经济繁荣，作为吴、东晋、宋、齐、梁、陈六朝建都之地，皇家园林也在此兴建。历朝历代统治者围绕"一城山色半城湖，全城尽映湖当中"的玄武湖，建起了江南地区较早的皇家园林。建康宫苑以天然山水为主，园林建筑为辅，较为著名的有华林园、上林苑、乐游苑、芳林苑等。这些以筑山、理水构成的人工园林造景，逐渐写意，总体营造出一种静默幽深的景致。

而下层的文人雅士，因受社会变动的冲击，亦逐渐醉心清谈、寄情山水。于是，适合居住、宴饮的私人园林也愈发多起来。谢灵运曾于会稽始宁（今浙江绍兴上虞）建有始宁园，在其长文《山居赋》中，详细地描述了始宁园的周边环境、景观特色、闲适生活等，总体感受可概括为"暨其窈窕幽深，寂寞虚远"。

中国园林在魏晋南北朝时期，风格逐渐从宏大华丽转向自然文雅。其中，江南园林更是成为园林发展中的主力，一路大放异彩，最终成为中国园林艺术中的佼佼者。现代人说，"江南园林甲天下，苏州园林甲江南"。苏州园林之所以经典，是因为做到了绝顶的"人园合一"。

苏州现存最古老的园林为沧浪亭，因宋人苏舜钦而闻名。1044年，苏舜钦被政敌诬陷免职，闷闷不乐，来到江南一带游走散心。这一次旅行，竟让他意外寻得一处三面临水、四面环树的僻静之地——原属于吴越王钱氏近戚的旧园。苏舜钦用4万贯钱将其买下，然后临水建亭，取名"沧浪"。园子里，无金碧辉煌、雕梁画栋，只有葱郁古木、清新山水，却让苏舜钦过得十分快意。

他常与欧阳修、梅尧臣等人作诗唱酬往还，沧浪亭之名因此传开。苏舜钦对种种不公的郁闷，早在园林美景的熏陶下消散、释怀，他在《沧浪亭记》中写道："形骸既适则神不烦，观听无邪则道以明；返思向之汩汩荣辱之场，日与锱铢利害相磨戛，隔此真趣，不亦鄙哉！"

及至后世，沧浪亭成了许多人的精神圣地。人人前往寻迹，为的是感悟那份"清风明月本无价，近水远山皆有情"的惬意。

建于元代的狮子林，一说以院内石峰林立且状似狮子而得名。不同于常见的皇家园林、文人园林，它由高僧天如禅师的弟子所建，属寺庙园林。狮子本为佛教圣物，以此命名，也极具禅宗特色。狮子林以假山著称，山的形态，仔细看，像佛教故事中的人、兽等，层层叠叠，群峰起伏，似有佛理寓于其中。

元代的倪瓒（zàn）途经苏州时，曾受当时狮子林主持如海邀请，为狮子林作画、题诗。倪瓒所经的《狮子林图》，吸引无数文人拜访，狮子林开始声名大振，后来成了苏州四大名园之一。

建于明朝的拙政园，与沧浪亭一样，同样有着官场失意的主人。园主王献臣，进士出身，历任御史、巡抚等职，遭东厂构陷后心灰意冷，便卸任还乡，购得一处大弘寺遗址，修整为园。辞官的王献臣以西晋文人潘岳自比，借用其《闲居赋》所言："庶

第三部分　长江下游 | 353

▲ 苏州拙政园的春夏秋冬

浮云之志，筑室种树，逍遥自得；池沼足以渔钓，春税足以代耕；灌园鬻蔬，以供朝夕之膳……此亦拙者之为政也。"将园子命名为拙政园。

文徵明游览后，曾画下拙政园三十一景图，并一一题诗。其中，《梦隐楼》曰："林泉入梦意茫茫，旋起高楼拟退藏。鲁望五湖原有宅，渊明三径未全荒。枕中已悟功名幻，壶里谁知日月长。回首帝京何处是，倚栏惟见暮色苍。"在拙政园中，心与景通，感知功名利禄不过是虚幻而已。

如今，拙政园被誉为苏州四大名园之首。坊间传闻，《红楼梦》中大观园的原型，与拙政园有着某些联系。因为曹雪芹年少时，曾随家人到过苏州拙政园。而在《红楼梦》第四十四回中，黛玉化用了李商隐的诗句"留得残荷听雨声"——观荷听雨，不禁让人联想到拙政园中的"留听阁"。

同建于明朝的留园，最初称东园，后易主至刘恕，更名为"寒碧山庄"，俗称"刘园"。后来为清朝巨富盛宣怀之父盛康购得，以"长留天地间"为寓意，更名为"留园"，沿用至今。留园素来以精巧的建筑空间设置闻名。第一任主人徐泰时建成此园时，袁宏道曾做客游览。游览后，袁宏道留下了"宏丽轩举，前楼后厅，皆可醉客"的盛赞。

苏州除以上四大名园以外，值得一提的还有网师园、环秀山庄、虎丘等名园，其数量之丰富，实难一一列举。每一座苏州园林，都有着别具一格的造景特色。唯一的共性在于，它们无不充满着诗情画意，让人仿佛置身画卷之中。

同处江南的扬州园林，在过去也曾有着"扬州园林之胜甲于天下"的美誉。至少在明清时期，人们认为最好的园林不在苏州，而是在扬州。比起苏州园林，兴许是因为地方比较大，扬州园林的造景和布局显得比较开敞、规整。与此同时，得益于大运河，扬州成为南北文化交流的一个重要枢纽。因此，扬州园林既有北方之雄奇，亦有南方之秀丽。

扬州城外有一河道，名为瘦西湖。以其为中心，建起了许多园林，连绵长达8千米。清代文学家沈复曾在赴幕府之聘时游览扬州瘦西湖，尤其是参观了宋代欧阳修被贬谪到扬州为官时修建的平山堂。沈复在游记中夸赞路上的园林景致："观其或亭或台，或墙或石，或竹或树，半隐半露间，使游人不觉其触目，此非胸有丘壑者断难下手。"可见瘦西湖沿岸造景极其精妙。

明清时期，在瘦西湖以外，扬州还建有何园、个园、小盘谷等名园，它们一同成为江南园林艺术中不可或缺的一部分。

江南园林，是江南文化最著名的一张名片。江南地区独有的精气神，尽在其中。

04 扎堆的才子

一方水土养一方人，提到江南，绕不开数量极多、成就极高的江南士人群体。江南群英荟萃，人才辈出，他们不仅擅作诗文，在绘画、书法等方面的成就也极高。一代又一代的江南才子，在继承和碰撞中，为中国留下了极其宝贵的文化记忆。

出生于晋陵无锡（今江苏无锡）的顾恺之，自小博览群书，行文、作画和书法，样样精通，尤其长于绘画。人们称赞他有三绝：才绝、画绝、痴绝。顾恺之极其擅长人物画，开创了"秀骨清像"和"春蚕吐丝"等人物画法，留下了《洛神赋图》《女史箴图》等传世名画。除此以外，还有《魏晋胜流画赞》《论画》《画云台山记》三篇绘画理论文章，为中国传统绘画的发展奠定了理论基础。中国绘画"以形写神"，由顾恺之始。

在顾恺之的引领下，苏州人陆探微及张僧繇也走向了绘画写形的道路，又在模仿中进行了突破。陆探微学"秀骨清像"青出于蓝，笔锋锐利，十分有"神"。由于他画的帝王宫妃活泼有神，后来成了刘宋明帝最宠信的宫廷画师。而张僧繇，脱离"密体"走向"疏体"，擅长用简单明了的线条勾勒出人物形象，在绘画上做出了重大突破。张僧繇的画法直接影响了唐代画风。

江南好山好水，从不乏有心人吟咏、描绘。于是，五代、北宋年间，江南诞生了江南山水画派。"江南董源僧巨然，淡墨轻岚为一体"，董源、巨然二人，在水墨画中开创和发展了"披麻皴（cūn）"技法，所绘山水画，对宋元明清几代的山水画艺术发展产生了巨大影响，两人被视作江南山水画派的开山鼻祖。

"披麻皴"是一种表现山石结构和细密纹理的技法，由董源首创。董源作画时，以真实江南山水入画，配以该绘画技法，江南地区草木葱郁、峰峦层叠、流水潺潺的画面便栩栩如生，逼真传神。巨然师法董源不仅继承了原有的技法，画出层次丰富的山水，还自创了相较董源笔触更为丰润的"短披麻皴"，让笔下的江南山水少了几分浑厚，多了几分清爽，自成一格。此后，后来人作山水画，皆少不了对董、巨技法的模仿。

元朝，赵孟頫和"元四家"黄公望、王蒙、倪瓒、吴镇，作为南宋遗民及江南士人，在故国消亡的郁闷中，将中国绘画的发展推上了新的高潮。被誉为"元人冠冕"的赵孟頫，在绘画上取唐宋之长，开创元代文人画（封建社会文人、士大夫的绘画）简约、尚意的新画风。所谓"文人画起自东坡，至松雪敞开大门"，赵孟頫将文人画的发展推至成熟。

"大痴道人"黄公望，五十岁前挣扎于仕途，屡屡失败后入道隐居，"生平嗜懒成痴，寄心于山水"。黄公望观察山水，常常能到达废寝忘食、淋雨无碍的地步。在这种极致平静的状态下，黄公望年近八十岁高龄才开始画的《富春山居图》，终成中国山水画史上第一代表作。

"黄鹤山樵"王蒙，虽为晚辈，成就却很高，董其昌曾赞他"若于刻画之工，元季当为第一"；而于王世贞看来，王蒙更是可与黄公望同论的推动元代山水画变革之人。

倪瓒为人"狷介"，不同流俗，他的创作"有意无意，若淡若疏"。"梅花道人"吴镇，一生隐逸，画竹技法一骑绝尘。

至明朝，江南又为中国画坛贡献了"吴门四家"：沈周、文徵明、唐寅和仇英。吴派绘画艺术远继北宋董、巨，近追"元四家"。吴门四人成长于苏州，生活环境相当，彼此是师生、戚友，关系密切，所作山水画风格大体一致。他们的画作，文人士大夫的写意味道更浓，江南胜迹在他们的笔下获得了另一种永恒。而"吴门四家"中的唐寅和文徵明，又与祝允明、徐祯卿合称为"江南四大才子"。四位"明星"一同在中国文坛上留下一道闪耀的光芒。

明清时期，江南特殊的商品经济环境催生人欲，民风逐渐开放。此时，江南文人群体中涌现出许多思想、行为与传统士人相悖的"怪人"——通俗文学大师冯梦龙被群起而攻之，也要写人世间的情爱欲望、腐败黑暗；画风奇特的"扬州八怪"愤世嫉俗，作画题材和技艺都不受古法束缚；还有中国思想启蒙之父黄宗羲，逆势而行，对君主专制发起猛烈抨击……

江南自古多才俊，江南文士的传奇，千百年来，说不尽，道不完，也永不落幕。

05　民间的瑰宝

在史籍留名的传奇人物以外，对长江下游文化影响至深的，还有千千万万的无名民众。那些从民众日常生活中兴起的通俗文化，是地域文化中极其重要的组成部分，蕴含着这片水土最原始、最纯粹的生命力。

戏曲，是中华文化中极其重要的艺术形式。中国原文化部曾在全国300多个戏曲剧种中评出了"中国戏曲三鼎甲"：分别为京剧、豫剧和越剧。

越剧，发源于浙江嵊县（今嵊州市），最初只是一种简单说唱，从清朝咸丰年间一位农民发起的"落地唱书"而来，当时唱的是农民的生活故事。后来，经过精

▼ 京剧演员正在后台化妆

心编排演出,"落地唱书"变成了"小歌班""绍兴文戏"等。20世纪20年代后,当女演员加入戏曲班子并登上上海的舞台,这个来自小地方的戏剧形式火了。

最后,大众以嵊县属绍兴,绍兴是春秋越国所在地这个理由,趋于称这种戏剧为"越剧"。而后,经数十年发展,越剧已经由上海发扬至全国,跻身戏剧三鼎甲。

除了越剧,发源于长江下游的徽剧、黄梅戏和昆曲等,同样大放异彩。清初,发源于安徽的徽剧已盛行于江浙一带,至清朝中期,风靡全国。人们对其印象最深的,莫过于发生在乾隆年间的"徽班进京"。

1790年,为庆祝乾隆八十大寿,三庆班等进京演出,大获成功,拉开了"徽班进京"的序幕。而后,京城市民的文娱活动总少不了徽剧的影子。再后来,经程长庚等艺人的创作,京城中的徽剧与众多剧种交相融合,孕育出了后来的国粹——京剧。

同样盛行于安徽的黄梅戏,其起源最早可追溯至唐朝的黄梅采茶歌。黄梅戏虽发源于湖北黄梅,但发展壮大则要归功于安徽安庆。黄梅戏到安徽的扎根源于水荒,黄梅灾民和流浪艺人靠沿途卖唱糊口。当黄梅小曲来到安庆,因语言相近,很快便被接纳传开。

到20世纪50年代,安徽省黄梅戏剧团将传统曲目《董永卖身》改编为《天仙配》搬上银幕,黄梅戏因此一跃成为全国五大剧种之一,享誉海内外。很长一段时间,黄梅调电影都十分受欢迎。

▲ 昆曲女演员

　　至于昆曲，发源于元末明初的苏州昆山，是汉族传统戏曲中最古老的剧种之一，被誉为"百戏之祖"。之所以有此美誉，是因为昆曲在发展过程中，不断吸收各种声腔及民间音乐以充实壮大，同时亦反哺各种声腔。

　　各个剧种的表演大师，几乎都有昆剧功底，如京剧大师梅兰芳、俞振飞等人，他们所演的《游园惊梦》堪称经典。有时，他们还会在京剧表演中融入昆剧技艺，以丰富表演。

　　在戏曲以外，盛行于江南的民间工艺美术，同样有着不朽的文化价值。发源于苏州吴县（今吴中、相城二区）的苏绣，刺绣工艺水平极高，与粤绣、湘绣、蜀绣合称为中国"四大名绣"。

▲ 苏绣

其最早可追溯至春秋时期的吴国。苏绣的起源和发展，仰赖土地肥沃、气候湿热的江南，这里蚕桑养殖业发达，盛产丝绸，后来成为全国重要的丝织手工业中心。

宋代，苏绣已有极具欣赏性的作品出现。明代，张应文曾称赞苏绣比绘画更让人惊艳："针线细密，用线仅一二丝，用针如发细者为之，设色精妙，光彩射目。山水分远近之趣，楼阁得深邃之体，人物具瞻眺生动之情，花鸟极绰约嚵唼（chán shà）之态，佳者较画更胜。"

明清时，苏绣进入全盛时期，在社会需求下，苏绣技艺和作品都有了极大的提升和突破，以至闻名全国。

▲ 铁画，芜湖特有的艺术形式——以锤为笔，以铁为墨

苏州城中除了刺绣，还有工艺水准极高的木版画——桃花坞木版年画。明代以来，因江南一带兴起刻书、藏书的热潮，雕版业的发展随之而起。其中，一部分雕版能手并不囿于印刻书籍，而是与文人合作，创作出精美的雕刻年画以贩卖。

清时，桃花坞年画极其兴盛，苏州阊门一带曾有50余家年画铺，年产年画百万余张，销往全国多地，甚至远销南洋。线条精细、秀雅的桃花坞年画，汇集着江南的文化灵气。

皖江巨埠芜湖也有一种被称为"铁画"的特殊艺术。铁画以锤为笔，以铁为墨，以砧为纸，锻铁为画，多以松、梅、兰、竹、菊、鹰等为题材，鬼斧神工，气韵天成。

铁画的诞生有一段颠沛流离的历史。据说，其创始人汤天池生于清初，幼年时为避战乱而四处流浪，后流落到芜湖定居，向当地铁匠拜师学艺，经营冶铁作坊为生。当时，芜湖铁铺经常生产供敬佛之用的铁花灯，汤天池从中得到灵感，把绘画和铁花灯融为一体，创制铁画，将铁料绘制为山水、竹石、败荷、衰柳，铁画终成远近闻名的工艺品。

关于江南的繁华记忆，浮现在脑海里的还有耀眼的灯火。苏州有"禁中元夕张灯，以苏灯为最"的赞誉；扬州有"夜桥灯火连星汉"的浪漫；杭州有"南至龙山，北至北新桥，四十里灯火不绝"的壮观；南京有"光借王城云烂熳（màn），影流千户月婵娟"的盛景……

江南一带的灯彩，在历朝历代的元宵佳节中，走向繁复和绚丽，映照着这片富裕、繁华的土地。

▼ 第38届中国·秦淮灯会（南京夫子庙）

▶ 苏州盘门元宵灯会夜景

　　如今，江南已无烛影，但万家灯火却更甚从前。现在提及长三角地区，人们的首要印象不再是山山水水，而是发达的经济和引领社会发展的众多高新技术产业。望向灯火通明的江南，时常会让人晃神：似乎看见了七千年前的先民在向我们走来，又或是，飞速发展的科技社会在向我们招手。

　　在这片开放包容的江南水土上，人类文明的智慧之光，始终熠熠生辉，照亮古今。

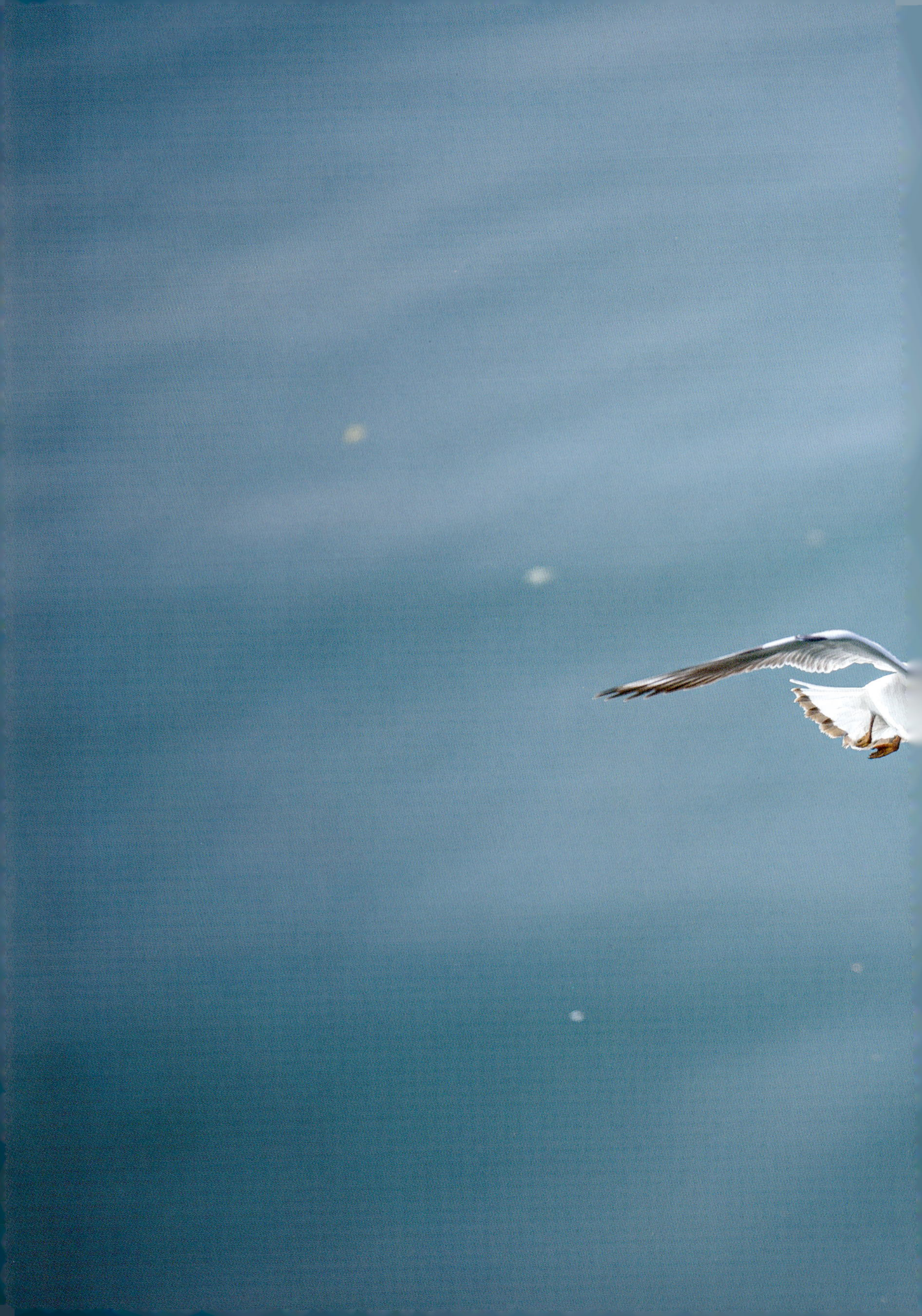

后记

长江的发展与保护

长江的可持续发展

"循环经济"思想的提出者鲍尔丁,以"宇宙飞船经济理论"形容我们居住的地球。

他说,地球就像茫茫宇宙中一艘小小的"飞船",人口与经济的无序增长,终究会导致"飞船"内有限的资源耗尽,而生产过程中排出的废料将污染"飞船",毒害船内的乘客,甚至导致"飞船"坠落。

鲍尔丁认为,人类应该使经济增长方式由"消耗型"转变为"生态型",实现可持续发展。

而长江的开发与保护,也是一个追求资源、环境与流域可持续发展的历程。

原始农业离不开灌水、排水。滔滔长江水为水稻生长提供了源泉,长江先民利用长江引水灌地,兴建了农田水利。

早在先秦时,楚人兴建的期思陂与芍陂,就是引江淮之水灌溉,促进了楚国经济发展。秦并巴蜀后,李冰建造都江堰,分岷江之水灌溉成都平原,成都从此成为粮食丰产的天府之国。

吴国崛起于长江下游,除了开凿运河,还利用湖滩、浅沼发展农业,围湖造田。素有"锦绣鱼米乡"之称的太湖地区水网密布,田连阡陌,渐渐桑禾相蔽,成就日后的富甲天下。

近千年来,长江口从今镇江、扬州一带,不断向东推进,后改道在上海入海,也是人类活动的结果——由于古人在长江中下游两岸修建起了防洪大堤,过去在中下游沉积的泥沙被集中向河口推送,塑造了灯火璀璨的长江三角洲。

时至今日,中国人早已离不开长江。论水量,长江年均径流量9000多亿立方米,在世界上仅次于亚马孙河与刚果河,是一个举世闻名的天然水库;论水能,长江是世界水能第一大河,蕴藏量约2.68亿千瓦,每天产生的能量造福着沿岸各省市;论水运,长江干流黄金水道的货运量稳居全球内河第一,无数船只从长江港口出海,运载着货物走向世界。

然而,文明的代价却是长江的生态危机。千百年来,水土流失、水污染等问题,造成长江生态环境恶化。

唐代诗人杜甫晚年长期漂泊于长江流域的巴蜀与荆湘之间,一年四季,不分晨昏,每当提到长江水,不是"清"就是"澄",而无一句提到"浊""浑""黄"——"江清心可莹,竹冷发堪梳""春知催柳别,江与放船清""日出清江望,暄和散旅愁"。

不到三百年,南宋时期长江的水土保持已大不如前。当时,有关川江和三峡地区的水文历史记述,经常出现"浊""浑""黄"的记载。南宋诗人范成大对长江水的描述往往是"暑候秋逾浊,江流晚更浑""雨后涨江急,黄浊如潮沟"。

唐代诗人过三峡,写诗一定会写到的长江的"猿啼",也逐渐消失,长臂猿退隐不见。长江沿岸山林遭到人类大肆砍伐,"山渐童矣"。一江春水向东流,变成了一江浊水向东流。

过去,长江有句俗话,叫"千斤腊子万斤象"。"腊子"指的是大名鼎鼎的中华鲟,而这里的"象"不是大象,而是有着象鼻状长吻的白鲟。这两种鱼类在长江中繁衍生息,中华鲟体重可达300千克,白鲟的体重更是能够超过500千克。如今,被称为"活化石"的中华鲟已经濒临灭绝,号称"万斤象"的白鲟更是难觅踪迹。

此外，长江流域的白鳍豚、江豚、达氏鲟、扬子鳄等珍稀野生动物，早已陷入生存危机。它们与长江两岸的人一样，血液中流淌着的都是长江水，却在漫长的流浪中"失去"了家乡。

长江水网中，还有以青、草、鲢、鳙四大家鱼为代表的各种水生生物资源，其血肉养育了无数中华儿女，但如今的资源量已大幅萎缩。

近几十年来，我国不断推动对长江野生动物的保护与研究。为了改变以往快速、粗放的经济发展模式，避免竭泽而渔的悲剧，2020年启动了"长江十年禁渔计划"，禁止天然渔业资源的生产性捕捞，为长江的亿万生灵保留一片自由的天地。

长江主要经济鱼类性成熟的时间是三至四年，十年禁渔将为多数鱼类争取二至三个世代的繁衍期。

"天行有常，不为尧存，不为桀亡"，浩浩汤汤的长江绵延万里，连接着中华民族的历史、现在与未来。守护母亲河的碧水晴空，也是守护薪火相传的中华文明。

后记　长江的发展与保护 | 371

▲ 长江江豚，俗称"江猪"

▼ 扬子鳄，分布于长江下游，亦称"鼍（tuó）"

参考文献

[1]常璩.华阳国志[M].济南：齐鲁书社，2010.

[2]常遽.华阳国志校注[M].刘琳，校注.成都：巴蜀书社，1984.

[3]常璩.华阳国志校补图注[M].任乃强，注解.上海：上海古籍出版社，2007.

[4]郦道元.水经注[M].岳麓书社，1995.

[5]司马光.资治通鉴[M].北京：中华书局，2011.

[6]李应珏.皖志便览[M].清光绪二十四年刊本.

[7]冯煦，陈师礼.皖政辑要[M].合肥：黄山书社，2005.

[8]张楷.安庆府志[M].北京：中华书局，2009.

[9]叶书宗，马洪林，朱敏彦.长江文明史[M].上海：上海教育出版社，2001.

[10]蓝勇.长江三峡历史地理[M].成都：四川人民出版社，2003.

[11]中央电视台《再说长江》栏目组.再说长江[M].上海：上海科学技术文献出版社，2006.

[12]朱汝兰.长江传[M].石家庄：河北大学出版社，2009.

[13]李学勤，徐吉军.长江文化史[M].南昌：江西教育出版社，2011.

[14]邓辉.同乳共生：长江流域的少数民族[M].武汉：武汉出版社，2006.

[15]徐晓光，税晓洁.大江源记：三江源生死之旅[M].青岛：青岛出版社，2009.

[16]杨甫旺，刘祖鑫.金沙水拍：楚雄州境内的金沙江文化[M].昆明：云南民族出版社，2002.

[17]马曜.云南简史[M].昆明：云南人民出版社，2009.

[18]田代贵.长江上游经济带协调发展研究[M].重庆：重庆出版社，2006.

[19]肖平.古蜀文明与三星堆文化[M].成都：四川人民出版社，2010.

[20]《走遍中国》编辑部.走遍中国：重庆[M].北京：中国旅游出版社，2017.

[21]秦尊文，等.长江经济带城市群战略研究[M].上海：上海人民出版社，2018.

[22]lonely planet.IN.成都[M].北京：中国地图出版社，2019.

[23]冯天瑜，马志亮，丁援.长江文明[M].北京：中信出版集团，2021.

[24]蔡仲希.西三角：中国财富新高地[M].成都：四川人民出版社，2012.

[25]李育平，周凝豹等.天险川江今何在：川江航行考[M].北京：人民交通出版社，2017.

[26]段渝.四川简史[M].成都：四川人民出版社，2019.

[27]蓝勇.千古三峡[M].福州：福建人民出版社，2003.

[28]黄健民.长江三峡地理（第二版）[M].北京：科学出版社，2011.

[29]王志江.永远的三峡[M].沈阳：辽宁人民出版社，2003.

[30]刘济民.三峡诗话[M].武汉：湖北人民出版社，2014.

[31]黎小龙，张文，郎诚.三峡移民文化理论研究[M].重庆：西南师范大学出版社，2016.

[32]万艳华.长江文明之旅：名城古镇[M].上海：上海科学技术文献出版社，2019.

[33]宋辉.长江文明之旅：戏曲艺术[M].上海：上海科学技术文献出版社，2019.

[34]卢世菊，宋相阳.长江文明之旅：佛寺道观[M].上海：上海科学技术文献出版社，2019.

[35]徐士友.长江文明之旅：兵法战争[M].上海：上海科学技术文献出版社，2019.

[36]吴成国，刘畅.长江流域的名山奇峡[M].武汉：长江出版社，2015.

[37]葛剑雄.中国人口发展史[M].成都：四川人民出版社，2020.

[38]韩茂莉.中国历史地理十五讲[M].北京：北京大学出版社，2015.

[39]黄强，彭东方.大江经纬：长江流域的纵横水网[M].武汉：长江出版社，2013.

[40]杨立志，李程.道教与长江文化[M].武汉：湖北教育出版社，2005.

[41]鲁西奇.长江中游的人地关系与地域社会[M].厦门：厦门大学出版社，2016.

[42]骆承政，乐嘉祥.中国大洪水：灾害性洪水述要[M].北京：中国书店，1996.

[43]水利部长江水利委员会.长江防洪地图集[M].北京：科学出版社，2001.

[44]李长安，杜耘，吴宜进，等.长江中游环境演化与防洪对策[M].武汉：中国地质大学出版社，2001.

[45]徐乾清，戴定忠.中国防洪减灾对策研究[M].北京：中国水利水电出版社，2002.

[46]易光曙.荆江的防洪问题[M].武汉：湖北科学技术出版社，2006.

[47]王腊春，史运良，王栋，等.中国水问题[M].南京：东南大学出版社，2007.

[48]仲志余.长江防洪[M].武汉：长江出版社，

2007.

[49]许有鹏,等.流域城市化与洪涝风险[M].南京:东南大学出版社,2012.

[50]徐照明,等.缚龙捉鳖:长江防洪减灾70年[M].武汉:长江出版社,2019.

[51]王鹤鸣,施立业.安徽近代经济轨迹[M].合肥:安徽人民出版社,1991.

[52]郭万清,朱玉龙.皖江开发史[M].合肥:黄山书社,2001.

[53]周忍伟.举步维艰:皖江城市近代化研究[M].合肥:安徽教育出版社,2002.

[54]汪军.皖江文化与近世中国:京剧、近代工业和新文化的源头[M].合肥:合肥工业大学出版社,2004.

[55]程必定,汪青松.皖江文化探微:首届皖江地区历史文化研讨会论文选编[M].合肥:合肥工业大学出版社,2005.

[56]韦东超,段超.潮激浪涌:长江流域的中外文化交流[M].武汉:武汉出版社,2006.

[57]李道林,龚莎,雍青云.云岭翠峰:长江流域的名山[M].武汉:武汉出版社,2006.

[58]罗小韵.民族之魂——万里长江[M].上海:上海锦绣文章出版社,2008.

[59]程必定,王世华.皖江文化与区域创新:"第三届皖江地区历史文化研讨会"论文选编[M].合肥:合肥工业大学出版社,2009.

[60]赵霞,等.水光山色——长江流域的仙山宝岛[M].武汉:长江出版社,2014.

[61]安徽省文化和旅游厅.江淮行·皖水[M].合肥:黄山书社,2021.

[62]张学恕.中国长江下游经济发展史[M].南京:东南大学出版社,1990.

[63]张国雄.生生不息:长江流域的人口迁衍[M].武汉:武汉出版社,2006.

[64]王玉德.千门万户:长江流域的民居[M].武汉:武汉出版社,2006.

[65]姚伟钧.鼎调五味:长江流域的饮食[M].武汉:武汉出版社,2006.

[66]刘守刚.财政中国三千年[M].上海:上海远东出版社,2020.

[67]田余庆.东晋门阀政治[M].北京:北京大学出版社,2012.

[68]南京市地方志编纂委员会办公室.南京简志[M].南京:南京出版社,2014.

[69]薛冰.南京城市史[M].南京:东南大学出版社,2015.

[70]安东篱.说扬州：1550—1850年的一座中国城市[M].李霞，译.北京：中华书局，2007.

[71]张仲礼，熊月之，沈祖炜.长江沿江城市与中国近代化[M].上海：上海人民出版社，2002.

[72]戴鞍钢.港口·城市·腹地：上海与长江流域经济关系的历史考察（1843—1937）[M].上海：上海社会科学院出版社，2019.

[73]熊月之，熊秉真.明清以来江南社会与文化论集[M].上海：上海社会科学院出版社，2004.

[74]钱穆.中国经济史[M].叶龙，整理.北京：北京联合出版公司，2016.

[75]万绳楠，等.中国长江流域开发史[M].合肥：黄山书社，1997.

[76]叶书宗，马洪林，朱敏彦.长江文明史[M].上海：上海教育出版社，2001.

[77]郑学檬.中国古代经济重心南移和唐宋江南经济研究[M].长沙：岳麓书社，2003.

[78]严鹏.简明中国工业史（1815-2015）[M].北京：电子工业出版社，2018.

[79]夏坚勇.大运河传[M].南京：江苏凤凰文艺出版社，2018.

[80]周家华.长江文明之旅：京杭运河[M].上海：上海科学技术文献出版社，2019.

[81]李世祥，王占岐，郭凯路.长江经济带：发展与保护[M].北京中国社会科学出版社，2020.

[82]丁光勋.长江文明的起源与开发[M].上海：格致出版社，2011.

[83]浙江省文物局，等.河姆渡文化研究[M].杭州：杭州大学出版社，1998.

[84]苏秉琦，张忠培，严文明.中国远古时代[M].上海：上海人民出版社，2017.

[85]周维权.中国古典园林史（第三版）[M].北京：清华大学出版社，2008.

[86]王玉德.曲水回廊：长江流域的园林[M].武汉：武汉出版社，2006.

[87]王朝彦.氍毹天地：长江流域的戏剧[M].武汉：武汉出版社，2006.

[88]张乐和.艺苑群英：长江流域的艺术家[M].武汉：武汉出版社，2006.

[89]何红一.镂月裁云：长江流域的民间工艺美术[M].武汉：武汉出版社，2006.

[90]马俊亚.区域社会发展与社会冲突比较研究：以江南淮北为中心（1680—1949）[M].南京：南京大学出版社，2014年.

[91]马国君.历史时期金沙江流域的经济开发与环境变迁研究[M].贵阳：贵州大学出版社，2015.

[92]叶文宪.再论吴越地区的汉文化[J].苏州科技学院学报（社会科学版）.2008（2）.

[93]林向.金沙江：中国西部龙——金沙江文化论稿之一[J].中华文化论坛，2002（4）.

[94]段渝.论金沙江文化与文明起源[J].中华文化论坛，2002（4）.

[95]李绍明.金沙江文化简论[J].中华文化论坛，2002（4）.

[96]杨勇.长江源的今天[J].旅游，2019（3）.

[97]陈进.回首寻找长江源[J].中国三峡，2020（8）.

[98]钟海燕.成渝城市群研究[D].四川大学博士论文，2006.

[99]宋馥李.谁是三大湾区"接班人"？成渝城市群欲脱颖而出[J].中国国家地理，2019（10）.

[100]魏山忠.新时期长江防洪减灾方略[J].人民长江，2017（4）.

[101]严文明.中国稻作农业的起源[J].农业考古，1982（1）.

[102]严文明.再论中国稻作农业的起源[J].农业考古，1989（2）.

[103]沈登苗.明清全国进士与人才的时空分布及其相互关系[J].中国文化研究，1999（4）.

[104]顾嘉懿.揭开江南文明的曙光 河姆渡遗址考古50年[N].宁波晚报，2021-10-19（A3）.